寫給女人的幸福指南

張麗麗——編著

勵志是無奈的選擇，
還好我們夠樂觀

本書蘊涵著巨大的內在力量，可以幫助妳更好地認識自己、
瞭解自己、發掘自己、完善自己，進而成就自己的幸福。

你是一個女人
不管自己怎麼看，你都是
你可以把自己看扁
說自己不如男人
你也可以換一種眼光
讓自己超越男人
女人來到這個世界上
從來就不是弱者的代名詞
而是向善的力量
引導人類上升

天生美麗或氣質如流
相貌平凡或素面朝天
是女人
都有其獨特的資本
沒有漂亮容顏
你可以修煉優雅魅力
沒有曼妙身姿
你可以學會修飾自己
女人真正的資本
不是來自外表的華麗
只有內心建立一個強大的自我

你才能贏得尊敬的目光

美麗與智慧的結合
才能成就完美的女人
每天沉湎於化妝與減肥
並不能改變你的命運
從經營自己的強項開始
發掘上帝賦予你的資本
做一個果敢睿智的女人
去創造積極而全新的生活
用勇氣、信念和願望
鋪墊你生命的軌道
讓那個才華橫溢、精力充沛、魅力四射的自我
完全呈現於世界
這才是真正的你自己
一個女人本該有的的風采

在生命的旅程中
有我為你加油
在你流淚的時候
讓你變得堅強
在你開心的時候
讓你快樂加倍
和你一起度過
女人生命中溫暖而美好的日子

$Contents$ 目錄

chapter 01 你可以成功：女人的心理優勢

chapter 02 做你自己：女人的個性優勢

03　EQ與成功：女人的情商優勢

04　提高個人魅力：女人的品味優勢

chapter 05　你的形象價值百萬：女人的形象優勢

chapter 06　活出精彩：女人的才學優勢

chapter
07　獲得男人的愛和支持：女人的容貌優勢

chapter
08　挑戰男人：女人的職業優勢

chapter

09　金錢的秘密：女人的財商優勢

chapter 10　讓你如魚得水：女人的社交優勢

chapter 11　你來轉動地球：女人的領袖優勢

chapter

01

你可以成功：
女人的心理優勢

　　成功女人對待事物，不看消極的一面，只取積極的一面。如果摔了一跤，把手摔流血了，她會想：多虧沒把胳膊摔斷；如果遭了車禍，撞折了一條腿，她會想：大難不死必有後福。她把每一天都當做新生命的誕生而充滿希望，儘管這一天也許有許多麻煩事等著她；她又把每一天都當做生命的最後一天，倍加珍惜。

心中有希望，我就是成功者

在女人的一生中隨時會碰到困難和挫折，甚至還會遭遇致命的打擊。在這種時候心態的積極與消極，會對事業的成敗產生重大的影響。

鄭女士和崔女士同樣在市場上經營服裝生意，她們初入市場的時候，正趕上服裝生意最不景氣的季節，進來的服裝賣不出去，可每天還要繳房租和市場管理費，眼看著天天賠錢。

這時鄭女士動搖了，她以認賠了三十萬元的價錢把服裝精品屋頂了出去，並發誓從此不再做服裝生意。而崔女士卻不這樣想。崔女士認真地分析了當時的情況，覺得賠錢是正常的，一是自己剛剛進入市場，沒有經營經驗，抓不住顧客的心理，當然應該交一點學費；二是當時正趕上服裝淡季，每年的這個季節，服裝生意人也都不賺錢，只不過是因為她們會經營，能夠維持收支平衡罷了。而且，崔女士對自己很有信心，知道自己適合做服裝生意。果然轉過一個季節，崔女士的服裝店開始賺錢。三年以後，她已成為當地有名的服裝生意人，每年可有五十萬元的淨利。而鄭女士在三年內改行幾次，都未成功，仍然窮困潦倒，一籌莫展。這倒讓人想起了兩則有趣的寓言故事：

古時有一位國王，夢見山倒了，水枯了，花也謝了，便叫王后給他解夢。王后說：「大勢不好。山倒了指江山要倒；水枯了指民眾離心，君是舟，民是水，水枯了，舟也不能行了；花謝了

指好景不長了。」國王驚出一身冷汗，從此患病，且愈來愈重。一位大臣要參見國王，國王在病榻上說出他的心事，哪知大臣一聽，大笑說：「太好了，山倒了指從此天下太平；水枯指真龍現身，國王，你是真龍天子；花謝了，花謝見果子呀！」國王全身輕鬆，很快痊癒。

有這樣一個老太太，她有兩個兒子，大兒子是染布的，二兒子是賣傘的，她整天為兩個兒子發愁。天一下雨，她就會為大兒子煩惱，因為不能曬布了；天一放晴，她就會為二兒子煩惱，因為不下雨二兒子的傘就賣不出去。老太太總是愁眉緊鎖，沒有一天開心的日子，弄得疾病纏身，骨瘦如柴。一位哲學家告訴她，為什麼不反過來想呢？天一下雨，你就為二兒子高興，因為他可以賣傘了；天一放晴，你就為大兒子高興，因為他可以曬布了。在哲學家的開導下，老太太以後天天都是樂呵呵的，身體自然健康起來了。

看來，事物都有其兩面性，問題就在於當事者怎樣去對待它們。上面提到的鄭女士只看到賠錢的一面，而看不到將來會賺錢的發展前景，不能以積極的態度去分析事物；而崔女士的態度則是積極的，她更多地從將來的角度看待當前的不景氣，所以她能頂住壓力，堅持到成功。

成功女人對待事物，不看消極的一面，只取積極的一面。如果摔了一跤，把手摔流血了，她會想：多虧沒把胳膊摔斷；如果遭了車禍，撞折了一條腿，她會想：大難不死必有後福。她把每一天都當做新生命的誕生而充滿希望，儘管這一天也許有許多麻煩事等著她；她又把每一天都當做生命的最後一天，倍加珍惜。

美國潛能成功學家羅賓說：「面對人生逆境或困境時所持的信念，遠比任何事都來得重要。」這是因為積極的信念和消極的

信念，直接影響創業者的成敗。

美國成功學學者拿破崙·希爾關於心態的意義說過這樣一段話：「人與人之間只有很小的差異，但是這種很小的差異卻造成了巨大的差異！很小的差異就是所具備的心態是積極的還是消極的，巨大的差異就是成功和失敗。」是的，一個女人面對失敗所持的心態如何，往往決定她一生的命運好壞。

積極的心態有助於人們克服困難，使人看到希望，保持進取的旺盛鬥志。消極心態使人沮喪、失望，對生活和人生充滿了抱怨，自我封閉、限制和扼殺自己的潛能。積極的心態創造人生，消極的心態消耗人生。積極的心態是成功的起點，是生命的陽光和雨露，讓人的心靈成為一隻翱翔的雄鷹。消極的心態是失敗的源泉，是生命的慢性殺手，使人受制於自我設置的某種陰影。選擇了積極的心態，就等於選擇了成功的希望；選擇消極的心態，就註定要走入失敗的沼澤。如果你想成功，想把美夢變成現實，就必須摒棄這種扼殺你的潛能、摧毀你希望的消極心態。

美國賓州大學的塞利格曼教授，曾對人類的消極心態作過深入的研究，他指出了三種特別模式的心態會造成人們的無力感，最終毀其一生。它們是：

1. **永遠長存**。即把短暫的困難看作永遠揮之不去的怪物，這是在時間上把困難無限延長，從而使自己束縛於消極的心態不能自拔。

2. **無所不在**。即因為某方面的失敗，從而相信在其他方面也會失敗。這是在空間方面把困難無限擴大，從而使自己籠罩在失敗的陰影裏看不到光明。

3. **問題在我**。即認為自己能力不足，一味地打擊自己，使自己無法振作。這裏的「問題在我」，不是勇於承擔責任的代名

詞，而是在能力方面一味地貶損自己，削弱自己的鬥志。女性朋友，你有過這樣的情形嗎？如果有，請盡快從消極心態的陰影裏解脫出來。記住德國人愛說的一句話吧：「即使世界明天毀滅，我也要在今天種下我的葡萄樹。」下文中的惠是一個很好的例子。

　　大學畢業，惠進入了一家剛起步不久的展覽公司工作，該公司位於一所著名的辦公大樓裏，按照目前的說法，惠也算是一個小小的白領了。在這家公司裏，惠做得很辛苦，很投入，經常不計報酬地加班，她終於脫穎而出，工作剛滿一年，就榮升為專案主管。就在此時，惠遠在日本的男友決定回國發展並與惠結婚，惠等了五年終於修成正果，眾人都為惠而高興：婚姻美滿，事業順達。婚後不久惠就懷孕了，而且是雙胞胎，醫生囑咐她最好靜養保胎，但這在工作超繁、壓力超強的展覽公司裏是很難做到的。惠的先生猶豫了：「你還很年輕，事業剛剛起步，孩子我們以後還是可以有的。」惠卻一臉的堅毅，「不，這是最好的禮物，我能擁有他們，就是最大的幸福。」惠義無反顧地辭了工作，得到了兩個可愛的雙胞胎兒子。

　　現在，惠在一家公司做協調員的工作，畢竟停了兩年沒在工作，所以惠要從頭做起。而她以前任職的展覽公司，一躍成為著名的跨國展覽公司，主辦了很多大型展會，以前的同事也大都升為專案經理，職位、薪水比惠要高得多，但惠依舊快快樂樂地工作著，生活著。在新的公司裏，以她的工作態度和工作業績博得了上司青睞，家庭也相當和睦。朋友們都羨慕她的生活，認為惠將生活節奏掌握得很好。其實原因就在於惠無論在哪種情形下，都保持著一種很好的心態，不患得患失，以自己現在手上擁有的就是最好的角度出發，努力生活，努力工作，結果生活、工作都

很稱心、完美。

心中怕做「強人」，註定就是弱者

　　很多女人常常不願意像男人那樣爭取成就，她們害怕因此變得不像個女人。因此「比人優秀和有成就是可怕」的這種想法，常常在女性心中出現。正是「成功導致對失去的東西的畏懼」，限制了女性。

　　在此處出現的，就是對成功的畏懼這種觀念。阻礙女性在社會上成功的，就是存在於女性心理上的障礙。

　　一般而言，能力、獨立、競爭、積極、強硬等都通用於男性氣概，而女性氣質則與此相反，這是社會上一般的觀念。因此充分發揮自己的能力及領導力，對男性而言是被冀望的，並且給予這樣的男性正面的評價。

　　然而，假如女性發揮了這樣的能力時，則又會怎樣？如果依照社會上一般的觀念的話，在通用於男子氣質的領域上成功，便是女性往後退了一步。於是具有成功動機的女性，在預想成功時所獲得的東西之類的同時，也必須預想因成功而失去的東西。如此一來，在女性方面會產生對成功的畏懼，進而限制了對成功的渴望，而要求水準便下降了。

　　赫那為了測定對成功的畏懼，開發出了其獨創的方法，並施行於男女大學生。其結果發現，在女性的 90 人中有 59 人

（66%）顯示出對成功的畏懼，而在男性方面，顯示出對成功畏懼的，88 人中只有 8 人（9%）而已。

但是有關男子氣概、女性氣質的社會上的一般概念，時時都在改變。在傳統價值觀念動搖，而大人與小孩、男與女等等各種界限變得不明顯的今天，男子氣概、女性氣質的傳統樣板，已經不像從前那樣具有很大的拘束力了。因此被認為具有溫柔傾向的現今年輕人，對成功的畏懼已不再是女性特有的東西，而成為男女共通的一般傾向了。根據在某大學所進行的某項調查，顯示了男女各有五成的人對成功感到畏懼，特別是在社會上成功之可能性極高的場合似乎可以看到，不管是男是女，都有相當多的人陷入了內心糾葛的狀態，他們把為成功付出的艱辛拼搏，看成是一種不正常的生活。這樣的男人和女人，就註定了一生是「弱者」。

對此，某著名女設計師認為，女人不一定要做和男人一樣的「強人」，但一定要做生活的強者。她說：你別拿我當女強人，那種人是要板著臉在辦公室裏發號施令的，我可端不出那架勢。再加上我長得顯小，沒人拿我當女強人。我喜歡教書，正是因為覺得自己就要枯竭了，沒什麼可教了，才萌生開公司的念頭，為別人做設計，等於給自身充電，教學生才能教得更好。

開公司的資金是我自己籌的，兩年多來日常業務，一是裝幀設計，二是公益性活動。很多人看到我出版了一些書，便得出：「她出版什麼書，什麼書便暢銷」的結論，其實不是這樣。我們算是個服務性行業，不能只顧著炫耀自己，而是要潛心傾聽客戶需求，努力把客戶和產品突出出來。

「年輕」的時候，我也算個「遊手好閒」的人，家裏頭要給我買電腦，我問我媽：「買電腦幹嘛？為賺錢？賺錢幹嘛？」現

在年紀大了，責任感、緊迫感通通來了。我還是特別想做一個對社會有用的人，雖然很累，但對得起自己。

事業的成功令我有成就感，因為我真是拿事業當作一件「事」去做，我力求成功。我骨子裏是個講「男女平等」的人。男女有性別，應該是相互尊重這種性別之分。我的公司叫「合和」，英文名叫「HEANDSHE」，因為世界上只有這兩種性別，區別很大，像三角和圓圈。但找到一個恰當的位置，也可以把二者擺出和諧狀態，只有保持這種和諧，才能把事情做好。

加班超過半夜是常事，那時候我深深切切覺得自己是個女性，我會儘量找人送我，如果找不到，我會裹緊大衣蜷縮在大廈大堂裏等著，請保全幫我叫計程車，隔著玻璃看看司機面相，不老實，不端正的叫他走人。

女人做事是不易，但我要說，真正妨礙女性發展的正是女性自身。

事業失敗女人的五個毛病

心理學認為，女性在事業上容易失敗，其心理因素占主導地位。許多女子內心都潛伏著心理障礙，最為常見的是以下五種：

1. 漂亮產生過分的優越感

自古紅顏多薄命，從人才角度講，漂亮女子成才的確比較少

（文藝行業裏稍例外）。這是因為漂亮女子容易產生一種盲目的優越感。從心理上看，男女對於成就感的需求各不相同，策動男性追求成就的心理關鍵是「競爭」，女人的動機卻是「社會的接納」，而一些漂亮的女子往往不思進取，認為自己天生已有了被社會接納的資本，無需再費力去「競爭」了。

2. 害怕成功會取代愛情

　　社會上有這樣一種現象，女子學歷愈高，找對象愈難。一方是成功的女人往往容不得男人比自己差，而特別稱心的男子又不容易覓得，另一方面是許多男人要「賤內」，而不喜歡「女強人」。因此許多女人深信，事業上的成就不僅會受到社會的排斥，而且也會帶走夫妻間的愛。

3. 缺乏競爭慾望

　　在一個人事業成功的因素中，競爭意識的重要性不亞於才幹。不幸的是女性的心理似乎總是使她們自覺樣樣不如人，同時也不喜歡靠競爭來滿足自己的願望，而往往以「我要是能那樣該多好啊」來自我安慰。

4. 同性的嫉妒心理

　　女性本不喜歡與人競爭，但在愛情上或在對待同性時卻「競爭意識」十足，可惜這種競爭使她們失去已有的優勢。一些女人自身的不足在於病態般的嫉妒，她們不善於協調自身的有利因素，盲目地和那些本不應與之競爭的對象去競爭，最後失去大局。

5. 延續性心理太強

很多女性總是喜歡將注意力放在對原有的思維結果的理解和模仿上，思維的目的，只是為了延續已有的東西，而不是為了創造新的東西。這也是為什麼女性在那些模仿和繼承性強的領域易做出成績的主要原因，同樣，也成為她們不善於創造性工作的最大心理障礙。

成功女性的十個心理動員

為了鍛鍊自己的成功動機，你只需這麼做：

① 在你每天的用詞中，用「能夠」代替「不能」。這適用於你遇見的大約百分之九十五的難題。

② 在你每天的用詞中，用「決心」代替「試試」。樹立新的生活態度，增進成功的可能。

③ 迫使自己把注意力和能力集中到計畫定成的目標上，忘掉失敗。相信失敗僅僅是成功路上的一段插曲。

④ 製作一個表格，列出當前最重要的要求和希望，然後寫出每一項的好處和要完成它的決定性因素。睡覺和起床之前，都看看這個表格。

⑤ 有些人也許正在做著你要做的事，並且做得很好。可能的話去找她們談談。找有關專家諮詢，制訂向成功者學習的計畫。安排好為成功而努力奮鬥的每一個步驟。

⑥ 在心中不斷重複：「我想要──我能！」並養成習慣。增加簡單的、新的、正面的自我暗示辭彙。

⑦ 按你的想像畫一幅工作已完成的圖畫，以表明你的自信。

⑧ 不要畏懼、擔憂、進行一次全面的健康檢查，推斷是否有器官性疾病。然後你可考慮專門的計畫，包括放鬆、行為的改進和生物回饋療法。和別的成功女性交往，她們將幫助你克服畏懼心理。

⑨ 當別的女人向你講起她們的問題時，要給予積極反應。對於自己的問題，應集中精力立即解決。

⑩ 集中你的全部能力，全神貫注於當前要完成的目標上，做到有始有終。

成功女人的十種心理品質

1. 成功的女人有夢想

她們有非常明確的目的、肯定的目標，知道自己要什麼，不會輕易被外人的看法動搖。她們意志堅強，對事情有主見。正因為她們決心堅定，最後才有豐收。這種人是標準的「雖千萬人吾往矣」。

2. 成功的女人專心

她們專注於自己的重要目標，不左顧右盼，不拖泥帶水。她們做的是舉足輕重的事，而且絕不拖到最後關頭草草了事。她們不是瞎忙，而是忙得有價值。

3. 成功的女人會處事

她們會把自己的才華、精力、知識運用得淋漓盡致。她們一心努力是為了做好必須完成的工作，而不是只做她們喜歡做的事，或只交往喜歡的人。她們願意不計心力，投注全付精神，讓周圍的人喜歡與自己打交道，與己方便，以使自己完成任務。

4. 成功的女人為自己的行動負責

她們不找藉口，不怪別人，不發牢騷，不吐苦水。

5. 成功的女人勇於做決定

她們只針對重點思考，參酌相關事實，在適當的深思熟慮後，做出決定。而且絕不拖延，立刻就做！

6. 成功的女人勇於認錯

要是犯了錯，就勇敢承認，動手改進，繼續往下做。不要找理由解釋，否則只是浪費時間、精力、金錢和其他的寶貴資源。

7. 成功的女人自立自強

她們具備成功所需的才華和本領，而且充滿自信。

8. 成功的女人具備專門知識與才能

她們吸取成功必備的知識，當她們發現自己欠缺必要的資訊、知識或專業技能時，會找有這些本領的人求助。

9. 成功的女人開朗樂觀

她們個性樂天開朗，周遭的人皆樂於提供協助與支援，為她們打氣。她們永遠走在前面。

10. 成功的女人有熱忱

她們樂在工作，還能把這份喜悅帶給別人。大家不由自主地接近她們，樂於與她們相處或共事。

做成功新女性的十種心理調整

1. 自信多多

每天早上起來，梳洗完畢，對著鏡子裏那個嫋嫋婷婷的女人大聲朗誦：「我很好，我很好，我真的，真的，真的很好！」一位心理專家說，這是開發自我潛能的手段之一！

有自信的女人，不會整天張狂霸氣，高呼女權至上。超越男人的方法，不是把他們壓迫在自己的霸權之下，而是活得跟他們一樣地舒展、自信；也不是整天要向男人發出戰書，或者擺出一副「皇帝輪流坐，今年到我家」的進攻態度。和諧、平等和互助的兩性關係，才是社會進步的動力。

自信，不是自大，自信是相信，也只有相信才會幸福。女人的力量猶如「百煉鋼成繞指柔」。

2. 寬容，允許不同生活理念的存在

大千世界，無奇不有，奇聞怪事出現又有什麼關係？世間萬象，本來也沒有對與錯的絕對概念。也許身邊的朋友通過嫁人從而衣食不愁，而你偏偏相信女人要靠自己一步一步穩紮穩打，鄙視她嗎？或者從此敬而遠之，斷絕這份情誼？聰明的女性不會這樣，她先問自己：她這樣做對我有影響嗎？沒有，好，每個人有自己往高處走的方法，也許殊途同歸，最終我們站到同一個制高點上。新新女子能夠包容，懂得尊重別人的選擇，也認同別人的生活方式。

3. 「銅錢」性格

成功女性的性格猶如銅錢，外圓內方，在柔情似水的外表下，跳動著一顆堅強的心。她已經脫離了狂熱女性主義者的幼稚，從不擺出一副百毒不侵的女強人的面孔，以為這樣就是堅強。她深深懂得，刻意追求的強悍，與女人真正的內心世界反差太大，是毫無韌性的堅硬。因此她用最溫柔的行為出擊，爭取最合理的待遇與最合適的位置。而且她從不像工作狂那樣拋棄男人與愛情，她理性地去愛，不依賴愛情，卻充分享受它帶來的甜美；不控制情感，卻把它向美好的目的地引導。男人親近她，卻從不敢輕侮她。

4. 完整獨立的自我

新新女性有完整獨立的人格。在經濟上，她不依靠任何人，

因為她懂得堅實的經濟基礎，是維護自我尊嚴的必需。通過經濟的獨立，她享受著成就的滿足感。在精神境界，她不是某個男人的附屬品，懂得通過交友、讀書、娛樂，充實自己的內心。所以即使沒有愛情的滋潤，仍然活得自在而遼闊。她不為不愛自己的男人流淚，也不會因為男人的承諾而用一生去等候。她，只相信自己，不用依賴也能活得很好。

5. 活力四射

　　新新女性把全副精神用來打理事業。她們踏實，勤奮，即使只是一份工作，她們也會用對待事業的熱忱去經營。做一個有幹勁的女人，不是叫你在事業上和男人鬥個你死我活，而是要你問自己：從第一份工作開始，我有沒有為自己設定一個奮鬥的目標？我，要的究竟是什麼？

　　男人會酸溜溜地說：成功女人，一定同時面對情感上的創傷。即使如此，她們仍然會善於把挫折轉化為事業成功的動力，至少不會一蹶不振。

　　她們知道，每天規規矩矩地上下班是不夠的。對事業，有點野心很好。女人，要用得體的方法為自己爭取到更多。

6. 我們每天在進步

　　身處日新月異的科技世界，不進則退。新新女性明白這點，所以她們不斷自我充實，提升自我的知識和技能。她相信自己一定有天生的優勢，並努力加以後天的創造。她比男人更加努力進取，不是對自己沒信心，而是比男人更有雄心。

7. 家庭事業兩平衡

新新女性是走鋼絲的能手，在家庭和事業之間求得平衡。眼見險象環生，忽地來個漂亮翻身，又是一副悠然美態。她不是一個一成不變的角色，她流動在職業女性與賢妻良母之間，什麼場次，什麼角色，毫不含糊。

8. 幽默是最大的智慧

陰沉，是內心的病症。臉上的笑容不僅傳遞著心裏的歡愉，也是贈送給世界的一份美好禮物，因為笑容可以傳染。沒有幽默的態度，不懂得自嘲，心事永遠打著死結，擁堵於胸，一生得不到快樂。新新女性知道幽默，知道自我開解，知道原諒，知道輕鬆。因為她把快樂放在自己手心，不繫在別人的言行上。

9. 美麗是永遠的追求

女人貪心，當然，對美一定要貪心。女人的美麗不一定天生麗質，但肯定知道如何裝扮自己。讓每一天的心情跟著衣妝一起亮麗起來。她們美麗著，不為取悅男人，不是虛榮的表現，是女人熱愛生活與維護自尊的表達。

10. 酷

夠酷的女人遇事冷靜，臨危不亂。她不願意因為女人的特殊身分而享有特權：遇到危險，嚇得臉色蒼白，痛哭流涕，往男人的肩膀下鑽，用眼淚作為捍衛自己的武器。她獨立，有頭腦，有能耐，可以用智慧、用個性魅力征服危難。更難得的是她懂得在什麼時候安慰男人，並且把男人的自尊照顧得很好，贏得他真心的喜愛。。

成功商數測試

　　成功商數即一個人獲得成功所具備的能力。這是一項十分全面的測試,可以讓你瞭解自己與成功的距離。很顯然,測試只能給你提供一種資訊,成功商數是可以通過努力提高的。

測試 1

　　下面所列的各項因素,被美國許多百萬富翁認為是個人事業生涯中成功的原動力。請「就你個人狀況」,評定各因素在你事業中的重要性(由 0 至 10 分依次遞增)——數值愈大者,其重要性愈高;數值愈小者,其重要性愈低:

一、個人特質與特性:

A. 智能　　　　　　　　　　　　　分數:

B. 常識　　　　　　　　　　　　　分數:

C. 有某種特殊才能　　　　　　　　分數:

D. 興趣廣泛程度　　　　　　　　　分數:

E. 驚人的膽量　　　　　　　　　　分數:

F. 接納他人的意見　　　　　　　　分數:

G. 關心他人　　　　　　　　　　　分數:

H. 努力工作　　　　　　　　　　　分數:

I. 勇於追求新觀念並富冒險精神　　分數:

J. 擬訂明確的個人目標　　　　　　分數:

K. 抱負及出人頭地的欲望　　　　分數：

二、你的家庭環境及影響：

A. 你的家庭環境　　　　　　　　分數：

B. 民族血統、祖籍及國籍　　　　分數：

C. 經濟上的優越條件　　　　　　分數：

D. 父母的有力支持　　　　　　　分數：

E. 美滿的家庭生活　　　　　　　分數：

F. 家庭中其他成員的有力支持　　分數：

G. 強烈的宗教薰陶　　　　　　　分數：

H. 個人重要的交往師友　　　　　分數：

三、個人求學經歷：

A. 熱愛學習　　　　　　　　　　分數：

B. 學習測驗的成績優異　　　　　分數：

C. 讀書十分用功　　　　　　　　分數：

D. 與生俱來的學習能力　　　　　分數：

E. 良好的讀書習慣，善於支配時間　分數：

F. 名列前茅的欲望　　　　　　　分數：

G. 喜愛參加各種運動　　　　　　分數：

H. 明確的求學目標　　　　　　　分數：

I. 喜愛參與課外活動　　　　　　分數：

J. 就讀高水準的學府　　　　　　分數：

四、其他校外興趣：

A. 興趣廣泛　　　　　　　　　　　分數：

B. 曾從事校外工作、暑期工作等　　分數：

五、個人工作經驗

A. 抱負與出人頭地的欲望　　　　　分數：

B. 本職工作的特殊才能　　　　　　分數：

C. 上司凡事能從旁協助，諄諄告誡　分數：

D. 同事間能協調合作，相互支援　　分數：

E. 工作勤奮努力　　　　　　　　　分數：

F. 適時適地把握機會　　　　　　　分數：

G. 適時選擇有利的行業　　　　　　分數：

H. 對所選的行業，興趣始終不渝　　分數：

I. 對創造財富的欲望　　　　　　　分數：

J. 組織能力　　　　　　　　　　　分數：

K. 是否能服從命令　　　　　　　　分數：

L. 能否激勵部屬　　　　　　　　　分數：

M. 尊重同僚　　　　　　　　　　　分數：

N. 能否達成任務　　　　　　　　　分數：

測試 2

　　以下各題，在自己認為是符合的括弧內打分數（0～5分），
負面心態的括弧內不打分。

　　1. 你有明確的人生目標嗎？

　　　是（　　）　　否（　　　）

　　2. 在事業生涯中，你有明確的目標嗎？

　　　是（　　）　　否（　　　）

3. 在高中時代，你的成績如何？你的成績在全班裏的位置，如前十名，後四分之一等。

前（ 　　 ）　　　　後（ 　　 ）

4. 你大學四年級時，成績排名如何？

前（ 　　 ）　　　　後（ 　　 ）

5. 如果你以前參加過智力測驗的話，那麼你的智商是（ 　　 ）分？

6. 你所有的功課成績都很平均嗎，還是有些科目成績好，有些科目成績差？

成績很平均（ 　　 ）　　　各科成績好壞不一（ 　　 ）

7. 是否曾有教師指點你，而使你對某一科特別熱衷（感興趣）？

是（ 　　 ）　　　否（ 　　 ）

8. 高中時代你是否擔任過班上及校內任何社團組織的幹部，或者運動球隊的隊長？

是（ 　　 ）　　　否（ 　　 ）

9. 大學時代你是否擔任過班上及校內任何社團組織的幹部，或者運動球隊的隊長？

是（ 　　 ）　　　否（ 　　 ）

10. 你在高中時代，是否曾兼任或專任某項工作？

是（ 　　 ）　　　否（ 　　 ）

11. 你在大學時代，是否曾兼任或專任某項工作？

是（ 　　 ）　　　否（ 　　 ）

12. 你認為你達到了你的人生目標嗎？或者，你有進一步的人生目標有待達成嗎？

進一步的目標（ 　　 ）　　　已達成目標（ 　　 ）

13. 你的童年時代快樂嗎？

快樂（　　　）　　　不快樂（　　　　）

14. 你與父親的相處融洽嗎？

融洽（　　　）　　　不融洽（　　　　）

15. 你與母親的相處融洽嗎？

融洽（　　　）　　　不融洽（　　　　）

16. 放學以後，你與其他同齡（10歲以下）孩子相比，曾閱讀過多少書籍？

多（　　　）　　少（　　　）

17. 放學以後，你與高中時代其他同齡的學生相比，曾閱讀過多少書籍？

多（　　　）　　少（　　　）

18. 除了學校所要求的讀物外，你與大學時代其他同齡的學生相比，閱讀過多少書籍？

多（　　　）　　少（　　　）

19. 你得到好成績，對你父親來講，有多麼重要？

重要（　　　）　　　不重要（　　　　）

測試 3

本人經過審慎客觀的自我剖析後，對下列各項因素評價如下（0～5分）：

1. 與他人相處的能力（　　　）分
2. 創造財富的能力（　　　）分
3. 自信（　　　）分
4. 口才（　　　）分
5. 寫作技巧（　　　）分

6. 閱讀技巧（　　　）分

7. 演說能力（　　　）分

8. 意志力（　　　）分

9. 圓滿達成任務的能力（　　　）分

10. 激勵部屬的能力（　　　）分

11. 執行長官命令的能力（　　　）分

12. 一般智慧（　　　）分

13. 常識（　　　）分

14. 本職工作所需的專業知識（　　　）分

15. 直覺力（　　　）分

16. 創造力及判斷力（　　　）分

17. 工作習慣（　　　）分

18. 組織能力（　　　）分

19. 領導統御能力（　　　）分

測試 4

　　請指出下列各項對你個人描述的真實性——你選的數值愈大，則表示對你的描述愈真實；反之，則表示對你的描述不夠真實。（最高分值為 5 分）

1. 我生來就運氣不錯。（　　　）分

2. 我的興趣範圍很廣。（　　　）分

3. 我不畏與眾不同。（　　　）分

4. 我能容忍不同的意見。（　　　）分

5. 我極為關心別人。（　　　）分

6. 我不畏冒險。（　　　）分

7. 我有明確的個人目標。（　　　）分

8. 我有強烈的是非觀念。（　　　）分

測試 5

1. 過去一年中，你大概讀過幾本書？（一本書代表一分）
   小說類（　　）　　　文學傳記類（　　　）

2. 你通常每天花在看電視上的時間有幾小時？（每天不超過一個半小時者可得 4 分，超過者 0 分）
   （　　　）分

3. 每個禮拜你大概花幾小時從事義務性工作？（以每週小時數代表分數）
   （　　　）分

4. 如果有的話，你在過去一年中，做過下列哪幾項？（每一項 1 分）
   捐款給慈善事業（　　　）分
   捐款給宗教團體（　　　）分
   抽空幫助窮人及殘障人士（　　　）分
   抽空從事宗教性活動（　　　）分
   寫信給政府官員或簽署行政請願書（　　　）分
   以上各項都沒做過減 5 分

結果論述

　　成功商數測驗到此完成。現在我們來評閱一下你的測驗成績如何。

1. 將你在該測驗中所得的分數全部加起來。
2. 然後將加起來的總數除以 5。
3. 最後，將除以 5 所得的數字四捨五入為整數。

我們特舉一例，以說明其計算方式：

假定你在該測驗中，各項加起來的總分是 301 分。

那麼將 301 除以 5，就得到 60.2 分。然後再將該數四捨五入，成為一個整數 60。這就是你的成功商數，簡單之至！

現在是揭曉謎底的時刻了，你的成功商數是多少？這和你將來要成就偉大的事業，有什麼意義呢？

美國的研究專家們是這樣解釋的：

1. 如果成功商數低於 30 分，說明你的成功機會渺茫。當然，這並不是說你就無法扭轉這種局面。相反的，你還是可以扭轉的，這就是財商測試要傳達的基本訊息。不過你至少應該瞭解一點，如果你想增加成功的機會，就該加倍努力。

2. 如果成功商數介於 30 分至 49 分之間，則表示你尚有成功的機會。不過，你也需要努力，來改善你的缺點。

3. 如果成功商數介於 50 至 69 分之間，則表示你的成功機會很大，但重要的是，你應繼續不斷地改正你的缺點。

4. 成功商數介於 70 至 79 分之間的人，十之八九你會成功。請保持好此成績，再接再厲，繼續努力。

5. 如果成功商數介於 80 分至 89 分之間，說明你已穩操勝券，必定會成功。

6. 如果你的成功商數高達 90 分甚至 90 分以上，則表示你現在已經是一位成就非凡的傑出人物了。

海倫・凱勒：用不屈的心戰勝命運的女人

二十世紀，有一個不可思議的獨特生命以其無以比擬的勇敢品性震動了全世界！她，就是美國的海倫凱勒，一個因不幸殘疾而後生活在巨大黑暗中，卻給了人類無限光明的女性。

可出人意料的，正是她如此一個註定只能幽閉於盲聾啞世界中的人，堅決果敢地迎接了生命的殘酷挑戰，她用滿腔熱烈的真愛去奉獻世界，她以超乎想像的非凡韌勁衝破重重阻難，結果，她用亮麗的心目在黑色的世界中找到了人生的光明，同時用充滿關懷和溫暖的雙手撫愛著全世界！

她令人驚喜地在哈佛大學德克利夫學院順利畢業，並竭盡生命的所有心力奔走於世界各地。連續不斷創建了一家又一家慈善中心，為殘疾人士謀求幸福！

她當之無愧地被美國《時代週刊》評選為二十世紀美國十大英雄偶像！

創造這些驚人奇蹟，全憑海倫凱勒一顆永遠堅強不屈的心！

如今，她的名字已經成為全世界人們公認的堅韌意志的不朽象徵！她滄桑而閃光的人生，也已成為催人奮發和克服困難的強大精神力量！

海倫・凱勒生於美國阿拉巴馬州，剛呱呱墜地時，她跟其他的嬰兒一樣耳聰目明，而且一樣開始咿呀學語。然而在她只有十九個月大時，一場突如其來的重病，給她的生理造成了伴隨一生的缺憾，此後她即刻喪失了聽、看以及說的天賦能力。更為嚴重

的是留下的後遺症，還阻礙了她作為一個孩子的健康發育。因此令人痛心而又憐憫的海倫‧凱勒，在小小幼年就踏上了一條十分與眾不同的成長之路。

醫學經驗表明，所有三重殘疾的小孩，都會表情冷淡癡呆的，但海倫渾身上下卻好像充滿一股巨大的力量，似乎要征服世間的一切事物。

起初階段，因為聾盲幼兒缺乏獲得有效資訊的正常管道，心靈通道受阻塞，導致她性格孤僻，脾氣焦躁易煩。她摔破和搗爛所有使她感到不爽快舒心的物品：她總是用雙手將飯菜或零食往嘴巴裏塞得滿滿的，而一旦別人想要糾正她極不雅觀的姿態時，她就立即躺倒在地板上到處翻滾、哭鬧不止，折騰得天翻地覆。

凱勒太太曾看過狄更斯的《美國雜記》和有關盲聾啞姑娘蘿拉布裏奇曼的著名作品。她在書中瞭解到：柏金斯大學校長撒母耳‧格裏德雷‧豪和蘿拉姑娘，能夠做到切實可信的心靈相通。這使凱勒太太從內心裏觸摸到了一絲欣喜的希望之光，同時也由於當前她無法真正瞭解自己的女兒而感到心急如焚。每每聯想到海倫未來長遠而艱難的人生路，凱勒太太不禁要徹底被淹沒於絕望的深淵之中。

正在這緊要關頭，凱勒太太或許遠遠料想不到她的心愛丈夫——凱勒先生的一個決定，會對小海倫的一生帶來這麼不可低估的深遠影響，這個決定即為小海倫聘請一個家庭教師——安妮‧沙利文。

一八八七年，一位語言障礙治療專家貝爾，給凱勒先生和凱勒太太介紹了剛剛畢業的愛爾蘭姑娘做海倫的家庭教師。這位姑娘就是安妮‧沙利文。

安妮‧沙利文剛見到小海倫，就對這個可愛淘氣的小姑娘產

生了深深的憐愛之心，她當即下定決心要用自己的所有愛心和能力，扶助眼前這個不幸的孩子，使她能夠獲得良好的成長並成才。很快，海倫也就愛上了老師安妮·沙利文，並跟老師心心相通，親密無間。

隨後五十多年的大半生時間裏，安妮·沙利文和海倫凱勒朝夕相處，不但是海倫的教師。而且是海倫得以維持生命、彼此身心交融的忘年之交，她用發自靈魂深處的款款真愛和超凡智慧，引領海倫從無盡的黑暗和孤寂中邁向光明與精彩。海倫一生所成就的偉大事業，都與她息息相關。

安妮陪著小海倫做遊戲，在遊戲的過程中，想方設法嘗試著教她懂得什麼是辭彙？什麼是句子？同時努力教她懂得每一個辭彙都有一個或多個含義。最初，她一次次在海倫的小手掌心上寫字母，想用這種方式讓海倫理解自己要讓她掌握的辭彙或句子。可不管怎樣，海倫卻僅僅能夠對這種看起來非常好玩的做法覺得新奇、獨特，還遠遠沒能明白老師的一番誠摯真切的心意。這一切使老師一時感到毫無良方，可她始終不低頭、不喪氣，鼓勵自己堅持不懈地反反覆覆、不計其數地在海倫手掌心上寫字母，沒想到結果使得小海倫對此也感到極其厭煩，她滿臉怒氣地甩掉安妮老師的手，然後用雙手雙腳一伸一縮地探路走到屋外的院子裏遊玩。

這時正是夏天。院子裏的常春藤、紫薇花，到處呈現出蓬勃盎然的無限生機。

陽光暖暖地灑播在小海倫的身上，讓她十分愜意。當她快步奔跑來到一隻水龍頭前面時。安妮老師立刻追了上去，那一刻她心生妙計。她立刻拉著海倫，並擰開水龍頭，讓水輕快地滴落在海倫手上時，海倫感到舒服極了。

接著，安妮老師在她的另一隻手上寫著 W—A—T—E—R，就在此時此刻，海倫猛然頓悟，她確確實實明白了老師的由衷心意，原來世界上的每一種事物都有自己相應的名字。

她情不自禁地高興得簡直要縱身跳躍起來，她激動地緊緊摟靠著老師，兩眼滿滿地含著盈盈晶亮的淚珠。

老師也即刻深深地感受到了海倫無比的歡欣快慰，因此她倍受鼓舞地帶著海倫，以類似的方式教海倫學會了其他越來越多事物的名稱。日復一日，在老師傾盡全力及無比耐心地教育指導下，海倫獲得快速的成長，她不斷豐富了自己的辭彙量和知識內容，還讀懂了大量的書籍和報紙，她的視野拓寬了，她的思想活躍了，她的性格也跟著開朗了起來。

看到海倫有這麼巨大的變化和成長，家人和朋友全為她感到驚喜，並為她祝福。她的父母親也大大鬆了一口氣，懸著的心踏實了許多，他們能做和要做的，就是盡一切可能積極與善良能幹的安妮老師攜手合作，為她教育海倫提供最優越合適的環境和條件。

經過幾十年如一日的勤奮努力，海倫又先後學習且超越常人地掌握了法語、德語、拉丁語、希臘語。

作為一個聾盲者，海倫能夠熟練運用五種語言，她的成功，成為了「教育史上最偉大的成就」！

海倫不但在生活上得到安妮老師的悉心照料，而且在為人處世的哲理上，也受老師的諄諄教誨和以身作則。她的耳邊和心裏時常縈繞著老師的一段話：「要成為一個眾人矚目且欽佩稱道的強者，一定要經受比常人更多的苦難歷練。一個人從順利通達中得到的教益少，從艱難困苦中得到的教益多，也更深刻。」海倫把老師的這些人生道理都時時牢記在心。

一八九〇年春天，海倫又經歷一次生命中的轉捩點。她得知一位挪威的盲聾啞姑娘經過後天的努力學會了說話。她振奮得無以形容，她按捺不住內心奔湧著的激動和希望的情感，她喜氣洋洋地在安妮的手上認真鄭重地寫著：「我要說話！」

安妮毫不猶豫地支持她，而且立即帶她去見波士頓賀瑞斯曼聾啞學校的校長薩拉·富勒小姐。海倫的「啞」是由於喪失聽力而造成，聲帶完好無損。熱情的富勒小姐馬上開始教海倫說話。這年，海倫正好十歲了。

可是想是一回事，做起來又是另一回事。特別是對海倫來說。

由於不能聽到別人和自己的聲音，海倫只好拿手去觸摸老師說話時喉嚨、嘴唇的運動情況，而後再成千上萬次的模仿和糾音。

富勒小姐讓海倫把手指放在自己的嘴裏，使海倫感覺她舌頭、牙齒的位置和下頜的運動。接著她把舌頭頂到下牙床，做好發「I」音的準備。最後把海倫的食指放在她牙齒旁邊，另一個指頭放在咽喉處，不斷地發「I」音。

富勒一停止，海倫就急不可耐地把手放到自己的口腔，要發出音來。可不管她用多麼大的勁頭，她的口張得多大，她的舌頭怎樣翻動，始終不能把自己的牙齒和舌位擺對，所以音就發不出來。

海倫十分痛苦，她急切地想要吐出即使是非常輕微細小的一個聲音！然而她沒有！她的眼淚隨著她訓練的推進而流了出來，滑過臉頰，順著嘴角流進她的口。而她不但要忍耐那種疼痛，還要忍耐心中的憤悶與無奈。作為一個弱小的小姑娘，她承擔的苦難明顯是多了一點，可是她從來都是非常堅強。練到最後，她的

口腔全被手指磨破了，一碰就疼痛得難以忍受。

　　但是小海倫不放棄，她忍著劇痛，在老師父母殷殷期盼的目光下。結果發出了第一個音！伴隨而來的是她不盡的淚水和上天對小海倫的褒獎。

　　然而這僅僅是長期奮鬥的開始。為了改進發音，她日又一日、年又一年地苦練著。枯燥、艱辛彷彿沒有盡頭，可海倫還是不屈不撓地堅持了下來。

　　當海倫第一次像正常人那樣說出「天氣真熱」這句話時，驚喜之餘，富勒、莎利文老師及海倫本人都意識到，在頑強的毅力面前，一切困難都將被克服！

　　憑著堅強不屈的意志，在「聽」的問題上，海倫也逐漸琢磨出了一套很獨特的方法——唇讀。她把食指放在說話人的嘴唇上，中指放在鼻子上，大拇指放在喉嚨上，就能夠清楚地「聽」到對方的聲音。這是她的一個很自己「發明」的技巧和能力。通過這樣的方法，她「聽」到了馬克·吐溫幽默風趣的笑話和聞名世界的歌唱家恩賴克·卡盧梭的美妙歌聲。更為有趣的還在於她把手指輕輕放在小提琴的琴弦上，居然能「聽」到小提琴的演奏聲！

　　海倫正是在這樣一般人不能設想的艱苦條件下，實現了別人認為難以實現的事情！

　　一八九六年，海倫和老師共同進入麻省坎布裏奇女校學習。更清楚嚴格地說就是老師陪著她讀書。由於在上課時，老師一定要坐在她的旁邊，運用手指給她「翻譯」上課的內容。這就為她日後跨入拉德克利夫學院學習奠定了扎實穩固的基礎。沙利文小姐幫她記錄有關的聽課筆記，之後幫她轉譯成為盲文。

　　最後，在一九五五年，海倫取得優異的學習成績，順利完成

了她在世界名校哈佛大學的學業，且被授予哈佛大學的榮譽學位。海倫·凱勒成為歷史上首位獲此殊榮的殘疾婦女。

上學不僅使她成為一個知識豐富的學者，也鑄就了她美好的心靈。海倫一邊嗜書如命，一邊還喜歡騎馬、游泳、划船，酷愛戲劇表演藝術。

海倫·凱勒使自己從一個聾啞瞎的重度殘疾人，變成了一個跟正常人那樣可以「享受」知識和生活樂趣的人，毋庸置疑，除了她自身的努力外，沙利文在海倫的生命中也起到了關鍵性作用。

海倫在她的著作《如果給我三天光明》一文中，深情地表達了她對沙利文老師的愛：「如果給我三天光明，我第一眼想要看到的就是我親愛的老師。」

海倫·凱勒是全世界敬愛的作家和教育家。雖然命運之神剝奪了她的視力和聽力，可這位集盲、聾、啞於一身的女子，用後天的勤奮和堅忍不拔的意志和命運抗爭！

靠著這份愛心，海倫十歲時就為一個五歲聾盲兒童成功地募集到了兩年的教育費用。正是從那時起，她就已經堅定地立志要幫助世界上一切跟她一樣需要幫助的人。

海倫出名後，她在世界各國巡迴演講，也成為了她生命和事業中的重要組成部分。她借助沙利文老師的嘴巴傳達給世人——人應該如何活，如何才可以活得更好。

從海倫小時候開始，所有美國總統都要邀請她到白宮做客，她還被譽為全美國三十位給國家做出突出貢獻的卓越人士之一，榮獲美國總統親手頒給的「自由獎」。且被授予為美國的高級公民。

一九一九年，好萊塢把海倫的故事搬上銀幕，拍成電影，她

本人擔綱主演，從此更加擴大她的影響力。

一九五九年，聯合國在全球發起用她的名字命名的「海倫‧凱勒」運動，以便資助世界各地的聾盲兒童。

一九六〇年，以她個人成長經歷故事為主要內容的劇本《奇蹟的創造者》獲得普利茲獎，且拍成電影。同一年，美國海外盲人基金會在海倫八十歲生日當天，宣佈頒發「國際海倫‧凱勒獎金」，獎勵那些為盲人公共事業做出傑出貢獻的人。

一九六八年六月一日，八十八歲高齡的海倫停止了她極富傳奇色彩的人生旅程。

在人類發展的漫長歷程中，沉澱著許多價值不可估量的寶貴精神財富，其中海倫凱勒那種不怕艱難、敢於克服自身弱點的拼搏精神，一直是人類共同傳承的精神財富，是最為珍貴的一份。

雖然這位全世界人們敬仰的作家和教育家已經悄然遠去，然而她的名字卻成為堅韌意志的不朽象徵，她頗富傳奇色彩的人生，已然成為激發人們征服命運的最強大的精神力量。海倫的許許多多膾炙人口的經典話語早已深深浸透人心，化成能量極大的催人奮發有為的精神力量，鼓舞無數人勇敢向前挺進。

她厚賜給我們的不但是面對挑戰的勇氣和力量，更是奉送給我們受益無窮的人生啟迪。

02

做你自己：
女人的個性優勢

在每一個人的成長過程中，他一定
會在某個時候發現，羨慕是無知的，模
仿也就意味著自殺。不論好壞，你都必
須保持本色。

十種女人如何完善個性

我們把女性個性做個簡要統計，歸納出十種個性女性。也許你恰恰屬於這十種之一，或者有某些接近的性格和十種之中某一種有些相近。我們推出針對這十種個性女性的諱忌，僅供女性瞭解自己的個性並引以為鑑。

1. 逍遙消費型女性

現代社會由於工作學習的緊張，又加之近來各種新公司、新興實體的蓬勃興起，社會上有許多公關小姐、女老闆或從事高級服務工作的女職員，她們是吃青春飯的強者，利用自己的種種優越性拼命地掙錢，拼命地享樂。漸漸地，她們被稱「逍遙消費型女性」。她們常出入高級飯店、高級購物場所，手裏有大把大把的銀子，喜歡無拘無束地享用青春。她們不管明天怎樣，只要今天快樂就行，不願在緊張的工作學習之餘，再給自己增添什麼負擔。

她們常常穿著奇特的服裝，追求高檔次、高格調、高價格。這些女孩在戀愛過程中，喜歡和與自己有共同嗜好的男性或有強大經濟實力的人交往。

這樣的女性，應該避免自以為是，不傾聽友人的勸告，不接近朋友。

2. 縮手縮腳型女性

面對社會新形勢，有些女性越來越缺乏自信，特別是走向社會，發現自己是一株柔弱的小草，很難經得起風吹雨打。幾次失敗之後，便決定循規蹈矩地做人，四平八穩地做事。表現得辦事思前顧後，缺乏創造意識。她們喜歡穿潔淨高雅的服裝，生活上從不奢侈，喜歡做家務或做手工。這樣的女孩易於和知識層次較高的男孩戀愛，不慕金錢，講求人品、家境。

這樣的女性，應忌滋長自己對他人的依賴意識而忽視能力的鍛鍊。

3. 自大型女性

認為要不斷地給自己提出更高的要求，才會有輝煌的未來。為了使自己的所作所為能最終為眾人肯定，不惜花錢學習舞蹈，或其他專修課程，甚至滿懷野心地自己投資事業，在有限的時間內，極力塑造理想的自我形象，提高自我地位。這樣的女性自我意識很強，很難把別人看在眼裏，常常擁有金錢和時間來充實自我，當然比一般女性更具有性魅力。這些女孩喜歡著裝高貴、脫俗。她們喜歡和極賦天才的男孩交朋友，戀愛充滿了浪漫。

這樣的女性，應忌人際關係艱澀，看不起弱者。

4. 傳統性格型女性

這樣的女性總是努力學習著，總想自己成為一個真正的女人，在任何場所都守規矩，絕不會給他人添麻煩，不說他人不愛聽的話，很少和同事發生衝突，講話禮貌、優雅。這樣的女性具有一種貴族氣質，常用高傲的態度對待所有朋友，表現出自身的居高臨下，把人世間的事看得很平淡。她們喜歡穿著十分講究的

衣服，喜歡傳統繪畫作品和傳統室內裝飾，喜歡和自己性格相差較大的男性結合。

這樣的女性，應忌因自己的家世地位感到驕傲；忌懷疑他人的所作所為。

5. 光說不練型女性

這樣的女性是健談者。她們善於在眾多談話者之中佔領發言的一席之地，喜歡隨大流談論時尚問題，好像每一件事情都能參與進去並提出見解。她們常常提出很多設計方案、辦法和想做的事情。並希望他人承認她的觀點是可行的或是合理的。她們喜歡穿色彩跳躍的服裝和別具特色的款式，不講究裝飾和首飾。她們常常發現自己所提的方案、辦法一個個地落空，因沒有付諸實施宣告滅亡。這樣的女性喜歡穩重堅強的男性，常常對異性充滿興趣並保持交往。

這樣的女性，應忌興趣過於寬泛，廣而不精；忌業荒於嬉。

6. 忠心耿耿的職業型女性

這樣的女性情願犧牲自己的業餘時間投身工作，雖然常遭到上司和同事的欺負，卻每天仍賣命去工作並以此為榮。在性格上，為了塑造自我形象，排斥一切娛樂活動，並以工作忙碌來作藉口。這樣的女性穿著一般或整日不脫制服，喜歡完美的男性，尤其是不懼危險而有魅力者。

這樣的女性，應忌生活固定於單層面領域，缺乏多彩、變幻；忌過於疲勞而失去工作的情趣。

7. 追求時髦型女性

新時代湧現出來的新女性特徵。這樣的女性常以女性光彩、華麗的服飾做外殼。喜歡談論高級裝飾品、高級消費場所見聞，以此展示自我魅力。她們崇尚物質享受，追逐豪華娛樂方式，愛慕虛榮，對待朋友的態度被勢利的眼光左右。她們主張使用高級用品，喜歡與可以滿足其虛榮心的男人交往，以隨時贈送禮物和物質享用為第一條件。

這樣的女性，應忌因一時衝動和物質利益而留下終身遺憾；忌失去自我價值。

8. 拜金主義型女性

以保值為人生最大樂趣，把所有值錢的東西換成保值品如黃金等。性格高傲，固執己見，外人難以揣測其心理特徵。這種女性感情十分豐富，穿著奪目。喜歡和衣著瀟灑、風度翩翩的男性交往。

這種女性，應忌缺乏充實的內心寄託；忌缺少人間情感交融。

9. 自我表現型女性

這樣的女性善於不分場合、地點，展示自己的才能。她們自認為本身具有某種程度的素質與眾不同。在聚會時，自我意識十分強烈，常常忘掉自我的位置。在性格上喜歡不斷地豐富頭腦，為的是能有更多的機會出風頭。學習新事物的意願強烈，但往往缺乏應有的毅力和恒心。喜歡穿鮮豔款式的服裝或與眾不同的色彩服飾，喜歡正直、老實而有鑑賞力的男子。

這樣的女性，忌毛手毛腳，坐立不穩，不踏實；忌脫離群

眾，人際關係不暢。

10. 聽天由命型女性

對周圍朋友的事和自己工作、生活中的事不思考，無所謂。任憑其隨意改變。凡事不經大腦，聽天由命。從性格上看比較隨和，雖很精明但懶於實踐。喜歡正統的直髮，穿著衣服較為樸素，不希望奇特的服裝給自己帶來麻煩。喜歡比自己大的、各方面成熟有依靠的男性。

這種女性，忌為他人左右，缺乏自主性；忌輕易認同他人，受騙上當。

做個充滿貴氣的女人

做一個「不鏽」的女人，成了女人心底最渴望的秘密。其實「不鏽」並非想像的那麼難，貴氣就是一個最好的妙方，因為真正高貴本質的含義是——擁有一種雅致的生活狀態，很好、深厚的文化修養，和對是非那種風輕雲淡的坦然心境。

1. 打扮自己

懂得愛護自己的女人，一定懂得打扮自己。因此從頭髮的樣式、護膚品的選用、服飾的搭配到鞋子的顏色，無一不需要你細心地面對。從頭到腳的細緻，當然是需要花很多的時間和心思

的，因此要想做貴氣的女人，就必須從做細緻的女人開始。可別小看了細緻，也許僅僅因為指甲油的顏色不合襯，也會導致你前功盡棄。

男人們說過，對一張細緻的臉說話，要比對一張粗糙的臉說話有耐心得多，儘管男人說出這樣的話使大多數女人不滿，但這又確實是不爭的事實。因此女人的臉部呵護是極為重要的。護膚品的選購和應用絕對不能偷懶，因為它關係到你的「面子」工程。

但大多數女人會說護膚過程比較繁瑣，無法堅持。可你有沒有試過，在家裏敷上面膜後，打開音響來聽一曲席琳‧迪翁的歌，然後倒在沙發上閉目養神的那種享受呢，尤其是當你看到一張容光煥發的臉從面膜後脫殼而出時，你的內心又是怎麼樣的喜悅呢？

打扮自己不單是一種行為，更是一種自我調節心境的好方式，也是減壓的好途徑。因此貴氣女人的第一要點是忙中偷閒的生活方式。

注意事項：貴氣的打扮要點在於精緻中卻不露痕跡。裝飾一定要恰到好處、點到為止，千萬不可弄得一身「矯揉造作」之氣。

2. 自我欣賞

自我欣賞絕不是自戀，它是由理智、客觀地對自己的認識引發出來的自信。而這種自信心，會使女人在為人處事上從容、大度，不陷入世俗的漩渦中。

得體的裝扮，優雅的舉止，豐富的見識，這些無一不透出女人高貴的氣質和個人魅力。能正確自我欣賞的女人，大多受過良好的教育，聰明靈慧，她們出類拔萃，既不會盲目自卑，更不會盲目自大。

懂得自我欣賞的女人光彩照人，落落大方，但燦爛的笑裏仍有一股凜然高貴的氣息，讓男人們仰慕的同時又有些敬畏。

注意事項：絕不能自以為是，盲目自我崇拜，那樣比自卑的女人更可怕。說到底，貴氣女人最重要的一條就是由內而外散發的文化氣質。一個完整的貴氣女人，僅僅擁有外表的高貴是遠遠不夠的，它更需要堅實的內在因素做後盾，這就是良好的文化修養。

3. 充實自己

現代社會中，受過高等教育的女人越來越多，但受過四年的大學教育不等於可以吃一輩子老底，社會知識更新越來越快，如果不及時加強營養，你很快就會變成一個營養不良的「生銹」女人。

攝取營養的方式多種多樣，不只是單純地看書、學習。比如上網流覽、交流，欣賞一部出色的好電影，經常翻閱一些出色的時尚雜誌，學學電腦和英文。只有不斷加強營養，貴氣女人才能在炫麗的生活中遊刃有餘，瀟灑自如。生活也將因此更加豐富多彩。

注意事項：只能讓「營養」豐富你的氣質，切不可成為一個學究派的古板女人。

成功人格塑造

1. 知識的力量

　　知識，是人開展工作和安排生活的基本條件。沒有相應的知識，工作不會成功，生活不會美滿。知識就是力量，知識就是生產力。

　　人在世上謀生需要知識，發展自己的事業需要知識。

　　知識具有明顯的針對性，普通人學知識是為了個人技術、業務知識的提高，有的甚至是單純地為了謀生。領導者和管理者掌握知識是為了更好地協調和管理。

　　知識，可以分為基本知識、專業知識和相關知識三類。它們共同構成人類知識這龐大的體系。

　　第一，基本知識，即人類生活、工作應當掌握的基本的知識體系。不掌握這些知識，就無法為人格的形成積累最起碼的常識。

　　第二，專業知識，即你所想從事的職業必須掌握的專門知識。又分為工作崗位知識和行業知識兩個方面。沒有專業知識，你就不會形成一定的人格體驗和交際、運用經驗。

　　第三，相關知識，即與你將從事的職業有關的一些常識。沒有相關知識的健全，就沒有你人格體現的環境。

　　知識是人格的先決條件。但是健康的心理狀態，也是形成良好人格的重要因素之一。

　　這方面的素質，一方面與先天的遺傳有關聯，但是後天養成可能更重要。這是因為我們在日常生活中，經常會遇到各種各樣

的壓力和困擾，工作不稱心、經濟條件不寬裕、健康欠佳、愛情失敗、好心卻未得到好報等等。

許多年前，一個十歲的男孩在芝加哥的一家工廠裏做工，但是他的願望卻是想當一名歌星。

他的第一位音樂老師，在那男孩進廠工作以前，就已經洩了他的氣：「你不能唱歌，你五音根本不全，簡直就像風在吹我家的百葉窗一樣。」

那男孩為此而痛苦不堪，認為自己是個無能的人。他的心理明顯出現了偏差。

但是她媽媽——一位十分窮苦的農婦，卻又一次次點燃了他的希望。她用手摟著他，並用溫柔的口吻說：「我的孩子，你能唱歌，你不知我有多高興。並且你的進步是如此的快，簡直讓媽媽感到驚訝。」

這位母親的讚許，矯正了孩子失去信心的心理，改變了這個孩子的一生。

他的名字叫恩瑞歌‧卡羅素，他成了那個時代最偉大的知名歌劇演唱家之一。

我們的人格，也許永遠處在一種積極向上的氛圍之中，但它需要知識，需要健康心理的支柱。要想成為成功者，請積累你的知識，培養你的人格。

2. 成功女性的人格素質匹配十要則

如果你的人格正處於一種積極與極富創造力的階段，那麼請你別忘了那是你各種素質的綜合。

也許正因為你的心理、健康、知識、經驗、交往、個性、行為、口才等素質的共同支撐，你便走向了成功。

你沒有必要去幻想你一定是個天才，但你必須使自己具備各方面的素質；即使你可能在某個方面有缺陷，那麼請你用另一種十分突出的素質，來彌補這種缺陷給你成功帶來的不利。在這個世界上，你千萬不要把自己的人格區域定得那麼死板，因為環境可能隨時發生改變。相關素質的匹配，可以使你的人格相得益彰，豐富多彩；也可以使你擁有更多成功的機會。

素質匹配應遵循一定的原則：

① 儘量適應環境。

② 應與自己的興趣、個性相吻合。

③ 不具有決定性風險。

④ 有基本的把握。

⑤ 考慮服務對象。

⑥ 優先考慮特長。

⑦ 注意社會需要。

⑧ 有良好的心理素質。

⑨ 不要使它僵化。

⑩ 可能的話，儘量在小範圍做個測驗，以確定其可實行性。

以上十條原則，是你不得不考慮的。因為它決定你具有匹配的素質以後的結果是否有效。素質匹配直接關係人格的體現和人格創造力的發揮。

相關素質的匹配力量是巨大的，它有可能對一種持續了幾百年的文化傳統，發起最具有挑戰性的攻勢。無論是爭鬥還是讓步，我們都必須用自己的素質去做出最適合自己生存的選擇。當不愉快的事情在我們的周圍發生時，我們可以用紙條記上我們的想法，然後再列舉解決的辦法。

這個時期我們需要用我們的素質和人格去進行一種冷靜的抉擇，而不是以衝動和魯莽去應付這一切。

如果這是真的，你又何妨試一試？

我們的素質正面對我們的人格，而我們的人格也正要求我們的素質。

我們有所選擇，但又面對唯一的選擇：培養素質，發揮素質，轉化素質，最後達到一種完善的人格，實現個人的成功。

3. 保持你的本色

「保持本色的問題，像歷史一樣的古老」詹姆斯‧高登‧季爾基博士說，「也像人生一樣的普遍」。不願意保持本色，即是很多精神和心理問題的潛在原因。安吉羅‧帕屈在幼兒教育方面曾寫過十三本書和數以千計的文章，他說：「沒有比那些想做其他人和除他自己以外其他東西的人，更痛苦的了。」

我們每個人的個性、形象、人格，都有其相應的潛在的創造性，我們完全沒有三心二意的必要，而去一味嫉妒與猜測他人的優點。

在個人成功的經驗之中，保持自我的本色及以自身的創造性去贏得一個新天地，是有意義的。著名的威廉‧詹姆斯，曾經談過那些從來沒有發現他們自己的人。他說一般人只發展了百分之十的潛在能力。「他具有各種各樣的能力，卻習慣性地不懂得怎麼去利用」。

你和我有這樣的能力，所以我們不應再浪費任何一秒鐘，去憂慮我們不是其他人這一點。在好萊塢尤其流行這種希望能做其他人的想法。山姆‧伍德是好萊塢的最知名導演之一。他說在他啟發一些年輕的演員時，所碰到的最頭痛的問題就是這個：要讓

他們保持本色。他們都想做二流的拉娜・特納，或者是三流的克拉克・蓋博。「這一套觀眾已經受夠了」山姆・伍德說，「最安全的做法是要儘快丟開那些裝腔作勢的人」。

你在這個世界上是個新東西，應該為這一點而慶幸，應該儘量利用大自然所賦予你的一切。

歸根結底說起來，所有的藝術都帶著一些自傳體，你只能唱你自己的歌，你只能畫你自己的畫，你只能做一個由你的經驗、你的環境和你的家庭所造成的你。不論好與壞，你都是在創造一個自己的小花園；不論是好是壞，你都得在生命的交響樂中，演奏你自己的小樂器；無論是好是壞，你都要在生命的沙漠上數清自己已走過的腳印。卓別林開始拍電影的時候，那些電影導演都堅持要卓別林學當時非常有名的一個德國喜劇演員，可是卓別林直到創造出一套自己的表演方法之後，才開始成名。鮑勃・霍伯也有相同的經驗。他多年來一直在演歌舞片，結果毫無成績，一直到他發展出自己的笑話本事之後，才成名起來。威爾・羅吉斯在一個雜耍團裏，不說話光表演拋繩技術，繼續了好多年，最後才發現他在講幽默笑話上有特殊的天分，他開始在耍繩表演的時候說話，才獲得成功。

瑪麗・瑪格麗特・麥克布蕾剛剛進入廣播界的時候，想做一個愛爾蘭喜劇學員。結果失敗了。後來她發揮了她的本色，做一個從密蘇里州來的、很平凡的鄉下女孩子，結果成為紐約最受歡迎的廣播明星。

金・奧特雷剛出道之時，想要改掉他德州的鄉音，為像個城裏的紳士，便自稱為紐約人，結果大家都在背後恥笑。後來他開始彈奏五弦琴，唱他的西部歌曲，開始了他那了不起的演藝生涯，成為全世界在電影和廣播方面最有名的西部歌星之一。在每

一個人的教育過程中，他一定會在某個時候發現，羨慕是無知的，模仿也就意味著自殺。不論好壞，你都必須保持本色。

自己的所有能力是自然界的一種能力，除了它之外，沒有人知道它能做出些什麼，它能知道些什麼，而這些是他必須去嘗試獲取的。

人格的顏色，需要你用生命去保護。

四類性格大比拼

材料的質地將決定作品的美感。你可以改變作品的外形，但是絕對不能改變它的基本成分。

我們的環境、智商、民族、經濟狀況和家庭影響，都能塑造我們的性格，但是我們各自的內在本質，卻是無論如何都難以改變的。

我們從一出生就各有自己的優點和缺點。只有我們自己才能意識到自己是獨一無二的，儘管我們大家同時在研修同一門課程，並由同一位老師進行授課，卻往往會獲得不同的結果。

當義大利文藝復興的先驅米開朗基羅在準備雕刻大衛像時，他花了很長的時間去挑選大理石。因為他知道，材料的質地將決定作品的美感。他明白自己可以改變作品的外形，但是絕對不能改變它的基本成分。

他創造的每件傑作都是獨一無二的，儘管他試圖複製，但是

他不可能找到完全相同的一塊大理石。甚至他從同樣的石頭上切割另一塊下來，它也不會和真品精確無誤。是很相似，但是絕對不會相同。

我們生來就有自己的性情特徵，自己的組合材料，就像各自屬於某種岩石。我們有些是花崗岩，有些是大理石，有些是雪花石膏，有些就是砂石。我們的岩石種類不要改變，但是卻可以隨心所欲地選擇各自的外形。我們的性格就是這個樣子的。我們有一些與生俱來的特技，其中一些特徵是由於金子的點綴而變得光彩奪目，而另一些則被斷層所破壞。我們的環境、智商、民族、經濟狀況和家庭影響，都能塑造我們的性格，但是我們各自的內在本質，卻是無論如何都難以改變的。

人們很早就對人類的性格進行了深入的研究和探討。早在二千四百年之前，古希臘醫學家和哲學家，也是西方醫學之父的希波克拉底，就提出了多血質、黃膽質、黑膽質和粘液質這四個區，分從而創立了四類性格（活潑型、完美型、力量型和和平型）的科學體系。這樣我們就可以：

① 找出自己的優點、缺點，並且學會如何揚長避短。

② 理解別人，並認識到別人的不同之處，並不是就意味著他們必然是錯誤的。

這樣我們就能在把握性格的基礎之上，避免成功之路上的不必要的不便，並且更好地借助別人來為自己服務。

在此基礎上，我們可以跟活潑型的人玩得開心，他們總是流露出對生活的積極態度；我們也可以嚴肅地跟完美型的人相處，他們的眼裏揉不進一粒沙子；我們也將和生為領袖的力量型一起衝鋒；我們也會和對於生活知足常樂的和平型無拘無束地一起放鬆。不管我們本人屬於哪種類型，我們都可以從別人身上學到許多東西。

你的性格優劣測試

你可以花幾分鐘來測定你的性格輪廓，可以通過本章最後所附的測試方法來進行。在根據說明完成四十個問題後，將分數寫到得分卷上並累加起來。如果你是活潑型，對一縱列的數字便會無從下手，那麼你可找個完美型的人幫你統計分數，因為他們將生活看成一系列的統計。

沒有人是百分之百的屬於某一種類型，但你的得分能準確地讓你知道自己的長短。若你得分很平均，你很有可能屬於和平型，是個面面俱備的人。

你的個性輪廓有別於任何人，而從你的氣質模式所得到的資料資訊，對你瞭解自己及接受別人很有幫助。在你鼓勵親朋好友分析他們自己的同時，你已開闢了富啟迪性及趣味性的全新交流管道。

活潑型性格（S）　　　　　　　　　　—外向 · 多言 · 樂觀

情感方面:予人好感，健談，聚會的靈魂，幽默感，美好的回憶，自如地控制群眾，情緒化及感情外露，熱情洋溢，好表現，高興，得意洋洋，好奇，舞臺上人才，天真無邪，現實，性情善變，誠摯，孩子氣。

對待工作:工作主動，找尋新事物，注重表面，富有創造性，多姿多彩，充滿幹勁、積極性，閃電式進行，鼓勵他人參與，吸引他人工作。

作為父母:給家庭帶來歡樂、被孩子的朋友喜愛、以苦為樂、像馬戲團團長。

作為朋友:容易交朋友、熱愛別人、喜歡讚揚、看似興奮、令人羨慕、不懷恨、很快道歉、避免沉悶、喜歡即興的活動。

完美型性格（M）　　　　　　　　　　　—內向 · 思考者 · 悲觀

情感方面:深思熟慮，善於分析，嚴肅，有目標、有天分，富有創造能力，富音樂藝術細胞，冷靜富有詩意，追求完美，對他人反應敏感，自我犧牲，有責任心，理想主義。

作為父母:訂立高標準，希望一切都做對，保持家裏井井有條，幫孩子收拾，為他人犧牲是自己的意願，鼓勵獲取獎學金及展現才華。

對待工作:預先作計畫，完美主義，高標準，注重細節，善始善終，有條理有組織，整潔，講求經濟效益，善於發現問題，有創造性的解決方法，勤儉節約，善用圖表、資料、目錄分析問題。

作為朋友:交友謹慎，甘願留在幕後，避免引起注意，忠誠可靠，會聆聽抱怨、解決別人的問題，很關心他人，情感豐富，易受感動，尋求理想伴侶。

力量型性格（C）　　　　　　　　　　　—外向 · 行動者 · 樂觀

情感方面:天生領導者，精力充沛，主動，急迫需要改變，不容有錯，意志堅決、果斷，非情緒化，不易氣餒，自立自足，充滿自信，能運作一切。

作為父母:行使領導權，設定目標，促動家人行動，知道正確答案，管理家務。

對待工作:目標主導，縱觀全局，善於管理，尋求實際的解決方法，行動迅速，委派工作，堅持生產，設定目標，促成行動，越挫越奮。

作為朋友:不大需要朋友，為團體而工作，會領導及組織，總是正確，善於應變。

和平型性格（P）　　　　　　　　一內向 · 旁觀者 · 悲觀

情感方面:性格低調，易相處、輕鬆，平靜、鎮靜、泰然自若，耐心、易適應一成不變的生活，平靜但詼諧，仁慈善良，隱藏內心的情緒，樂天知命，面面俱備。

作為父母:好父母，為孩子花時間，不急躁，寬容，不易生氣。

對待工作:熟悉可靠，平和無異議，有行政能力，調解問題，避免衝突，善於面對壓力，尋求容易的解決方法。

作為朋友:容易相處，開心愉快，無攻擊性，好的聆聽者，很有幽默感，喜歡旁觀，有很多朋友，同情、關心。

性格輪廓測試

說明:在以下各行的詞語中，用「√」在最適合的詞前做記號。要做完四十題，不要漏掉任何一題。若你不能肯定哪個是「最適合」，請問你的配偶和朋友，並考慮當你還是小孩時，哪個該是答案。

優點：

1. □富於冒險　□適應力強　□主動　　　□善於分析
2. □堅持不懈　□喜好娛樂　□善於說服　□平和
3. □順服　　　□自我犧牲　□善於社交　□意志堅定
4. □體貼　　　□自控性　　□競爭性　　□使人認同
5. □使人振作　□受尊重　　□含蓄　　　□善於交際
6. □滿足　　　□敏感　　　□自立　　　□生機勃勃
7. □計畫者　　□耐性　　　□積極　　　□推動者
8. □肯定　　　□無拘無束　□時間性　　□羞澀
9. □井井有條　□遷就　　　□坦率　　　□樂觀
10. □友善　　　□忠誠　　　□有趣　　　□強迫性
11. □勇敢　　　□可愛　　　□講究策略　□注意細節
12. □令人高興　□貫徹始終　□文化修養　□自信
13. □理想主義　□獨立　　　□無攻擊性　□富激勵性
14. □感情外露　□果斷　　　□尖刻幽默　□深沉
15. □調解者　　□音樂性　　□發起者　　□喜交朋友
16. □考慮週到　□執著　　　□多言　　　□容忍
17. □聆聽者　　□忠心　　　□領導者　　□精力充沛
18. □知足　　　□首領　　　□製圖者　　□惹人喜愛
19. □完美主義　□和氣　　　□勤勞　　　□惹人喜愛
20. □跳躍型　　□無畏　　　□規範型　　□平衡

缺點：

21. □乏味　　　□忸怩　　　□露骨　　　□專橫
22. □散漫　　　□無同情心　□缺乏熱情　□不寬恕
23. □保留　　　□怨恨　　　□逆反　　　□嘮叨

24. □挑剔	□膽小	□健忘	□魯莽
25. □沒耐性	□無安全感	□優柔寡斷	□好插嘴
26. □不受歡迎	□不參與	□難預測	□缺同情心
27. □固執	□即興	□難於取悅	□猶豫不決
28. □平淡	□悲觀	□自負	□放任
29. □易怒	□無目標	□好爭吵	□孤芳自賞
30. □天真	□消極	□魯莽	□冷漠
31. □擔憂	□不善交際	□工作狂	□喜獲認同
32. □過分敏感	□不老練	□膽怯	□喋喋不休
33. □靦腆	□生活紊亂	□跋扈	□抑鬱
34. □缺乏自救力	□內向	□不容忍	□無異議
35. □雜亂無章	□情緒化	□喃喃自語	□喜操縱
36. □緩慢	□頑固	□好表現	□有戒心
37. □孤僻	□統治慾	□懶惰	□大嗓門
38. □拖延	□多疑	□易怒	□不專注
39. □報復型	□煩躁	□勉強	□輕率
40. □妥協	□好批評	□狡猾	□善變

性格計分卷

現在將記上「√」符號的選擇，對應到以下計分卷上，每一選項
為一分，將得分加起來。

優點總分

S	C	M	P
活潑型	力量型	完美型	和平型
1. □主動	□富於冒險	□善於分析	□適應力強

2. ☐喜好娛樂	☐善於說服	☐堅持不懈	☐平和
3. ☐善於社交	☐意志堅定	☐自我犧牲	☐順服
4. ☐使人認同	☐競爭性	☐體貼	☐自控性
5. ☐使人振作	☐善於應變	☐受尊重	☐含蓄
6. ☐生氣勃勃	☐自立	☐敏感	☐滿足
7. ☐推動者	☐積極	☐計畫者	☐耐性
8. ☐無拘無束	☐肯定	☐有時間性	☐羞澀
9. ☐樂觀	☐坦率	☐井井有條	☐遷就
10. ☐有趣	☐強迫性	☐忠誠	☐友善
11. ☐可愛	☐勇敢	☐注意細節	☐講究策略
12. ☐令人高興	☐自信	☐文化修養	☐貫徹始終
13. ☐富激勵性	☐獨立	☐理想主義	☐無攻擊性
14. ☐感情外露	☐果斷	☐深沉	☐幽默
15. ☐喜交朋友	☐發起者	☐音樂性	☐調節者
16. ☐多言	☐執著	☐考慮周到	☐容忍
17. ☐精力充沛	☐領導得	☐忠心	☐聆聽者
18. ☐惹人喜愛	☐首領	☐製圖者	☐知足
19. ☐受歡迎	☐勤勞	☐完美主義	☐和氣
20. ☐跳躍型	☐無畏	☐規範型	☐平衡

缺點總分

S	C	M	P
活潑型	力量型	完美型	和平型
21. ☐露骨	☐專橫	☐忸怩	☐乏味
22. ☐散漫	☐無同情心	☐不寬恕	☐缺乏熱情
23. ☐嘮叨	☐逆反	☐悲觀	☐保留

24. ☐健忘	☐魯莽	☐挑剔	☐膽小
25. ☐好插嘴	☐沒耐性	☐無安全感	☐優柔寡斷
26. ☐難預測	☐缺同情心	☐不受歡迎	☐不參與
27. ☐即興	☐固執	☐難於取悅	☐猶豫不決
28. ☐放任	☐自負	☐悲觀	☐平淡
29. ☐易怒	☐好爭吵	☐孤芳自賞	☐無目標
30. ☐天真	☐魯莽	☐消極	☐冷漠
31. ☐喜獲認同	☐工作狂	☐不善交際	☐擔憂
32. ☐喋喋不休	☐不老練	☐過分敏感	☐膽怯
33. ☐生活紊亂	☐跋扈	☐抑鬱	☐靦腆
34. ☐缺乏毅力	☐不容忍	☐內向	☐無異議
35. ☐雜亂無章	☐喜操縱	☐情緒化	☐喃喃自語
36. ☐好表現	☐頑固	☐有戒心	☐緩慢
37. ☐大嗓門	☐統治慾	☐孤僻	☐懶惰
38. ☐不專注	☐易怒	☐多疑	☐拖延
39. ☐煩躁	☐輕率	☐報復型	☐勉強
40. ☐善變	☐狡猾	☐好批評	☐妥協

S：活潑型：

C：力量型：

M：完美型：

P：和平型：

叛逆王妃戴安娜

　　戴安娜在成為英國王妃之前，沒有人知道她，成為王妃後，人們不僅知道她是王妃，更知道她是一位美女，美得驚世駭俗。然而她天生叛逆性格，她向世俗，向王室的「清規戒律」發起了挑戰，她願做人民的王妃，而不願做皇室的王妃，叛逆的個性影響了她一生的命運。前英國國王妃戴安娜已經香消玉殞了，但她仍留給了世人美好的回憶，對於她，人們仍有說不完的話題。

　　由於科學技術的發展，現代化傳播媒介的發達，使二十世紀名人、明星輩出。這些名人、明星不斷出現在人類生活的舞臺上。這些名人、明星有的一閃即逝，只留下短暫的輝煌，有的則長時間閃爍著耀眼的光芒。在數以萬計的名人、明星中，戴安娜當屬最有名的名人、最耀眼的明星。

　　自從戴安娜與查理斯王子交往的那一天開始，輝煌的光環似乎就一直籠罩在她的頭上。人們對她的關注、議論、評價，超過了同時代的任何一位明星、名人。她是明星中的明星、名人中的名人。她在英國王室十幾年，也是王室成員中最有影響的人物。世界各大新聞媒體無一例外地注視著她的一舉一動。從戴安娜一九八一年成為王妃，到一九九七年不幸身亡，短短的十六年間，只要她在公開場合露面，便無法躲避記者照相機的閃光燈、攝影機的鏡頭。十六年來，她在新聞媒體中出現的頻率、次數，讓那些當今最紅的明星，甚至百萬富翁、政界要員等都感到自歎弗如。

　　戴安娜的美貌是舉世公認的。戴安娜在不同的年齡階段，表

現了不同魅力的美。純情少年的戴安娜給人以青春的美、純潔的美。三十歲時，已經是兩個孩子母親的戴安娜，不僅美貌不減當年，而且更具有了成熟女性那種不可抗拒的美和特殊的魅力。戴安娜的身材被行家們譽為「魔鬼黃金比例」，她的「三圍」是35～28～35（英寸）。腰圍與臀圍比例為 0.65～0.7 之間這一比例，被研究人體的專家推崇為黃金比例，而戴安娜的腰圍與臀圍之比恰好是 0.7。

與戴安娜擁有同樣「黃金比例」魔鬼身材的還有黛咪‧摩兒、辛蒂‧克勞馥等世界頂尖名模。

戴安娜之所以與眾不同，一個非常重要的原因是美貌使戴安娜產生了非同凡響的效應：由於她成為王妃，英國新聞界竟然出現了一個前所未有的新聞種類──戴安娜新聞業！戴安娜真是驚世駭俗！也只有戴安娜能夠製造這種效應，其他任何一位擁有同樣「魔鬼身材」、擁有同樣漂亮和魅力的明星、名模都無法與之相比。

驚世駭俗的美，有時會給人帶來好運，但也可能給人帶來煩惱。戴安娜短暫的一生所經歷的榮華富貴、感情糾葛、不幸與幸運等等，都能說明這一點。王室的尊嚴與神聖，現代化媒體的大肆「炒」作，與生俱來的美，造成了戴安娜的一切，同時也給她帶來別人體會不到的不幸。戴安娜從一個不諳世故的純潔女人，到眾人矚目的王妃，最後公然與王室決裂，和查理斯王子離婚，這一非凡的經歷，充分說明了她性格的鮮明性。人們過多地把目光集中在了她的柔美、嫵媚、溫順的女性性格上，而忽視了她的性格的另一面，這便是叛逆。叛逆和柔美似乎有水火難容的矛盾，卻又鮮明地集中在戴安娜身上，構成了她短暫一生的主要內容。正是這兩種性格的融合，才造成了戴安娜的輝煌與不幸。假

如她是一個「醜小鴨」、「灰姑娘」，那肯定成不了王妃，也就避免了許許多多的人生不幸。作為王妃，戴安娜的確享受到他人可望而不可及的榮華富貴，但她所付出的代價也是常人無法想像的。假如她沒有叛逆的性格，屈從於王室的清規戒律，逆來順受，不和命運和現實抗爭，那麼即使她仍然是舉世矚目的人物，人們對她的認識與評價，可能不會是今天這樣。

戴安娜小時候的性格不是叛逆的，而是柔弱的。在她幼年時代，父母離異給她造成了巨大心靈創傷。當時戴安娜年僅六歲，在莊園裏，戴安娜和弟弟由父親撫養。她常常和弟弟一起渡過漆黑的夜晚，也學會了體貼照顧弟弟、照顧別人。這段痛苦的記憶給戴安娜極其深刻的印象。她曾對保姆說，她長大以後絕不離婚，不讓自己的孩子遭受離異的痛苦。事與願違，她長大之後也與自己的丈夫離婚，把自己幼年時代的痛苦經歷留給兩個親生骨肉。所以說，幼年時代的戴安娜並不是日後那種強烈的叛逆性格，相反她是柔弱性格。

不知是什麼原因，戴安娜在學校期間的學習成績一直不出眾。但她有著較好的身材，故而在舞蹈方面很突出，有些體育項目很好，諸如游泳、跳水之類的體育項目樣樣在行，同時還獲得過舞蹈和體育項目的冠軍。

戴安娜品行良好，在校期間樂於助人的行為品性也為她贏得了榮譽，多次受到校方的表揚。父親見戴安娜學習成績一般，便把她和姐姐送到瑞士一家禮儀學校學習，但戴安娜在那裏只待了兩個星期，所學到的唯一一項技能是滑雪。如果她知道自己日後能成為王妃，那她一定會努力讀書，學一些有用的東西，可命運偏偏捉弄人，她後來居然邂逅了查理斯王子，成為英國的王妃。

離開學校的戴安娜，成了一名名符其實的「待業青年」。她

說服了父母，獨自一個到倫敦謀生。戴安娜沒有受過正規高等教育，沒有學歷，沒有文憑，除了跳舞、游泳之外，也再無別的技能，她在倫敦能找到的工作就是當保姆。但戴安娜能夠把握自己，不吸煙、不喝酒，也沒有其他不良生活習慣和嗜好。戴安娜生活上潔身自愛，在與查理斯王子接觸前，她甚至沒一個正式的男朋友。這時的她還是一個無憂無慮的女孩子。

一次偶然的機會，戴安娜和查理斯王子邂逅，王子便在這位情竇初開的女人心中留下了極其深刻的印象。同時，十九歲的戴安娜也贏得了查理斯王子的好感。查理斯王子不是禁慾主義者，他是未來英國王室的繼承人，自然他身邊美女如雲。然而，戴安娜的美貌、純情，的確讓這位王子格外動心。戴安娜純樸而又不失文雅高貴。尤其是查理斯王子對那些碧眼金髮、身材高挑的美女格外青睞，而戴安娜正屬於這種美女，因而很容易贏得王子的喜歡。一位是情竇初開的女人，一位是年過三十的單身漢；一位為王子的瀟灑所傾倒，一位青睞於女人的純真與美貌。這段愛情與「王子和灰姑娘」的愛情經典有驚人的相似之處。雖然戴安娜家境富有，但她在家中一直是一個「不重要」的、甚至有一段時間她自己也認為自己是「多餘」的人，而就是這樣一位女人，竟然成為王子心目中最鍾情的人，成為了王妃。

一九八一年七月二十九日，查理斯王子和戴安娜舉行了異常隆重、耗資近十億英鎊的「世紀婚禮」。

婚後，戴安娜正式成為王室的一員。一個普通的女人成為了王妃，不僅是身分的改變，還意味著她的一舉一動都不是個人的事，而是王室的形象。戴安娜在英國王室女性成員中的地位是比較高的，除了伊莉莎白女王和王太后之外，她作為王妃排在第三的位置上。她做的每一件事都不是個人行為，都要注意形象，因

為她的一舉一動都代表英國王室的形象。一個無憂無慮的女人，突然間受到王室種種清規戒律的約束，而且要毫無差錯地遵守各種她非常陌生的「清規戒律」是非常困難的。戴安娜有美貌、有氣質，也有自己的個性，她不遵守王室的規矩必然要和王室發生矛盾。在她面前有兩種選擇：要嘛「戒掉」自己與生俱來的個性與從前的生活習慣，服從王室的規矩，做一個逆來順受的、合格的王妃；要嘛保持自己的個性，追求一個真實的自我，充當叛逆王妃。比如說，她在公眾面前不能再像從前那樣放聲爽朗地大笑，而要表現出王妃的矜持和端莊。

後來在相當長的一段時間裏，戴安娜選擇了對王室的適應，控制自己的情緒，學會改變自己的性格，朝著王室期待的那種合格王妃的方向努力。如果是這樣，她只能服從，沒有任何「討價還價」的餘地。所以戴安娜進入王室得到的榮華富貴，實際上是以改變自己的性格為代價的。由於幼年時代的經歷，戴安娜學會了將自己真實的情感隱藏起來，而做出相反的舉動。戴安娜不但要適應宮廷中的各種規矩，更要適應周圍的一切。比如在她沒有成為王妃之前，她僅僅是一個幼稚園的幼兒教師，而她成為王妃後，一下子成為了舉世皆知的明星。各種新聞媒體對她的關注熱情，遠遠超出了她的預料，她的一舉一動都逃不了媒體的視線。

這種生活令她感到窒息。

在戴安娜成為王妃前，在她的心目中，查理斯不僅瀟灑英俊，更具有神聖感和神秘感，她所嚮往的婚姻是一種童話王國裏的婚姻。可後來，事實不是她所想像的那樣，從前的那種感覺散失得無影無蹤。原來她心中敬仰的王子，現在變成了有各種缺點的極其普通的男人。王子是在與世隔絕的王宮裏長大的，從不用費心去博得女人的芳心，倒是許多美女主動找上門來。他有各種

各樣的愛好，而且從未想過要改變這種愛好，但在這些愛好中，唯獨沒有關心妻子的愛好。也許他自已沒有特殊的要求，也希望妻子沒有這種要求。婚姻的目的只有一個，即為王室養育一個接班人、一個王位繼承人。所以婚後的戴安娜很快便發現家庭和宮廷是一樣的，沒有她希望的那種溫暖。尤其是她寄予無限希望的、年齡比她大許多的王子對她的愛，並不像她期望的那樣深沉和熱烈。

什麼事物都有一個成熟和完善的過程，這時的戴安娜還在逐漸在適應著王室的新環境，以便早日得到王室的認可，她在千方百計地收斂自己的性格，努力服從。例如王室對女性成員的著裝有明確的、不成文的規定，色調淡雅，但要醒目，如粉紅色、淺藍色、黃色和紫羅蘭色等。裙子的長短也有規定，長短一定要適宜，必須過膝，不要穿緊身、曲線畢露的挑逗性衣服等等。為了適應這一切，戴安娜常常每天換四、五次衣服。由於她是王妃，在出席一些公共場合的活動時，必須講話。每逢這時，查理斯的秘書都會為她準備一些資料，教她講話。而戴安娜討厭背誦這些東西，也不願意按照事先準備好的內容講話。公眾越來越關心王妃，連她下車時多露出一段秀腿，也會被媒體大肆炒作一番。

事實證明戴安娜的做法並沒有錯誤，她能夠在公眾面前獲得其他王室成員從未獲得的成功，這說明了她與王室所規定的那套做法背道而馳。無疑，戴安娜在王室中是孤立的。不管她和哪些王室成員共同出席公共場合，她總是「主角」，照相機、攝影機的鏡頭主要以她為軸心；人稱戴安娜是世界上最短的時間內上鏡次數最多的女人。那些規規矩矩的王室成員，誰也未像戴安娜那樣贏得媒體的「熱烈」關注。因此其他王室成員總有被冷落的感覺，對她產生了忌妒之心也是可以理解的。此外，她對王室的種種「不適應」，以

及「蔑視」王室規矩的舉止言談，不僅使她在王室成員中「大失所望」，就連一些在宮廷服務的工作人員也議論紛紛。除非她能夠認同王室的一切，否則孤立和遭到指責是不可避免的。但是以她叛逆的性格，她絕不會違心地順從王室的清規。

對戴安娜的脾氣和個性失望最大的人非查理斯莫屬，他們的第二個孩子出生後，她和王子的關係已達到無可調和的狀態。戴安娜不得不生活在兩個世界裏，在宮廷裏，所有的一切都有嚴格的規章制度，日程表排得滿滿的，可謂身不由己。戴安娜猶如籠中的「金絲雀」一樣，高貴，但缺少自由。而在宮廷之外，她已經成為全世界最耀眼的明星，尤其在衣著打扮和髮式上，她幾乎牽動著全世界所有愛美的年輕女士們的神經。彷彿戴安娜就是時尚、就是潮流。假如她無意之間改變了髮型，那麼全世界肯定會流行「戴妃頭」。她曾經幾次變換髮型，全世界則屢次刮起強勁的「戴妃頭」熱潮；假如她的衣服是藍色的，那麼藍色就一定會成為流行色，人稱她是「國際服裝大使」。戴安娜優美的身段，加之在她身上散發著成熟女性的、不可抗拒的美。從一個純情女人，變成王妃和少婦，最後成為「國際服裝大使」，其中的變化說明了許多問題。體現了一個人的個性和脾氣。

如果說性格決定命運的話，那麼戴安娜從一個不諳世故的女人，變成「叛逆王妃」，則是她抗爭命運的結果。戴安娜的種種舉措，越來越與王室的種種規矩格格不入。在以保守聞名的英國王室中，她眼裏最為普通正常的行為，也得不到理解。比如在她的孩子參加體育比賽時，她也會像普通的母親一樣，光著腳衝向終點；她親自到服裝店裏為孩子挑選衣服。她讓孩子接受一種王室從來沒有過的教育方式，目的是想使孩子真正認識社會、認識人生。所有這一切，都與王室的傳統和規矩背道而馳。王妃怎麼

能和普通人一樣呢？王室不理解，更不能容忍。王室不能容忍這樣一個叛逆性格突出的王妃，而嚮往自由的戴安娜，自然也無法接受王室的種種戒條。當這些戒條在戴安娜身上最終失去效用時，她自然會離開對她來說是「冷宮」式的宮廷。這是性格決定命運的必然結果。

戴安娜的叛逆性格在宮廷中表現在許多方面，其中比較突出的是服飾。戴安娜早就「破除」了宮廷對於女性成員著裝的不成文的規定。她的服飾五顏六色，式樣多種多樣，從鞋子提包到帽子服裝，從頭到腳，都獨具特色。從服裝樣式上看，王室的各種規矩已被她徹底拋棄，她不僅有雍容華貴的禮服，也有許多新穎別致的服裝，一些王室女性成員不敢或不能問津的性感服裝，戴安娜也來者不拒，身著三點式的各種照片已屢見不鮮。戴安娜著裝上的開放性，鮮明地表現了她的叛逆性格，這已不是英國王室王妃形象了。尤其是那些大膽、暴露的服裝，顯然不是英國王室成員所能接受的。在戴安娜的服裝中，類似的服裝絕不止一件兩件。

她在以自己的叛逆性格、以叛逆的實際行動向傳統發出了挑戰，向王室發出了挑戰。戴安娜在穿著上展示了自己的柔美，同時也反映了自己的叛逆個性。在選擇實現自我和女性天性時，戴安娜把王室的約束置之度外。在權利和義務上，她也是最終選擇了自我，叛逆的個性使她與王室走得越來越遠。

美滿的婚姻是建立在男女雙方性格、感情、興趣基礎上的，戴安娜和查理斯看似美滿的姻緣，從根本上潛伏著危機。從興趣、愛好、修養、知識結構等方面看，兩人相差甚遠，可謂興趣迴異。他們的婚姻從分居開始，已經徹底名存實亡。當兩個人的婚外情被媒體曝光後，他們只能選擇離婚。一九九六年二月二十八日，戴安娜和查理斯王子正式離婚。當年那場轟轟烈烈的世紀

婚禮，以巨大轟動效應的離婚而告終。離婚後的戴安娜依然是那麼迷人，魅力不減當年，媒體效應絲毫未減，她周圍多數情況下閃爍著鎂光燈，各種媒體一如既往地關注著她的一舉一動。

戴安娜離開了宮廷，實現自我價值，可以自由地支配自我，把自己全部的愛心和精力都投入到慈善事業和公益事業中。離婚前，戴安娜不僅是「國際服裝大使」，更是一位出名的「親善大使」，曾在一百多家慈善機構兼職，擔任國際紅十字會副會長職務達十三年之久。世界上許多地方留下過她的足跡。一九八九年，戴安娜訪問美國期間，在一家醫院訪問，將一名年僅七歲的愛滋病患者緊緊摟在懷裏。所有在場的人無不為之感動。離婚後，她代表國際紅十字會來到飽受戰爭折磨的安哥拉，步行深入到已有七萬人死於地雷的地區慰問。戴安娜的這一勇敢行為再次引起轟動，得到了各方面的褒獎。無怪乎諾貝爾委員會提名她為當年度和平獎候選人。以上種種所為哪能是王室王妃所為？

假如說，戴安娜的叛逆表現在他和王室的公然決裂上，那麼她那特有的女性柔美，則集中表現在她的愛心、善良等方面。她始終以美麗、真誠的微笑面對公眾，把自己的愛心獻給那些需要幫助的人們。戴安娜曾幫助過一位身患絕症的女孩。一次，女孩和母親到醫院體檢時，母親忘記帶內衣。戴安娜馬上將自己的內衣借給這位母親，並吩咐人把這位母親換下來的衣服帶回她的住處洗滌。一九九七年，她把自己七十九套豪華晚裝拍賣，所得三百二十萬美元全部捐贈給了抗愛滋病協會和抗癌協會。類似行動，不勝枚舉，如此人稱戴安娜是「人民王妃」，應是她成功的體現。從「叛逆王妃」到「人民王妃」，看似簡單的稱謂變化，實際上揭示了一個內涵非常深刻的問題；人民是人民，王室是王室，二者不可同日而語，這一稱呼的轉變從側面反應了戴安娜的

性格。

　　從柔美王妃到叛逆王妃再到人民王妃，戴安娜永遠是人們關注的焦點，這是她自己也左右不了的。美貌的戴安娜還和年輕時候一樣，有眾多的追求者。但她與異性交往麻煩太多，當戴安娜和億萬富翁的兒子多迪‧法耶茲相戀後，一些以搜集花邊新聞、名人緋聞的記者們對這對戀人圍追堵截，戴安娜幾乎是走投無路，插翅難逃。一九九七年八月三十一日，為躲避這些記者們的騷擾，戴安娜和多迪的汽車高速行駛，結果發生車禍，戴安娜不幸身亡。

　　戴安娜由一位天真爛漫的女人成為王室王妃。但叛逆的個性註定她不是王室合格的王妃，而是人民王妃，也是叛逆的個性讓她過早地走完了人生之旅。

03

EQ與成功：
女人的情商優勢

　　高情商女人在試圖解決問題和學習新的技能時，也常常感到膽怯，但她們能把憂慮轉化為動力，自己去爭取實現目標的力量，在緊急情況下，能煥發出驚人的潛力。她們的恐懼和憂慮成了力量的源泉，使她們能完成那些似乎根本不可能完成的任務。她們知難而進，選擇「艱難、憂慮」之路，她們知道，嘗試各種不同的生活方式，可以得到在安逸的生活中，絕對不可能得到的見識和成功。

女人，戰勝孤獨

很多女人都會在結婚以後產生孤獨情緒。

阿緣是一個剛過三十的少婦，她的丈夫是一家民營公司的經理，算是十分成功的男人。他們是在阿緣二十歲時結的婚，為了丈夫的事業，阿緣沒有要孩子，但是她也沒有去任何地方上班。她常常無所事事地坐在家中，久而久之，由於很少與外人交流，心中便有了極強烈的孤獨情緒，慢慢地，她的性格變得孤僻起來，身處在孤獨之中，她開始得變煩悶，首先是和丈夫因一些小事鬧彆扭，後來便是經常性地吵架，最後，她終於因為忍受不了這種生活而與丈夫離了婚。

在現實生活中，一個成年女人沒有一個夥伴或知己是不足為奇的，許多女人都承認她們沒有一個可以完全信賴和吐露心事的親密無間的朋友。然而她們之間的大多數，又似乎都認為這種現象是正常的，可以接受的。有一位成功女性在談到友誼時說：「我真希望為自己找一個知心朋友。我有不少生意場上的朋友，但沒有一個知己，我感到十分孤獨。偶爾心血來潮，毫無緣由地打電話，結果也僅僅只是問個好，談天說地的情況從來沒有發生——就是沒有這樣的對象。」

在互相建立聯繫的過程中，女人們似乎自始至終都受著約束，她們不願意讓別人知道自己的弱點——挫折、焦灼、失望。她們怕被人視為懦弱，表現得像只會一味怨天尤人的失敗者，使他人對自己失去興趣和尊重。同時，她們也不願意與人分享自己

勝利的歡樂，因為她們怕激起別人的競爭、嫉妒，或是怕表現出一種狂妄而被人指責。

在我們這個社會裏，人們只有在為共同的目標奮鬥時，他們之間的關係才能和諧、親密，這是一個可悲的諷刺。十幾歲的孩子走到一起，就能組織一個球隊，同心協力地去擊敗另一個隊；而作為成年人，卻只在戰爭年代裏，才會團結一致面對共同的敵人。

在大多數情況下，人們彼此之間總是處於戒備狀態，他們的談話也很少真正涉及個人的隱私。有個人自以為非常瞭解他的朋友，不料朋友與妻子突然分道揚鑣，這使他非常驚訝。他說：「我從來不知道他們之間還有什麼矛盾。」

內心世界的封閉，使女人無法通過情感交流建立真正的友誼，友情的缺乏，使現代人陷入一種強烈的孤獨感。正如有的女人對自己感受的描述那樣：「在這個世界裏，我感到孤獨、嫉妒、憤怒、緊張。」也正是這種孤獨感和對他人的排斥感，加劇了人類的情緒危機。

要在這個人與人之間的情感日趨淡漠的世界裏，保持良好的人際關係和健康的情緒狀態，無疑對人的情商提出了更高的要求。事實上，也只有高情商者才能更好地適應這個社會，獲得和諧的人際關係和友誼，從而在現實生活中如魚得水。

逃離沮喪

　　桑納在他的《發現勇氣》的一書中講述了這樣一個故事：

　　瓊留著紅豔欲滴、修剪精緻的長指甲，年紀已經四十好幾了，但雙手之滑嫩宛如屬於十六歲少女所有。我見到她，真想把我那雙滿是皺紋、指甲粗短的手藏在口袋裏去，但瓊會抓住我的手，把我拉近，用一種高聲的細語，向我講些她有名的低級笑語，我們咯咯地笑成一團，然後我忘掉了手的粗鄙。

　　瓊住在療養院，和我繼父安迪同一樓層。他剛搬進來時，是瓊接待他的，指點他路——把他介紹給其他住戶，並給他情報，哪些管理人員可以找，哪些該敬而遠之。

　　她罹患機能退化症，病況惡化得很快，我認識她的時候，她已經要綁在輪椅上才能坐直了。

　　有些日子她會把指甲掐入手掌心，死命地喊著要多吞幾顆止痛藥。她丈夫早就離開她了，知道她有病之後就不再搭理她了。她沒有子女，有個男朋友叫約翰，是個五十出頭的白髮帥哥，他中風過，說話有很大問題，他們常常在日光室坐著，手握著手。

　　在瓊過世之前，我問她是什麼力量支持她活下去，她說：「貓王的福音音樂，還有禱告。」

　　在這種情況下，一般人早就發瘋了，而瓊卻選擇自我實現。寫到這裏，我的電腦螢幕已經因為我眼中的淚水而模糊不清了，一個人活在人間地獄的煎熬中，卻一心要在地獄裏找出活下去的意義，再沒有一件事比這個更動人心弦的了。想想有一天，我們

也很可能遭逢重大不幸，再也沒有比這個更嚇人的念頭，我們沒有一個人會願意和瓊一樣，在黑暗的人生旅途中匍匐前進。

還有，如果我們鑄成大錯，對別人或自己造成永遠無法彌補的傷害，那該怎麼辦？著名心理學家A・阿德勒曾說：所有失敗者——罪犯、酗酒者、自殺者、墮落者、娼妓等等，他們之所以失敗，都是因為他們缺乏從屬感和社會興趣，從而對生活產生強烈的沮喪情緒。他們在處理職業、友誼和性等問題時，都不相信這些問題可以用合作的方式加以解決，於是對現實充滿失望感。

自憐並無助於恢復破碎的自我，一味地沮喪和自憐，往往會帶來更殘酷的現實。她本來可以顯得更年輕的，可如今看起來卻像個老人；她本可以獲得很好的社會地位的，可如今卻有無窮的經濟負擔，丈夫對他的自卑態度十分不滿，小孩對家庭也沒有歸屬感，這也使她變得愈發的沮喪。

雖然沮喪是人類的正常現象，但如果長年逃避和否定自己，陷於持續的沮喪之中不能自拔，卻又習慣把責任一股腦全推給別人的話，那麼這樣的人，大都是些缺乏勇敢和能力承擔不幸的人。

沮喪者雖然也大都在各自掙扎，並很想求助於別人，可是孤獨和害怕被拒絕的心理，使他們往往不敢冒險求人。由於自卑態度，他們也無法正視自己的脆弱，只好以假裝快樂的方式來掩飾自己。因此除了配偶和孩子等家中親人，周圍的人往往都無法瞭解他們的內心世界，認識到其糟糕的情緒，因而也難以給他幫助。事實上，即使知道了他們情緒上的沮喪，旁人也常常會顯得無能為力。

有些「功成名就」的成功者也會產生沮喪。例如有的事業有成的男人，當他的妻子不安心操持家務，而決定要去讀書或要找

份兼職工作時，如果她們自己不善於處理家務，面對亂七八糟的家，往往會出現強烈的沮喪感。因為他們覺得自己辛苦工作，賺那麼多錢，在社會上也有地位，家中該有的都有了，結果妻子還不安心，還要去尋找什麼自我，因此他會產生自己所追求的這些東西，究竟有什麼意義一類的疑問。如果無法很好地解決這些心理上的困擾，他很可能就會逐漸變得灰心失望，情緒沮喪。

沮喪的人灰心是很自然的。一個人辛辛苦苦在奮鬥，其理想不管是大是小，如果他不能獲得事業的成就感、家庭的幸福感，那麼她是不會感到快樂和欣慰的。她會不斷地自問：「我得到的是什麼？」這時如果不能夠及時調節、克服沮喪情緒，就很容易產生「不死就知萬事空」的感覺。

人在其生命的幾個重要階段，都很可能出現沮喪。童年時期，健全的感情發育和培養很重要，如果她家庭生活不幸，比如父母親離婚、喪失親人等，都容易導致其產生沮喪感；青年時期，健全的社會關係包括戀愛、婚姻、朋友等等都十分重要，戀愛、婚姻挫折會使人沮喪，而沒有真正的朋友也會使人沮喪；老年時期，健全的人生旅程顯得十分重要，如果老年喪偶、喪子，很容易使人陷於沮喪無助的情緒之中。

沮喪情緒常常會擴大生活的不幸。所以對被持續強烈的沮喪情緒困擾的人來說，很有必要接受一定的心理治療，但這些人又常常不願意承認自己有心理問題，對心理諮詢和治療持拒絕排斥的態度，這就不可避免地會對他們的工作、生活、婚姻、家庭造成進一步的破壞。

有的人在沮喪中形成了對他人冷漠的態度，認為這樣可以報復別人，其實這樣不但無助於事情的解決，還會進一步損害自己。因為這樣做，無論在肉體上、精神上，都將進一步影響自己

的情緒，使自己無法堅強地面對現實。事實上，用冷漠的方法打擊自己倒是最有力的武器。

在生活中，每個人都會有沮喪的時候，但沮喪並不是不可克服的。要拿出勇氣改變自己的生活態度，找出引起沮喪的原因並努力設法改變現狀。

所以說，應像對待所有其他的不幸後果一樣，對於不幸帶來的沮喪，我們也不應聽之任之，一味地自怨自艾、杞天憂人，而要振作起來，採取勇敢、奮進的態度去直視面對它以及現實中的一切挫折和困難。

高情商者之所以更可能成功，就在於他們能夠以開放的心理接受各種情緒的影響，具有較強的情緒承受能力，並能通過適當途徑克服消極情緒所帶來的困擾，始終保持樂觀向上的精神，對生活充滿著希望和信心，從而才有勇氣和耐心去征服生活中一個又一個艱難險阻。

一味沉浸於沮喪之中不能自拔的低情商者，最終只能使自己變得更加的一敗塗地。

不要在情緒上被男人左右

女孩接受的教育，使他們以為愛情是生命中第一要緊事，而男孩被教導在工作、競賽中取勝，戀愛並不是首要的東西。女人喜歡愛情有緊張感、有挑戰，能讓她們銷魂失魄，所以就容易匆

忙陷入危險的動情的境地。男人在這一方面較為謹慎，在與女人的接觸中，他們是自衛型的，有一種掩飾自己的恐懼和焦慮的需要，早年的教育使他們即使在女人動了情，無法把握自己和對方時，也不表現出慌張。

壞男人的重要才能是對女人的高度理解，他們對女人瞭若指掌，至少對女人與他相關一方面非常瞭解。他們常常是女人刺激和幻想的目標，女人也願意被其吸引，而無視其潛在的危險，因為這些壞小子對女人來說，代表了一種征服感。他們小時候可能有一個富有魅力但卻情感疏遠的母親，她從未給過他所渴望的愛，這樣他們不得不經常揣摸自己的母親，以便知道何時、怎樣才能得到他所需要的安慰和保護，他練出了一種對女人高超的觀察能力和感知力。

女人長期的小心翼翼，抑制了她對親情和愛戀的需求，壞男人強有力的神秘變化讓她無法抗拒，她在他的誘惑面前毫無抵禦力，他不是一個在床上自私而笨拙的想完事拉倒的男人，他很耐心，他能等。在外表上，他很迷人，會體貼，善於激發起女人的高潮狀態。他通常很快就消失了，女人的痛苦也因此產生，但在關係進行時，是快樂而新鮮的。

一個女人的興奮源與滿足源越少，她就越有可能與其中某一項緊密相連。在傳統的教養下，女人習慣於從愛情中尋找興奮和滿足，而她一旦決心從愛情中跳出來，要找到愛情的替代物並不容易，世界上比陷入愛河更奇妙、更令人激動的事情的確太少了。

我們都在愛情中尋找避風港和關愛，藉此擺脫孤獨，這是一種共同的夢幻，但對某些女人來說，對這種關係的追求更有一種例外的含義——她是在既甜蜜而又痛苦地進行情感冒險，證明她

個人的存在。女人往往把和約會的男人共用的活動，視為只有與男人一塊兒才能享受的活動，如聽音樂會、聽講座、看電影、參加體育運動等等，一旦他們想從這些活動中抽身出來，她就有可能感到不自在，這也使她明白，在多數的時間裏，頻繁的約會雖然使自己興奮，但在本質上是無聊的，一旦身邊沒有男人，一切都黯然無光，一旦話題離開男人，就覺得煩躁不安，這些都說明她們一旦離開男人就連自己也失去了，她們的情緒完全由身邊的男人決定。

我們的情緒受制於人，常常是連自己也沒有意識到的，意識到情愛中情商的重要，也促使我們從受制於人的情緒中走出來，當愛情得不到回報時，我們可能經歷比死亡更為慘烈的痛楚，因為它是對自尊心的傷害和對自信心的痛苦一擊。當我們所愛的人讓我們失望，我們在一定程度上要喪失一些自信心，這是相當正常的；但是倘若長期不能自拔又是另一回事了。女人對男人失望後受到的打擊可能更大一些，這與男人被賦予某種權力有直接關係，男人的這種權力能證明女人作為一個情人、一個女人和一個人的價值。

女人在任何情況都不應該把決定自我感覺的權力交給男人，但還是有很多的女人，因為被男人拋棄而感到自我價值的喪失。這些女人總是覺得自己被生活的力量所左右，她們自我感覺是生活的受害者，男人闖入了她們的生活，讓她們感受到了一種從未有過的感覺，而當他們離開時，則帶走了她們感覺良好的能力。承受生活壓力的女人，傾向於認為這是自己的錯，這種自責加劇了痛苦。

女人長期痛苦的一個極重要因素，就是慢慢屈從於讓男人來決定自身的價值。在男女的相互作用中，她們喪失了對自己內在

力量的感覺，尤其當她們無力留住男人的愛時，她們會把暫時的喪失力量感到更為長久的無力感混在一起。其實高情商的女人遲早會明白，一個男人可能離她而去，但並不能真正把她帶走。只有她才是自己價值的實現者和實體的所有者，沒有人能夠真正把她自己偷走。

一個事業上功成名就的男人，不需要通過他配偶的成功去增強他自我的價值，也不需要靠他人的收入來做保障。女人吸引男人的是那些與事業、成就無關的品質，而成就對許多婦女來說，則又是她們挑選男人的舉足輕重的標準。一個學業有成、工作勤奮的女人，不一定就被男人看中，儘管男人可能對她們的自強自力、事業心強加以肯定。

女人們常評論說：「好男人」都被人捷足先登「搶走了」，或者說已婚的男人在一定程度上比單身男人更有吸引力。這說明放鬆的情緒有助於增加個人的魅力，已婚男士只是比未婚男士在舉止上更加放鬆而已，他們能夠更加自然地與女人相處，而單身男人與女人交往中，往往顯得緊張。單身漢在酒吧的情形總是淺薄和無味，單身的男人和女人相互抱怨，但同樣兩個如果都在放鬆的環境裏相遇，或者一方變得放鬆起來，就會顯得有趣得多，迷人得多。不是「結婚的」都是「好的」，而是婚姻所帶來的安全感和自信心，使他們顯得比單身同胞們更自然、更灑脫。

男人和女人遲早會發現，在戀愛中不是智力而是情緒的流露，決定著戀愛的結局。要想讓愛情鞏固下來，男女雙方都必須坦蕩直率，胸襟開闊——不要偽裝，障礙越少越好。一旦其中一個人的舉止受到某種先入為主的想法和期望的支配，那麼他的情緒就迅速地下降了，這將嚴重妨礙親近的可能性。

男人和女人一樣，都希望自己的本來面目被對方接納，也只

有自然流露才能夠不造作。女人可能採取一種游離於事外的旁觀者的姿態，而男人則採用一種帶有預見性的談話方式，這些都是親近的大敵。男女越是輕鬆自如，他們就越能以新的方式結合。

突破女人低情商的十種障礙

情商較低的女人，常常易陷進一些誤區裏而不自覺。它們會損害女人處事的能力，打擊你的自信自尊，剝奪你生活的樂趣。

在這裏須要指出生活中最常見的一些誤區，以及情商較低的人常有哪些表現，請你看看自己是不是也會迷失在這些誤區裏。

1. 靠心情好壞來做事

等待有心情、情緒好之後再工作，這是很多情商較低的女人的通病。在這些人的習慣是任著性子和心情做事。她們說沒有好的心情，怎麼可能做得好事情呢？這聽上去很合情理和邏輯。事實卻並非如此，當面對一項困難複雜的工作時，人們逃避這項工作的動機，可能會遠遠強於去做它的動機。如果你堅持等動機或心情來了再開始做事，那你可能要一直等下去。

情商不是特別高的女人可能沒有認識到這一點，她只是躺在床上等待著工作激情的噴湧。而當有人建議她工作時，她嘆道：「我沒心思做。」問題不在於想不想做。如果你要等到「心情舒暢了」才動手，恐怕你永遠也等不到成功了。

情商低的女人經常是聽憑自己的情緒好壞去支配工作，在企圖工作而又思緒茫然時，總有避開工作，去做無關的消遣的傾向。而且對工作有不合理期待，期望一付出努力就得到傑出的成果，以致根本不著手困難的任務。在碰到困難時，不願提出問題，也拒絕接受幫助，怕這些會使自己顯得愚蠢或不稱職，因而堅持單幹，時間一長，由於經常失敗而把嘗試和失敗聯繫起來，無論出現什麼新課題，都預言消極的結果，因而永遠害怕去嘗試新的事情。

2. 成功不是一天的事

嬰兒都要求「即時滿足」。他們在覺得想撒尿時瞬間就把尿布尿濕了，我們容忍他們的幼稚，而不對他們提出從發育上看不現實的要求。

遺憾的是有的女人把這種即時滿足的模式貫穿了一生。例如她要是決定當個藝術家，就可能不現實地期望自己馬上能拿出一幅可以使她名揚四海的傑作來，而這幾乎是不可能的。

如果她發現第一步是困難的，一下子她就放棄了。

情商低的女人希望只花很少的力氣而很快收到成效。當發生困難、進程緩慢時，她們就厭倦了。在她們頭腦裏，目標看上去應當是筆直上升、容易進展、沒有問題、即時得到滿足和報償的。

情商低的女人不僅在她沒有很快學會一種新技能時會感到煩惱，當她嘗試著去改變一種老習慣以改進自己生活時，也同樣缺乏耐心。她認為一旦她出現了失誤，重蹈覆轍了，那她就全完了。她立刻就放棄，她認為如果她的記錄不是完美無缺的，那她就是個失敗者。她的公式是：

一次失敗就意味著她永遠辦不到；

一次失敗就意識著她不具備所需的條件。

真荒唐！這種完美無缺，實際上只能是小孩子假想的世界！

請不要學習低情商者的行事方式，不要以為智者是一步登天，一下子就成了專家的。不要在戒除一種根深蒂固的習慣而出現反覆時，就認定自己全完了，不要過於注意避免失敗，以至於失去真正的目標。

3. 對自己冷酷無情

低情商女人一輩子不斷地重複這種自我責備，冷酷無情地責自己。結果是每次自我責備，她的自信心都受到挫傷。

這就形成了一種惡性循環。低情商者越是責罵自己，她就越感到自己無能；越是感到自己無能，她就越出差錯；越是出差錯，她就越是覺得自己不行；而越覺得自己不行，她就越責罵自己。如此這般循環下去。這種循環一直牢固地建立起來，則那種害怕發生失誤的憂慮，就會大到使她陷入一種保護性的僵化狀態，而別人可能視之為「懶情」或「消極」。

過分自責和急於求成一樣，使你很容易放棄行動，這樣就不必再為以後可能發生的差錯提心吊膽了。這減少了你的憂慮，使你馬上就覺得輕鬆舒適和得到了解脫。現在再也不去努力嘗試了，再也沒有失誤、沒有失敗了。你也不再要自責了，更不幸的是你也再沒有成功的機會了。

4. 成功與運氣無關

低情商女人在談到別人的成功時，總是憤憤不平：「那傢伙純粹是運氣好！」她們把成功視為降臨在「幸運兒」身上的偶然

事件。她們確信成功的別人運氣老是好的，而自己又老是命運不佳，卻一點也不會想到，正是在她們坐等機會的過程中，而錯過了許多機會，她們總是認為要命運女神不向自己微笑，那除了抱怨和暗自神傷以外，還有什麼可做的呢？

這些人年復一年重演著失敗者的生活方式，卻想不到他們自己正是造成自己自我毀滅悲劇的積極參與者，看不到是他們自己一手造成了自己的失敗。他們怨天尤人，責怪一切，他們甚至不斷地抱怨世人是多麼地「虧待了他們」。

你是不是也只做最少努力，坐等自己的重大轉機會突然降臨；你是不是認為自己有一些天資就可以從頂峰出發，不去接受必要的訓練和經驗；你是不是也傻談著過去和未來，而用各種理由去拖延富有成效的行為；你是不是只願付你每天早九點到下午五點的工作，倘若偶然請你晚走點兒或做一些額外的工作，就滿心不愉快？

5. 走出陰暗低沉的心情

憂愁和厄運是低情商女人最熟悉的領地，她們使自己的生活中充滿了消極的情緒——她們對這些消極的東西說來說去，並把它們積存起來，好等以後再去重複。她們總是不斷地提起過去的不幸，悲歎現實中每一點不順心之處，而預言將來必定是多災多難。

低情商女人被莫名其妙的喪氣話包圍著，宛如監獄的圍牆。她們用自己那令人窒息的陰鬱情緒污染著周圍的氣氛。無論走到哪兒，她們先想到事物陰暗的一面。不管她們發現自己的處境如何，她們總是從頭到尾地去品評每次失敗，搜尋出每一點的不幸，記錄下每一點瑕疵。

她們難得微笑高興。她們無論身處何地，認為事情總是有毛病的，或總是不舒服的、不合心思的。要是她們在北方，就渴望去南方；而天晴時，她們又希望下雨。

當她們從愛人那裏得到愛撫和關心時，她們堅持要得到更多；而當愛人說「不」或很忙的時候，她們又抱怨被冷落了。反正沒有一件事兒是順心的。她們從來沒滿意過，永遠也不滿意。

你願意和這樣的人打交道嗎？她們習慣了只用否定，如「不能……」、「別……」、「不會……」、「不應該……」和「不願意……」等等。最熟悉的形象詞是糟糕的、討厭的、煩人的、自私的，還愛沒完沒了的用「你為什麼不……」、「你怎麼還沒……」之類的問題去指責別人；她們老是揹負著過去沒有解決的問題和矛盾，讓過去的不幸、現時的災難，充斥於自己的言談話語之中，還要預言著未來的災難；她們隨意散佈消極的評論和批評。用潑冷水、指手畫腳和令人難堪的品頭論足去葬送別人；她們即使在平安無事一帆風順之時，也習慣於只去體驗生活中消極的一面。過多地感到痛苦和憤憤不平，在遇到麻煩時，就把精力用在責怪別人，說長道短上去。

6. 正確對待鼓勵

假設你三番二次地讓你的丈夫把垃圾倒掉，可他老是拖著不願做，有一天你回家看到垃圾已經倒了。在這種情況下，你的反應可能是在走進家門時不高興地說：「親愛的，我很高興你總算把垃圾倒掉，可你把這拖得太久了，我求你已經有兩週了。」

要是你以這種方式做出反應，就很可能會使你丈夫生氣。因為這就好比我給了你一塊錢，然後又把這一塊錢拿回去了，當你望著手心，看到手中的錢被拿走的時候就會生氣一樣。你以「親

愛的，我很高興」開始的一種真誠肯定的態度去讚揚了你丈夫，可接著說：「我求你已經有兩週了。」就又把這種肯定的讚揚撤回去了，那你丈夫就會不滿，他聽了真誠肯定的話卻不覺得好受，因為他還是受到了一種暗中的貶低。

你要讓自己的讚美是真誠的、純粹的和鼓勵人生的，不要含有對過去沒有做到的事的哪怕最輕微的譴責。關鍵是要承認和鼓勵健康的行為，著眼於獎勵今天你所喜歡的事，比算回頭帳要有益得多。

如果你希望提高自己的情商，請你不要像以下提到的人那般行事。有些人對別人的積極行為置若罔聞，而對我們覺得惱火的事情卻抓住不放；他們在對別人難得的讚揚中摻進一種暗含的貶低，重提別人過去犯過的每一點錯誤；他們不但扼殺別人的動機，也扼殺自己的動機，在他們學習和轉變緩慢時，就苛責自己，說些「我在出自己的醜」、「看來我真是笨」之類的消極話，使自己洩氣；對於別人做的自己最深惡痛絕的行為，他們總是運用訓斥、嘮叨、抱怨和進行體罰等消極的手段，從不會考慮一下用鼓勵、讚揚等積極的方法來達到自己的目的。

7. 不要扼殺別人的動機

無論你是在培養孩子，還是與朋友和同事相處，都要留神自己可能無意中說出來的傷人話，無論在家還是業務領域，要是你老是在扼殺別人的積極動機和心情，你就不可能成為生活中的成功者。

家庭中的愛和關心，是使你情緒健康良好的基礎，而你的同事和朋友的忠誠、協作與幫助，將促進你在經濟方面的發展。毀壞別人的這些行為，將給你留下孤獨和抗爭，不得不「單槍匹馬

地幹」。

　　動機扼殺者屬於情商較低的一類女人，她們的特徵是極少說積極肯定的話，試圖用輕蔑的一瞥、令人生厭的歎息、尖刻的話語乃至體罰，來使別人感到內疚。而自己做事發生錯誤時，就一味急辯，以證明自己是對的，糾纏於「誰錯了」這個問題，並且浪費自己的精力去「當偵探」，去把能證明自己正確的每條線索追蹤到底，她們在聽到批評後，就把自己與對方對立起來，不能受益於別人的回饋，而是拒絕批評或找理由辯解過去。另外如果別人的幫忙不合自己的心意，她們就拒絕接受，甚至肆意攻擊；她們把全部精力集中在自己的困難上，而全不顧及別人，使別人感到自己是不重要的，感到自己被忽視或冷落了。

8. 不識誠實真面目

　　在誠實這個問題上，情商低的女人常會存在這些誤解，她們把誠實曲解為是對粗魯行為的放縱，是允許隨心所欲地對別人進行消極的議論和評斷。她們怕不能討得別人的歡喜，而掩飾、扭曲自己的真面目。常常裝扮成自以為會博得別人賞識的角色。即使對別人說的話完全摸不著頭腦，也要裝得對一切十分瞭然。她們害怕如果自己提出問題或表示不懂會遭人恥笑。為了能接上過去說的謊話、半真半假的話和故意隱瞞了情況的那些話題，不得不搜腸刮肚、絞盡腦汁，一門心思去圓謊，因此沒法在現實中把自己能辦的事做好。

9. 脆弱的自尊

　　依戀我們所敬慕的人，這是健康的、正常的，你需要他們的關心和照顧，告訴你愛人說他是你自己世界的中心，這根本不是

什麼自輕自賤。當你能夠吐露出自己不無「軟弱」的真情時，那些對你很重要的人將會對你更親暱、更忠實，對你的需要想得更週到，在對待你所敏感的事情上更加慎重。

然而，我們都擔心要是暴露了自己感情上的脆弱，對方就可能低估我們，自己內心的秘密可能成為日後對方攻擊自己的子彈……看來表露我們真實的個性似乎實在太危險了。

低情商女人就是這樣，對於直截了當地提出自己的要求，總是顧慮重重。害怕聽到「不」字，以為這意味著別人不喜愛她們了。她們很少對所愛的人講自己是多麼地關心他們，受文化習俗和性別角色的約束，在表達自己的脆弱和感情方面總是被動的。其實這都是亟待走出的誤區。

10. 永遠的後退者

當預感到要得低分和遇上自己覺得困難的科目時，許多女孩就對作業和應付考試感到特別煩惱。她們認為「要是自己根本沒花功夫，那麼考砸了也還說得過去，不覺得太冤枉，但要是自己拼命地用功還考不好，得個低分，就顯得自己太笨了。」

這種女人非常怕暴露自己的不足，以致常常給自己開後門，不知不覺地暗中破壞了自己的成功機會。要是失敗了，她們就列舉出許多不利的客觀因素，替自己開脫。為了保全面子，少擔風險，失敗者不嘗試、不研究、不學習、不改進，當然也不肯知難而進！如果她們偶爾獲得成功，她們卻還愚蠢地覺得自己賺了，為自己付出時間和努力如此之少而沾沾自喜。

低情商女人在這些方面的表現是當懷疑自己的能力時，就不惜代價地迴避，他們排憂解愁的法寶有貪睡、貪食、嘮叨、吵架、吸煙、縱慾等；她們在危急關頭束手無策，把採取自衛的責

任委於他人。若是沒有別人的救助，就只能坐以待斃，她們為嘗試一種新的行為而感到憂慮時，往往找些藉口開脫自己，如「我太累了，現在不能集中精力……」或「我感冒了……最好還是靜靜地休息」。在人生的十字路口，她們總是選擇舒適、無憂之路。有時她們會被一件事壓得過於厲害，以致引起一些症狀，如身上疼痛、發燒、傷風感冒等，於是就呻吟、訴苦。就把已做出的僅有一點兒計畫也取消了，時間花費在保養生息上；另外，她們總覺得自己不中用，剛鬥爭了一下，就失去了希望，不再努力嘗試了，所以屢屢失敗，而覺得自己不中用的感覺也因此而更加強烈。

是知難而進，還是知難而退，這是高情商女人和低情商女人的一條分界線。

高情商女人這樣贏取成功

情商的高低不一，使得人們日常生活行事的態度和行為方式很不相同，前面提到情商低的女人種種可能存在的誤區，這裏再討論高情商女人成功的、激動人心的處事方式。

1. 行動才是真理

「當發現自己陷入困境時，我就姑且先寫一些粗糙的草稿，它有多麼粗糙、多麼不加修飾，就讓它多粗糙、多麼不加修飾好

了。然後回過頭來再改寫這部分。這似乎在最近幾年中幫了我的忙，使我的寫作障礙沒有發作的餘地。反正除了我之外，沒有人會去看這些草稿，我就暫且不去評價它，我只管硬著頭皮做下去。不管忽然想到什麼可能的思路，都把它寫在紙上。假若過後看起來覺得那些東西不好，我隨時都可以修改，而與此同時，我也就前進了一步。」

有些女人做事總要等到自己情緒良好再說，但一些聰明的女人卻不會這麼做，她們總是先做起來再說。以上一位小說家的經驗，也許會對我們大有幫助。

人要幻想自己一開始就寫得很「精彩」，起碼在頭腦中，在還沒有寫到紙上之前是這樣。你要是先把它寫下來，然後你就能有一個明確的東西，可供你去改寫、去修正、去提高。先做起來吧！

在那些你想有所改變或有所創新的領域中，做起來是取得成功的關鍵。高情商女人都有這樣的特徵：她們不管情緒如何，總是堅持正常工作，她們努力培養「坐下來」的努力，使自己置身於一個最可能取得成功的環境之中；她們只要有一個不完備的計畫、一個粗糙的想法、一個念頭、一個草案，她們就著手去做，然後不斷加以改進。真正重要的是她們懂得，假如不去嘗試，就永遠實現不了自己的目標。

2. 堅持就是勝利

目標是一點一點、一步一步達到的，因為學習是緩慢進展的。而進步需要時間，有時甚至需要花經年累月的時間，成功女人明白這一點。當她們為成功而奮鬥時，她們一步一步前進，給自己以嘗試與失敗的機會，她們的經歷都非常相似，她們懂得即

刻滿足是不現實的，而要動手做起來，她們及早動手並且堅持下去。

對你來說，重要的是要明白，那些身居「高位」的女人們，通常都是從「底層」做起來的！她們努力工作，慢慢地升上來，邊做邊學，發現失誤，並掌握自己的專長。她們的一生很像是往銀行裏一分一分地存錢，隨著在知識和經驗方面的日益富有，她們就成了學識廣博的人。

高情商女人懂得學習需要時間，知道不可能在一天之內就攀上自己理想的巔峰，當墮入了一種自己希望戒除的舊習慣的時候，她們就儘快回到正確軌道上來，並堅持不斷地努力。視失敗為益友，積極吸取教訓，努力再去一試。

3. 全心地努力

成功女人之所以成功，是因為她們能致力於力所能及的或經過拼搏才能勝任的工作，積極地與著名的成功者相比較，把他們當成楷模……她們靠著起早貪黑、反覆努力、堅持不懈去戰勝哪怕是最嚴重的困難，在別人說她不具備條件時，也絕不放棄希望和努力，相信只有行動，才能把人生引向成功，即使有點灰心，也絕不後退，認為除了做下去，別無選擇。

高情商女人是創造者，是社會生活的推動者。她們懂得正是工作才把人生的羅盤撥向成功的一面。

她們想要把事情辦成，並堅持努力不懈。高情商女人專心致力於那些有可能完成的事情，對自己面臨的每一個挑戰，都全力以赴。

高情商女人可能並不是人群中最聰明的，但都是熱忱而頑強的人，對成功而言，並不必須要有很高的智商，問題也不在於天

資。因為天生的才能並不能確保成功，我們都曾說過一些傑出的「神童」，她們卻始終未能名符其實地發揮出其潛能；一些公認是最有可能成功的學生，後來卻表現平平。

4. 抓住每一次機會

情商高女人從來不拖延到「有朝一日」再去行動，她們今天就做，一遇到問題，馬上就處理。

她們不浪費時間去發愁，因為那無濟於事，而只能重覆和加劇自己的痛苦。相反地，她們總是滿懷熱情、幹勁十足地致力於尋找解決問題的方法。她們努力工作，創造自己的突變和契機；她們甘願從小處著手，去做任何能為她們積累經驗的工作，她們立即著手工作，沒工夫去為昨天苦惱或去推測明天，而是專注於今天。她們通常都是超時工作，即使在正常的工作日裏，在把工作做完以前，她們也不去看時間的。

5. 積極心態的力量

高情商女人為周圍的美好事物和自然景觀而感到愉悅。她們欣賞鮮花之含苞欲放、雨後之空氣清新，以及諸如此類的小事情；她善於把自己的思路和言談都引導到振奮人心的、鼓勁兒的觀念上去；她善於體驗現實中的美好事物。認為過去是一個可供借鑑的資訊庫，而未來是一片快樂的、前途無限的、引人入勝的樂園。她迅速地解決問題，把環境中的消極方面壓縮到最小限度，並竭力找出積極的東西。致力於在自己的環境中去尋求發展和學習的好機會。

她經常對別人微笑，也得到別人微笑的回報。對經歷過的活動，總是給以積極的評論，並總是熱情洋溢地談到自己與人共處

的時光。惱火或不愉快時，就動手扭轉處境，懂得活得快樂是自己的責任所在。

高情商女人愛用這樣一些詞語：極好的、好的、溫暖的、重要的、我喜歡、令人激動的、了不起的等等。高情商的女人知道保持一種積極向上的樂觀的態度，是拼搏獲勝的關鍵。同一件事，常常可以被說成「好的」或「壞的」，「快樂的」或「痛苦的」。決定性的因素，一般是取決於個人所參照的標準，而不是所發生的事件本身。

6. 真誠的肯定

治療精神病的愛琳・凱蘇拉醫生，用她獨特的方式治療一個病人，「我用的方式說起來很簡單」愛琳醫生說，「就是健康的行為博得讚揚（或肯定）；病態的行為沒人理睬（或否定）。」結果令人振奮。

「查理被稱為英國嚴重的病人。他除了整天坐在椅子上之外，實際上什麼都不做。他難得抬起眼皮看看或挪動一下。三十年來沒說過一個可以讓人理解的字，病房的一位護理員管她叫烏有先生。若以成功、失敗而論，他可以稱得上是英國最不成功的人。他，是個極端不幸、徹頭徹尾的失敗者。」

「我的目的是對他做出的最微小努力加以獎勵，獎勵他臉上或嘴的任何一個動作。我期望他的鼻子抽動一下，或者哼一聲，打個嗝，那樣我就能開始用積極的肯定去鼓勵健康的行為了。」

「我知道轉變是一場搏鬥，因為它是緩慢發生的，一小步一小步，一天又一天，要不斷給予鼓勵。」

「當查理悶頭不響或以任何方式表現出古怪行為時，我就掉過頭十秒鐘。我要強調一下，這就是我給查理的最消極、最嚴酷

的懲罰——不理他。」

「我從不大喊大叫或生氣，當然更從來沒有過打他或對他不客氣。」

「到結束這三十一天的實驗時，查理談論著，高聲朗讀著書報，並且在百分之九十以上的時間裏，都能正確地回答我的問題。我使用的強有力的神奇工具中的一部分簡單的武器，就是諸如很好；布魯克先生或我喜歡你發出的這種聲音這樣積極的肯定。」

真誠肯定的力量是不可思議的。這種力量能使一個精神上已經死去三十年的人受到激勵，重新去聽、去學、去做並發生轉變。試想一下，假如你把這種積極的鼓勵引入到自己的生活中，你將會取得什麼樣的成就啊！不論你希望的是什麼，激勵孩子去學習，使你愛人更加充滿深情，讓老闆提拔你或讓父母和朋友更加賞識你……那就用你的真誠、你的真誠的肯定去達到吧！

高情商女人就走在這條光明大道上，她們鼓勵別人做出努力。理解進步是在微小的增長和緩慢的提高中漸漸取得的。她們給人以真誠的肯定和感激，而不附帶任何消極的東西，以此來激勵人們；她們也為自己在達到目標的方向上所做的努力，和所取得的哪怕是最微小的成就而讚揚自己。

7. 不要爭論

高情商者以讚揚和感激來回報別人的幫助，給人以大量的積極肯定，如微笑、讚揚和愛撫等。經常保持這種高漲的積極態度，而極少說消極的話；她們致力於維護互相關心的友好氣氛；在爭論中她們承擔起責任而減少衝突，很快地改變別人的戒備態度，去投入眼下的工作；她們真誠地肯定對方並且說：「請告訴

我你的觀點。」然後注意傾聽，不去爭論或辯解。

對任何資訊的提供、合作或幫助，即便是只和自己的目的沾一點邊兒，都真心誠意也給予回報，以使下一次得到更靠近自己目標的幫助；她們大量使用真誠的肯定來表示承認別人所做出的貢獻。對於別人的全部努力和成就都給予回報，以此鼓勵人們更多地參與和做出成績。

理解別人發火可能是由於內心的恐懼，而平心靜氣和對方商討問題，同時糾正針對自己的消極的評論。

8. 誠實第一

你要是想做個成功女人，就要自豪地、直截了當地講真話。當你真誠、坦白地把自己的情況告訴大家時，人們是非常可愛的。你會驚奇地發現她們會仿效你，邀請你進入她們自己的內心世界。畢竟大家都知道，你是個人，而不是一台機器、一部百科全書，有時候你會犯錯誤、犯糊塗，說一些日後自己會懊悔的話，在判斷上出現嚴重的失誤。這正是置身生活中的光明磊落的人所做的一切。誠實、坦率並承認自己沒做好某些事，這將會使你受到別人的讚美。

高情商女人無不具有誠實的特徵。她們告訴別人自己在想什麼和需要什麼。如果有不同意見，就會面對面地、溫和而直截了當地解釋明白。她們深知誠實比說謊和裝假，要更輕鬆和更少勞神。

高情商女人在初次與人交往時，真實反映出自己的本來面目。由於她們的坦誠，別人信任她們，願意進一步瞭解她們。她們通過使別人瞭解自己的辦法，而不是靠專挑別人的錯誤和問題來表明自己的真誠。她們相信自己的好意，也很重視別人的感

受。總之，她們表現出自己的本來面目，而不去投人所好、弄虛作假。

9. 笑對逆境

當遇到困難時，當懷疑自己的處理能力時，當不得不去應付一位你最不願與之打交道的客戶時，你如果感到恐懼和憂慮，是正常的。成功者比正常人要接受更多新的挑戰，感受的也就更多。成功者往往能不為困境所惑，集中精力做好自己的事，她們把憂慮化為前進的動力。

你也可以學會如何化憂慮為動力，去點燃那載你駛向目標的火箭。反過來，自我懷疑和無以為力的感覺，會削弱你的精力和應變本領。有很多例子可以說明這一點，失敗的女人是如何對困難感到害怕，以致採用各種自我毀滅的方法來麻醉自己，從而摧毀了自己的力量。

高情商女人在試圖解決問題和學習新的技能時，也常常感到膽怯，但她們能把憂慮轉化為動力，自己去爭取實現目標的力量，在緊急情況下，能煥發出驚人的潛力。她們的恐懼和憂慮成了力量的源泉，使她們能完成那些似乎根本不可能完成的任務。

她們承認自己對於困難所感到的憂慮，並使自己適應那隨之而來的不舒服的感覺和生理症狀。總是今天就動手去完成那件令人焦慮的工作，而不是明日復明日。當面臨艱難緊迫的任務而又感到身上疼痛和精神苦惱時，仍然堅持做下去，不變更自己的日程安排，也不以身上的症狀為藉口去逃避工作或博得同情。當身陷困境時，就變得更加鬥志昂揚。總是堅持工作到找出一個可行的解決辦法來。

總之，高情商女人知難而進，選擇「艱難、憂慮」之路，她

們知道，嘗試各種不同的生活方式，可以得到在安逸的生活中，絕對不可能得到的見識和成功。

情商測試

丹尼爾·戈爾曼教授指出：「情商」是一個人最重要的生存能力，是一種發掘情感潛能、運用情感能力影響生活的各個層面和人生未來的關鍵性的品質要素。

丹尼爾·戈爾曼把情商概括為五個方面的內容：瞭解自我、自我覺知，管理自我，自我激勵，識別他人情緒，處理人際關係。瞭解自我、自我覺知是情商的核心，是人類對心靈的自我感受，是心理頓悟的根基；管理自我是建立在自我覺知的基礎上的自我控制，自我安慰；自我激勵是主體為趨向某一目標而做出的自我調動與自我指揮；對他人情緒的識別是體嘗他人情緒情感的人際關係能力，丹尼爾稱之為移情；處理人際關係是調控與他人相處的情緒反應技巧。

下面一些問題可以測出你情商的高低。請按照你自己的實際想法選擇答案，但不要進行第二次猜測。

1. 當你乘飛機時，突然感到氣流使飛機上下顛簸，你會怎麼做？

A. 繼續讀你的書或雜誌，或者接著看電影，不理會這個氣

流。

    B. 有緊迫感，盯著空姐，看她們的反應，讀緊急情況須知。

    C. 以上兩者都有可能。

    D. 不好說，從未注意過。

2. **當你帶一群四歲兒童上公園玩的時候，其中一個小孩因為別人不跟她玩而哭起來，你會**

    A. 走開，讓孩子們自己解決。

    B. 和她談談，幫助她回到孩子們的身邊玩。

    C. 溫和地告訴她不要哭。

    D. 給孩子一些別的東西以吸引她的注意。

3. **如果你是一個大學生，很想一門課得到「優秀」，但期中考試你只得到「及格」，你會**

    A. 擬出一個改進你分數的計畫，然後發誓實現它。

    B. 決心在將來努力學習好。

    C. 安慰自己，不要放在心上，集中精力在其他你可能得高分的學科上。

    D. 去找教授，讓他給你更高一些的分數。

4. **假設你是一個保險公司的推銷員，正和你要發展的客戶打電話，但已經有十五個人拒絕你了，你十分沮喪，怎麼辦？**

    A. 認為打了一天的電話，但願明天有個好運氣。

    B. 可能自己沒有做推銷的這種能力。

    C. 再打下一個新電話。

D. 考慮做另一種工作。

5. **假如你是某部門的負責人，你有責任鼓勵各種族之間的人相互尊重，但當你聽到有人拿其他種族的習慣作笑料，你會**

A. 不理它，這只是個笑話。

B. 把說笑話的人叫到你的辦公室來教訓他。

C. 說明以後再說這類笑話是不適當的，單位裏不允許說這樣的笑話。

D. 把這個說笑話的人送去再學習。

6. **你開車的朋友正向差點撞到你們汽車的那位司機發火，你很想讓你的朋友平靜下來，你會**

A. 告訴他別在意，沒有碰上，沒關係。

B. 播放一段好聽的曲子，讓他平靜下來。

C. 下車去幫他，讓對方知道你倆關係的密切。

D. 告訴他簡直是發瘋，然後截停另一輛車去醫院急救室。

7. **假設你與你的生活伴侶吵起來，兩人都非常激動，簡直氣壞了，這時你很可能會做出過火的事，你認為最好是**

A. 停止二十分鐘，然後繼續討論此事。

B. 停止爭論，沉默下來，無論對方說什麼都不出聲。

C. 說對不起，也要求對方道歉。

D. 停一會兒，想想自己的理由，然後再講出來。

8. 如果你是一個機構的上司，正想用創造性的辦法來解決工作中的一個棘手的問題，你做的第一件事會是
   A. 設計一個草案，用一些時間和大家一起討論每個細節。
   B. 給大家一些時間彼此相互瞭解。
   C. 要求每個人都說出自己的想法，並且必須有新見解。
   D. 開動腦筋，鼓勵每個人談出自己的想法，不管它有多麼荒唐。

9. 假如你三歲的兒子非常膽小，在陌生地方和陌生人面前相當害怕，你會
   A. 接受他膽小的現實，不帶他到他感到害怕的場合中去。
   B. 帶小孩去看心理醫生。
   C. 有意識地帶他去新地方和新的人面前鍛鍊一下，讓他自己克服膽怯。
   D. 給他安排一系列的挑戰，教他如何面對陌生的地方和人。

10. 多年以來你夢寐以求的學習一種樂器的機會來臨了，如果你想最有效地利用你的時間，你會
    A. 每天都進行嚴格的訓練。
    B. 選擇一件自己熟悉的樂器去學習。
    C. 只有心情好的時候才去玩。
    D. 選一件你不熟悉的樂器，通過勤奮練習掌握它。

結果分析

情感商數測驗的各題答案的分數與分析

題目	答案A	答案B	答案C	答案D
1	20	20	20	0
2	0	20	0	0
3	20	0	0	0
4	0	0	20	0
5	0	5	20	5
6	0	5	5	20
7	20	0	0	0
8	0	20	0	0
9	0	5	0	20
10	0	20	5	0

在第 1 題裏，除了答案 D. 外，其他 3 個答案都可以，你的情況如果與 D. 相吻合的話，說明你的習慣反應能力差。

第 2 題選 B. 最合適，當小孩心煩的時候，應用情感智力對他們進行意識訓練，讓孩子明白什麼東西使他們心煩，他們正在想什麼，為什麼哭。

第 3 題選 A. 最好，因為一個人應該主動地制訂計劃，克服障礙以達到目的。

第 4 題選 C. 最好，因為樂觀的情緒能使人去迎接挑戰，能在困境中堅持下去，而不會責備自己，自暴自棄。

第 5 題選 C. 最好，因為這是最能創造一個種族團結氣氛的做法，同時也清楚地表明你這裏不能寬容這種態度。

第 6 題選 D. 最好，因為這是能夠很好地把人從憤怒中解脫出來的方法。它可以使人頭腦冷靜地找出解決問題的方法。

第 7 題選 A. 最好，因為中斷二十分鐘時間，至少可以使人能在一段時間平靜，否則會令人在激動的狀態下做出不理智的事情來，而冷靜下來可以產生更富有成效的意見交換。

第 8 題選 B. 最好，因為只有大家心情舒暢時，才能達到工作的最佳狀態，也才能做出最大的成績。

第 9 題選 D. 最好，因為膽怯的小孩如果父母能經常安排他有意識地克服自己的害羞心理，他是能夠改正的。

第 10 題選 B. 最好，因為給自己適當的挑戰，能夠使你很快進入狀態，既有興趣，又能學會一門技巧。

200 分	情商天才
160～185 分	情商優秀
130～155 分	情商良好
110～125 分	情商中上
95～105 分	情商中等
80～90 分	情商中下
55～75 分	有輕微情緒問題
50 分以下	有心理疾病

鄧亞萍：不斷挑戰自我的「乒壇女皇」

絕不抱怨命運

說到鄧亞萍，她是我們過去最熟悉的大陸乒壇世界冠軍，之後，卻成為清華學子，再又成為劍橋博士，鄧亞萍一直在不斷的挑戰自我，書寫她的傳奇人生。

由於受到作為體育教練父親的影響，童年的鄧亞萍就萌發了自己非凡的夢想。那就是要當一名十分傑出的乒乓球運動員！所以她極其渴望自己能有機會進體校學習，然而小鄧亞萍身材矮小，不能符合體校的要求。很可惜，體校的大門對鄧亞萍緊閉著。

鄧亞萍的父親是一名體育教練，從鄧亞萍不能邁入體校的大門時起，鄧亞萍的父親就自願擔當她的「專職教練」，且為愛女鄧亞萍編排了一套完整的體育訓練課程。當教練的父親懂得，要成為一名出色的運動員，一定要下一番苦功夫，否則就是白日夢！為了使小鄧亞萍打下穩固的乒乓球基礎，父親指定她天天在練完體能課後，還要堅持做一百個發球接球的動作。鄧亞萍儘管只有七、八歲，可是為了能使自己的球技更精進，基本功更扎實，就在自己細嫩的腿上綁上了沙袋！

這對於一個小女孩來說，不僅要使身體受到極大煎熬，心理方面也要承受難以言說的壓力。小小的她，每閃、展、騰、挪一步，都可以說是舉步維艱！小小的她，永遠都表現著她倔強不屈的個性，從來不說一聲苦，不喊一聲累！

正是在如此超常艱苦的磨練中，鄧亞萍打下了十分牢固的乒乓球基礎，且形成了自己正手快、反手怪的個人球技特點。

誰也不能輕易斷定醜小鴨可否變成美麗的白天鵝。就像鄧亞萍這樣，儘管自己的個子矮小。可誰能說她不可以成為乒壇巨人呢？

所有女人都或許存有這樣那樣的先天缺憾——其貌不揚、身材低矮等，面對這些先天缺憾，如果你自己甘當怨婦，那你這一生就只好與怨婦作伴了。可你一旦用堅強正面的心理和積極卓越的行動去拔升自己，如此那些先天缺憾，很可能就使你為自己鍛造神奇！

書寫乒壇神話

付出肯定獲得回報！因為鄧亞萍始終如一的執著，她創造了令世人矚目的優異成績：十歲時，她就在大陸少年乒乓球比賽中，奪得了團體和單打兩項冠軍。突出的成績證實了鄧亞萍是棵難得的好樹苗，隨之幸運之神也光顧她了——她順心如願地獲准成為河南省隊隊員。並在大陸全國比賽中一舉獲得團體冠軍。

憑著一份堅定的執著和毅力，鄧亞萍正式踏上了她征戰乒乓球壇的光彩奪目的旅程，她的個性魅力也漸漸征服億萬觀眾的心。

一九八八年她在大陸乒乓球錦標賽上，奪得女子雙打冠軍和單打亞軍。此時鄧亞萍入選了大陸國家隊。

在大陸國家隊，鄧亞萍學到的不光是球技，更重要的是學到了做人的道理。一九八八年亞洲杯女單決賽最後緊要時刻，對手打了一個擦邊球，裁判由於一時疏忽錯判為出界，鄧亞萍默認了誤判並隨之獲勝。事後她心裏很難過，作為一名優秀的運動員，

一定要「贏要贏得光彩，輸也要輸得大度！做人要堂堂正正，來不得半點虛假！因為你是為國而戰」。是啊，要想成為一名優秀的運動員，僅有成績是不夠的。更要堂堂正正地做人，才真正能為國爭光！

她主動向教練認錯，向對手，也是隊友的李惠芬賠禮道歉，此事也意味著鄧亞萍的人格已達到了新的境界！

作為一個優秀運動員，還有一點也是最為關鍵的，那就是要對自己有一個全面清醒的認識，在這一點上，鄧亞萍確實做到了。在大陸國家隊的這段時間裏，鄧亞萍意識到自己所擔負的責任以及跟別人的差距，她明白唯有繼續加大力度地努力鍛鍊，不斷超越自己，才可能讓自己更好地掌握全面扎實的球技，才可能取得更多的金牌，為國家爭到更多的榮譽！

賽場也是人生，每一場比賽，鄧亞萍總是緊咬牙關戰勝自我。

鄧亞萍說：「你追求的目標越高，才能成長得更快。同時我也深深知道，要在比賽時戰勝對手，一定要從每一板一球做起。唯有腳踏實地牢牢抓住每一個今天。才能緊緊把握每一個明天！」

點點滴滴的積累，超常的刻苦磨練，不僅使鄧亞萍的精湛球藝和嫺熟戰術快速獲得提高，也使她壓倒對手的過人氣勢迅猛增長——大家一定還會清晰地記得鄧亞萍有一個標誌性動作，那就是每次得分，她總是握緊拳頭、抬起手臂，給自己及時加油鼓勁！

正是如此，鄧亞萍穩紮穩打、勢不可擋地登上了乒乓球運動的頂層寶座，成就了令世人矚目的輝煌戰績——

一九八九年在第四十屆世界乒乓球錦標賽上，鄧亞萍勇奪女

子雙打冠軍。

一九九一年在第四十一屆世界乒乓球錦標賽上，她又成功地奪取了女子單打冠軍。

一九九二年第二十五屆奧運會上，鄧亞萍靠著自己精彩完美的表現、扎實全面的基礎和高超純熟的技戰術，一人獨獲乒乓球女子單打、女子雙打兩枚金牌。

鄧亞萍的影響力，這時已超越國界，轟動了全球。

隨後，鄧亞萍並不驕傲自滿，經過再次拼搏，又摘取了一九九六年第二十六屆奧運會兩枚金牌。

一九九七年第四十四屆世乒賽摘取三金，一九九七年大陸全運會兩捧金杯。

她得到了世界大賽一切女子項目的冠軍。而且她還在國內外一系列重大賽事中屢屢獲得桂冠，直到鄧亞萍從大陸國家隊退役，她總共取得了十四次世界冠軍和四屆奧運會金牌，被譽為世界乒壇的「巨人」、「乒壇女皇」。

鄧亞萍不僅在眾多比賽中獲得了輝煌成就。更令人留下深刻印象的是，她的人格魅力也成了一面飄揚的鮮明旗幟！

一次次輝煌的戰績，最終使鄧亞萍成為了大陸乃至世界乒乓球壇的一代「乒壇皇后」！

鄧亞萍用自己的實際行動告訴我們這樣的啟示：對於每一個女人來說，從醜小鴨變成白天鵝神話的主控權不在別人手上，而恰恰是在我們自己的手中，是我們的夢想與追求，是我們的汗水與辛勞，是我們對生命意義的深層審視與解讀，是我們對自己堅持不懈地孜孜追求。

上天不可能把財富、名譽等平白無故地奉送給哪一個人，自我奮鬥才是一個女人創造神話的本源，也是一個人真正實現自我

價值的歸依！

實現人生轉型

鄧亞萍獲得了豐碩累累的戰績以後，無憾無悔地告別了乒乓球壇。假如你以為鄧亞萍令人驚慕的經歷到此劃上了句號，那你就錯了！這位帶著閃耀冠軍光環的奇女子，不是舒坦地躺在已有的非凡成就之上，而這些只是她新生活的開始了——充實自我和繼續發揮自己的巨大影響力為國爭光！

一九九六年亞特蘭大奧運會後，她被大陸清華大學錄取。在清華大學裏，開始了她刻苦的求學之路。

鄧亞萍明白自己的文化根底薄，因此她要花比別人多好幾倍的時間來學習。

才到清華大學外語系報到時，指導老師讓她一次寫完二十六個英文字母。當時，這件在別人看來可能是件不費吹灰之力的事，然而鄧亞萍卻絞盡腦汁，花了好長時間才把它們完整寫出來。

不用說，鄧亞萍在學習過程中要遇到的困難和挑戰肯定是艱鉅的。好在多年的球壇生涯，鑄就了她超強的自信心，她堅信世上無難事——只要努力。就是如此憑著自己的驚人努力和付出，在清華大學學習期間她獲得了雙豐收——完成了階段性學習任務，同時還摘取了世錦賽和大陸全運會共五枚金牌！

鄧亞萍回憶說，每個人都有自己的長處和短處，天賦之外還要看努力與否。基礎差，就玩命補，笨鳥先飛。

離別了清華大學校園以後，鄧亞萍的求學之路還繼續延續著。很快，鄧亞萍於一九九八年二月底從北京飛往英國劍橋大學就讀。作為一名運動員，她懂得榮譽已屬於過去，未來還要靠自

己去拼搏、打造！作為女人，她懂得唯有持續不斷汲取更多的知識養分來充盈自己，才能永保青春的美麗風采！

　　她如願以償拿到了碩士學位，可是前進的車輪依然沒有終止，鄧亞萍決定一口氣繼續在英國劍橋大學攻讀完博士學位。

　　為了完成劍橋大學博士生論文，她竟毫不留情地把自己關在家裏足足寫了二十多天，沒有離開家門一步，一天到晚就只靠冷凍水餃充饑解餓。

　　長時間紋絲不動地寫稿，使鄧亞萍的頸椎病又發作了，頭不能隨意移動，一動就疼得額頭冒汗。令人驚奇的是疼痛還是不能使鄧亞萍屈服。她堅定意志，咬緊牙關，繼續以一種固定不動的姿勢查閱資料和寫作。

　　鄧亞萍的刻苦和拼搏精神，極大地贏得了人們的讚賞和尊敬。無論是物質還是精神，作為一個普通的女人，她的需求應該很知足了，可她在心裏不斷警醒自己。未來的路還很長，懷有一丁點的滿足感都是不足取的，那只可能導致敗局，就像冰冷的寒霜，只可能使青春之樹的綠葉一片片枯黃凋蔽……

　　很可能，乒壇上的輝煌的「鄧亞萍時代」已經宣告結束，她也受之無愧地贏得了人們的無比欽慕，然而一個永遠奮發向上，一個不斷充實和挑戰自己的鄧亞萍，始終像一座巍然的豐碑那樣，讓很多男人驚歎而自感弗如，讓很多女人引以為豪又羨慕效仿！

　　對鄧亞萍而言，成功的路依然在她的腳下延續伸展，更加的美好未來，還需要她付出新的努力來開創！

04

提高個人魅力：
女人的品味優勢

　　一個女人可以有華服妝扮的魅力，可以有姿容美麗的魅力，也可以有儀態萬千的魅力，但卻不一定有優雅的風度；但是一位具有優雅風度的女人，必然富於迷人的持久的魅力。

　　聰明的女性不是不要鏡子，而是能夠從鏡子裏走出來，不為世俗偏見所束縛，不盲目描摹他人的所謂風度之美。

羞澀的誘惑力

羞澀，是人類文明進步的產物。任何動物，包括最接近人類的猩猩，是絕對不會害羞的，自然也就沒有羞澀。羞澀是人類最天然、最純真的感情現象，它是一種感到難為情、不好意思的心理活動，它往往伴隨著甜蜜的驚慌、異常的心跳，外在的表現就是態度不自然，臉上蕩漾起紅暈。女人臉上的紅暈，就是青春羞澀的花朵。女人羞澀是一種美，是一種特有的魅力。

羞澀，是一種感情信號，常常是一種動情的外部表現，是被陌生環境、場面所觸發的緊張情緒和被異性撥動了心弦的反應。所謂：「姑娘，你那嬌羞的臉使我動心，那兩片緋紅的雲顯示了你愛我的純真。」可見一張羞澀的臉，便是一首優美的詩。

羞澀，是女性獨具的特色，是特有的風韻和美色。誠然男性也會有羞澀，然而更多的、更頻繁的、更鮮豔迷人的羞澀，卻總愛浮現在女人的臉上。男性羞澀上臉往往顯得狼狽可笑，而女性羞澀的盈盈笑臉，卻被認為是天然合理的。如果女性缺少了羞澀，甚至會被看成是厚顏無恥。由此看來，羞澀應該說是屬於女性的，特別是屬於女人的，或可說此乃女性之特色。一提紅顏，誰都知道指的是女子(特別是美貌女人)而不是男子，這「紅」字顯然不只是面部的青春紅潤，更重要的是與羞澀有直接關係。紅色的羞澀象徵著女性，但它往往稍縱即逝，所以自古女子就學會了使用紅色的胭脂，起到了羞澀常駐的效果，有助於保持和強調女性的特色。

羞澀朦朧，魅力無窮。康德說：「羞怯是大自然的某種秘密，用來抑制放縱的慾望；它順其自然的召喚，但永遠同善、德和諧一致。」羞澀之色猶如披在女性身上的神秘輕紗，增加了她們的迷離朦朧。這是一種含蓄的美、美的含蓄。是一種蘊藉的柔情、柔情的蘊藉。「猶抱琵琶半遮面」、「插柳不讓春知道」的神韻，尤能刺激人的豐富想像力，甚至使人著魔入迷，如醉如癡。同時它閃耀著謙卑的光輝，是一種道德和審美的反射，「喚醒兩性關係中的精神因素，從而是減弱了純粹的生理作用」，促進兩性關係日臻高尚、完美。動人的表情，迷人的色彩，文雅的舉止，朦朧的神韻，溫柔的蘊藉，呵，女人的羞澀竟具有如此大的神奇魅力和功能！

　　的確，在世上所有的色彩中，女人的羞澀是最美的。

做一個優雅別致的格調女人

　　優雅的風度像有形而又無形的精靈，緊緊攫住人們的感官，悄悄潛入人們的心靈，從而使人留下難以磨滅的印象。具有某種魅力的女性，不一定具有風度的魅力，風度是一個人的文化教養、審美觀念和精神世界凝成的晶體，所以它折射的光輝也最富於理性，最富於感染性。一個女人可以有華服妝扮的魅力，可以有姿容美麗的魅力，也可以有儀態萬千的魅力，但卻不一定有優雅的風度；但是一位具有優雅風度的女人，必然富於迷人的、持

久的魅力。

聰明的女性不是不要鏡子，而是能夠從鏡子裏走出來，不為世俗偏見所束縛，不盲目描摹他人的所謂風度之美。

風度神韻之美靠的是「充內」——樸質的心靈；「形外」——真摯的表現。前者形諸於風度之美，使人舉止大方，後者形諸於風度之美，使人坦誠率直，不事造作。「樸質」是一種自我認識、自我評價的客觀態度，樸質的女性，總是善於恰如其分地選擇表達自身風情韻致的外化形態，使人產生可信的感受；她們就是她們自己，她們不試圖借助他人的影子來炫耀自己、美化自己。所以她們的風度之美，往往具有一種樸質之美。

「真摯」是一種誠實、真實、踏實的生活態度。她們對人對事不虛偽，不狡詐，又肯於給人以誠信。真摯的女性，對自己的風度之美既不掩飾也不虛飾，對他人美的風度既不嫉妒也不貶斥。而是泰然處之，使人感受到一種真正的瀟灑之美。

女人的風度之美，正是借助這種媒介，昇發了感染他人、美化環境的神力。

因此你要保持和發展自己的風度之美，就得純化你的語言和潔化你的舉止，否則也會使風度之美從你身邊悄悄溜走。

柔情似水的情調女人

美籍華人學者趙浩生教授曾去大陸講學，有位記者讓他談談

對現在大陸女性的印象，他尖銳地指出：「我發現大陸的青年女性，有的認為越潑越好，有的精野蠻橫，沒有女人味了。女人味就是溫柔、善良、體貼……」

女人失去了溫柔，趙教授稱為「大陸最大的悲哀。」可見溫柔對於一個女性，特別是對一個女人來說，是一種誘人之美，是一種高尚的力量。

造物者用了最和諧的美學原則來創造人類，它賦予了男性陽剛之美，又賦予女性陰柔之美，正因為兩性之間各有其獨特形態而形成鮮明對比，才使男女對立統一地組成了人類絕妙完美的世界。

陰柔之美是女性美的最基本特徵，其核心是溫柔，溫柔像春風細雨，像嬌鶯啼柳，像舒卷的雲，像皎潔的月，更像蕩漾的水。女性之美，美就美在「似水柔情」。

用一「水」字來形容女性的柔美，真是一語道破了其中妙韻。《紅樓夢》中的賈寶玉說過：「女兒是水做的骨肉。」所以人見了便覺得清爽。他把大觀園裏的姊妹丫環們，都看得像清澈的水一樣照人心目，一個個都顯得高潔純真、溫柔嬌嫩。在他的面前，這些女兒展現了一個有如水晶一般明淨的世界。女作家梅苑在《美人如水》一文中說，女人有點似水柔情，才有女人味道。真是高論妙極。

可見女性的誘人之處，正在於有似水的柔情，正在於溫柔。世上絕少會有哪個男人喜歡女人的蠻、野、悍、潑、粗、俗。女性的似水柔情，對男性來說，是一種迷人的美，也是一種可以被其征服的力量。一位詩人說：「女性向男性進攻，溫柔常常是最有效的常規武器。」

女人的溫柔應表現在善解人意，寬容忍讓，謙和恭敬，溫文

爾雅。不僅有纖細、溫順、含蓄等方面的表現，也有纏綿、深沉、純情、熱烈等方面的流露。有的女人無限溫存，像牝鹿一般溫柔；有的女人像一道涼涼的流泉，通體內外都是充滿著柔情……總之，女人的柔情各式各樣，都像絢爛的鮮花，沁人心脾、醉人心肺。

溫柔，來自女人性格的修養。女人要在自己的日常生活中，注意加強性格上的涵養，培養女性柔情。為此，女人特別要忌怒、忌狂，講究語言美，把那些影響柔情發揮的不良性情徹底克服掉，讓溫柔的鮮花為女人的魅力而怒放。但女人的溫柔，不是柔弱、柔軟、柔順，喪失了自己獨立的人格和獨立的個性，也絕非女人之美德，而是一種恥辱。女人之溫柔，是柔中有剛、柔韌有度、所以才柔媚可人。柔情似水，是女性誘人的魅力，是一種征服他人的巨大力量。

潑辣是一種野性的美

天真純樸的灑脫情致，粗獷熾烈的浪漫氣質，無拘無束的敢拼敢闖的個性，百折不撓的頑強毅力，使潑辣顯得那麼可愛，那麼富有魅力。有人說，潑辣不是女性的特點，會有損似水柔情的女性形象。這是偏見。古今中外，潑辣女性竟成大業，有口皆碑。她們所取得的成就，不僅為潑辣女性編織花環，還為野性美增添了新的魅力。

現在是我們端正認識、正確看待潑辣女性的時候了。那麼性情潑辣的女性，到底具有哪些優點呢？

　　天資聰穎，思想敏銳。潑辣的女性一般智商較高，頭腦清醒，反應敏捷。因此不論在學習還是工作中，都能成為佼佼者，而博得人們的讚美和欽佩。

　　吃苦耐勞，不怕困難。潑辣女性之所以潑辣，在很大程度上是她們能幹實事，說到做到。拿得起，放得下，手腳勤快，有不習慣的東西馬上就動手改，她們在學習或工作上勇於作出犧牲。

　　勇於競爭，上進心強。潑辣的女性往往自恃天分較高，有一種敢於競爭，敢於進取的拼搏精神。她們對自己的能力信心十足，因此不論在物質生活方面還是在精神生活方面，執著追求，人有我亦有，總是不甘落後。

　　愛潔如癖，乾淨利落。潑辣的女性大都有講究衛生、愛乾淨清洗的嗜好。她們居則要求整潔、明快；穿則要求入時、漂亮，令人賞心悅目。她們絕無那種讓人討嫌的窩囊、邋遢的不良作風和習慣。

　　開朗大方，善於交際。潑辣女性以性格開朗、豪放著稱。因此她們在接人待物方面落落大方、不俗氣，極少那種小家子氣的猥猥瑣瑣，表現出較強的適應能力。

　　精打細算，持家有術。潑辣的女性大都稱得上是過日子的能手，她們在家庭建設、計畫開支、生活安排諸方面，善於動腦，巧於心計，目光長遠。她們會把家庭生活安排得井井有條，能博得人們的喜歡。

　　辦事果斷，自主性強。潑辣的女性一般自幼就得到了較多的肯定和鼓勵。因此她們自主自立意識較強，很少有依賴思想，辦事較有主見，有膽識，乾脆俐落，大有巾幗氣概。

心直口快，質樸無華。潑辣的女性一般都是追求完美的個性，她們對不盡人意的事物，往往是有啥說啥，快人快語，甚至得理不讓人，這不正反映了她們質樸無華的性格嗎？

　　潑中含柔，和諧統一。提及潑辣，有些人像碰上大老虎一樣，十分懼恐，好像潑辣與蠻不講理、刁鑽乖戾劃上等號。其實潑辣與溫柔並非水火不容，事實上，潑辣的女性對親人、對朋友、對戀人、對丈夫往往柔情似水，謙和恭敬。

　　溫柔有似水之美，潑辣有野性之美，都是女性的迷人魅力。願人們能正確看待女性的潑辣，願潑辣女人能珍惜自己的美。切記，潑辣也是女性的一種魅力。

愛笑的女人＝美的爆炸力

　　生活不能缺少笑聲。如果我們能夠永遠保持達觀的笑容，不僅會有益健康、而且也會成為我們事業成功的巨大動力。

　　首先自己要在心中培養笑的種子——積極的人生態度與相信自我的情緒，這是一個人快樂與成功的不竭源泉。

　　笑對於女性尤其重要，適當場合的笑，能夠展示自身的最佳品味。

　　笑一笑，十年少；愁一愁，白了頭。我們大家都應該熟知這句話。英國的莎士比亞也說：「快樂的人活得長久。」這都是從健康、長壽的角度，對歡笑作了肯定的回答。與此同時，這對於

促使自己成為成功者，也有著深遠的意義。喜、怒、哀、樂，人之常情。但是一個人常常處於憤怒與悲哀之中，肯定有損健康，也於事業無補。醫學文獻記載，有個叫湯姆的人在九歲時因喝滾燙的蛤蜊湯，食道受到了嚴重的燙傷，完全失去了功能。為了維持生命，湯姆只好接受了一項稀奇的外科手術，將胃拉出腹壁以外十一釐米。每當吃食物時，湯姆便將咀嚼過的東西吐入與管子相連的漏斗，使它們進入體外的胃中。因此湯姆的胃功能反應，別人能看得清清楚楚。他五十三歲時，在一位名叫沃爾夫的醫生說服下，自願擔當了胃的「活動試驗室」，藉以觀察人的胃在各種不同情況下的不同反應。很快，沃爾夫發現，每逢湯姆受到什麼威脅，或當他發怒時，其胃就泛紅，毛細血管充血，消化液分泌增多，把原來保護胃粘膜的一層層的粘液也「吃掉」了，這種情緒持續下去時，胃壁的皺折處便滲出許多的血點。試驗表明，發怒、憂傷等不良情緒，的確損傷著人體。

生活不能缺少笑聲。如果我們能夠永遠保持達觀的笑容，不僅會有益健康，而且也會成為我們事業成功的巨大動力。

一九八八年的奧運會上，美國人對游泳名將馬特‧比昂迪寄予厚望，許多人都認為他會像一九七二年奧運會的馬克‧德皮茲那樣大展神威，一舉奪取七枚金牌。但是，在第一場的二百公尺自由式和第二場的一百公尺蝶式比賽中，馬特‧比昂迪均未如人願，與金牌失之交臂。

於是，體育界的記者們紛紛發表「高見」，認為這兩場比賽已使馬特‧比昂迪的鬥志嚴重受挫，大多數人也都這麼附和。然而，在接下來的幾場比賽中，馬特‧比昂迪重整旗鼓，信心十足的一口氣奪得五枚金牌，這一結果把人們驚得目瞪口呆！唯有一人對馬特‧比昂迪的輝煌戰果毫不吃驚，他就是美國賓夕法尼亞

大學心理學家馬丁・塞利格曼。

原來在大賽開始前，馬丁・塞利格曼就對比昂迪作過測試。測驗中，他讓比昂迪盡力大展身手。儘管比昂迪表現不錯，但他卻故意讓教練告訴說表現較差。當比昂迪失利後，馬了・塞利格曼讓他稍事休息，並告訴他賽前測試的實情。結果，當人們大多對比昂迪的兩局失利表示失望時，比昂迪卻急起直追，連奪五金。看來，微笑、肯定和鼓舞對人有多大的作用。

笑能夠帶來可以施惠於人生的催人奮進的情緒，從而增強了人們的自信心。事實上，無論是人們內心深處的達觀情緒，還是蕩漾在自己臉上的層層笑容，都十分清楚地展示了對自我能力的充分認識與無比的信賴。對此作過大量研究的史丹福大學心理學家阿爾伯特・班杜拉認為：「人們對其能力的自信心，會對其能力的發揮產生巨大影響。能力不是固定資產，彈性極大，關鍵是怎樣發揮它。」

在生活實踐中，我們經常看到許多人，成天樂呵呵的，自己十分羨慕，卻又學不來。總覺得現實中煩人的事經常出現，哪能樂得起來呢？其實誠如古語所說：「仁者樂山，智者樂水。」歐陽修說：「山水之樂，得之心而寓之酒也。」即是說，如果自己心中無樂，再好的山水也不會使你快樂。

永遠保持樂觀的精神狀態，經常「笑一笑」，不僅可以「十年少」，而且對我們事業的成功也大有裨益。俄國偉大的詩人普希金，曾寫詩勸慰他的一位對人生充滿失望與憂傷的朋友，希望這位朋友從痛苦的陰影中走出來，重新煥發對生活的樂觀情緒。詩的結尾這樣說：啜飲歡樂到最後一滴吧，瀟灑地活著，不要憂心！順遂生命的瞬息過程吧，在年輕的時候，你該年輕！「在年輕的時候，你該年輕！」普希金這最後一行飽含深情的囑語，很

值得女人們永久地思忖。

　　笑對於女性尤其重要，適當場合的笑，能夠展示自身的最佳品味。微笑，這種笑是笑不露齒，比較斯文得體。在一些不熟悉的場合，當別人友好地看著你時，你微微一笑，那麼人與人之間的關係就不會顯得緊張，反而會變得自然。這種笑屬於淑女型，易使人產生好感。

　　媚笑，這種笑法也是笑不露齒，但眼睛斜視。這種笑不能隨便使用，除非是對丈夫、情人或是心愛的人，否則會引人誤會或想入非非。不過這種笑為許多男性所願意接受。

　　爽朗的笑，這種笑給人以一種愉快開心的感覺，易博得好感。但笑時切忌拍手拍腿，因為這樣會顯得粗魯，除非是和一夥非常熟悉的朋友在一起才可以。這種笑是笑出聲，嘴張大露齒，有時會笑得前合後仰。但在一般的社交場合中最好控制自己不要笑得太過分。

　　瞬間的笑，這種笑介於微笑和媚笑之間，有附和、同意、讚賞和鼓勵等意思在內。

　　不同的笑具有不同的魅力，作為女性恰當地採用各種笑，不僅是有教養、風度的表現，同時也可增強自己對外界的吸引力。

坐擁書城鑄內秀

　　只有讀萬卷書，才能每臨大事有靜氣，成就別人無法企及的

大業。有一句話說得好：能閒世人所閒人，方能忙世人所忙事。這裏所謂的閒事，就是讀書。

一本《湯姆叔叔的小屋》，在美國廢奴運動和南北戰爭期間掀起一種強大的輿論浪潮。

甚至有人認為，要是沒有《湯姆叔叔的小屋》，林肯就不可能在一八六一年當選為美國總統。

一個人，他所能體會到的自由的程度和對幸福理解的深度，與他對於人性認識的廣度與深度是成正比的。以此為出發點，他就會塑造出更有精神境界的成功觀。

喜歡讀書，就等於把生活中平常的時光轉換成了巨大享受的時刻。讀書，可以增長見識，陶冶性情，使人的情感更細膩，舉止更優雅，氣質更深沉。淡泊以明志，寧靜以致遠，非讀書是不能達到的。讀書為人生帶來了最美妙的時光，一個人當他沉浸於文學世界中時，幾乎可以稱得上是世界上最幸福的人。

英國著名浪漫主義詩人雪萊非常愛讀書，從書本上源源不斷地流向他腦海裏的新知識，使他看上去永遠是那麼朝氣蓬勃、熱情奔放。據記載，他總是在不停地看書，連吃飯時飯桌上也攤著一本書，他常會忘了喝茶吃烤麵包，卻不會忘記讀書。他會讓面前的烤羊腿、馬鈴薯冷掉，可對書本的熱情卻絲毫不會冷卻。他外出散步時也總是手不釋卷，要是獨自出門，他便自言自語地吟誦；要是友人同行，他就大聲朗讀，讀到動情處，同行的朋友無不動容。他的一生雖然短暫，卻放射出了最炫目的光芒，《西風頌》、《雲》、《致雲雀》等抒情詩，堪稱是文學史上的不朽之作。在英國，這樣的「書蟲」數不勝數。曾一度登上英格蘭王位的簡・格蕾女士，在年輕時，有一天坐在家中窗下沉迷地讀著柏拉圖對蘇格拉底之死的美麗描述。她的父母親都在花園裏狩獵，

獵狗的狂吠之聲從開著的窗子裏清晰地傳進去。一位來訪者十分驚異。簡‧格蕾女士竟然不參加他們的遊戲！她卻平靜地說：「我認為，他們在花園裏的快樂不過是我在柏拉圖那裏所獲得的快樂的影子罷了。」

讀書能補天然之不足，甚至可以剷除一切心理上的障礙，正如通過適當的運動可以矯治身體上的某些疾患一樣。看過《三國演義》的人都知道，東吳有位將軍名叫呂蒙，自小為人家放牛，不通文字，因作戰勇猛而受到破格提拔，卻經常被同僚譏笑。後在國君孫權的勸說督促下，用心苦讀，終於成為智勇雙全的一代名將，不再是當年的「吳下阿蒙」。清代咸豐年間的山東巡撫張曜，幼年失學，年輕時日夜在賭場中混生活，閒來無事練就一身好武藝，後因參加鎮壓反軍有功，被僧格林沁保奏做了知縣，授予五品頂戴。張曜乃一介武夫，認字不多，所以一切公文全由夫人處理。他任河南布政使時，被監察御史劉楠彈劾「目不識丁」，難理一省民政財務，遂由文改武，調派為南陽鎮總兵。那時「文改武」是很丟面子的事。張曜憤忿之餘，知恥後勇，拜夫人為師，像蒙童那樣志於向學，發憤讀書，並刻「目不識丁」四字印章一枚，隨身佩戴以自警。後來當年奏劾他「目不識丁」的劉楠也被劾罷職，回河南老家，百無聊賴。此時的張曜不計前嫌，「貽以千金」，且年年如此。每次給劉楠的信上都要蓋上「目不識丁」的印章，以感念劉楠的栽成之德。長期的手不釋卷，使得張曜的文學修養比起以往來，已是不可同日而語，這足以使他對往日的官場糾葛以闊大胸襟坦然處之。後張曜轉任山東巡撫，辦了不少好事，如治理黃河水害、整修河堤、興辦水利、修築道路、開設機械廠局等，凡是有益於官民的事他都盡力去辦，在山東留下了很好的口碑。由一個無賴賭徒到頗有政績的封

疆大吏，在這一轉變中，讀書所起到的巨大作用是顯而易見的。

在人生的道路上，由於偶然的機遇或出於必然的選擇，人們踏上了不同的人生旅程。有時一本書能夠影響到一個人的人生。

據說《天路歷程》的作者、英國作家班揚平生只熟讀一本書：《聖經》。而正是這本書，影響了他一生的文學創作。《天路歷程》是十七世紀英國文學史上的重要作品之一，它以寓言的形式反映了英國王朝復辟時期的社會情況，諷刺貴族階級的荒淫和貪婪，同時也宣揚了作者的清教徒信仰，由此可見《聖經》對他的影響之大。

法國當代著名作家和戲劇家弗朗索瓦‧薩岡，曾滿懷感激之情地回顧加繆的《反抗的人》一書對她的影響。在十四歲時，薩岡親眼目睹了一個與自己年齡相仿的小女孩的夭亡，她無法原諒上帝竟允許這件事的發生，因而不再信仰上帝，陷入可怕的精神危機之中。恰在這時，她讀到了加繆的《反抗的人》，由此發現了一個新的精神世界：儘管沒有上帝了，但是還有「人」，你不用信仰上帝，卻必須信仰你自己，相信人類的天性，相信人類能夠主宰自己的命運。她熱切地走進這個嶄新的精神世界，重新建立起自己的信仰。她由此意識到文學的神聖意義與崇高使命，並在日後堅定地選擇了文學創作之路，決心以此幫助那些在人生之旅中迷惘、焦慮的人們，幫助它們飛越精神的荒原與樊籬。古今中外這樣的故事還有很多。

當代許多成功女人在回顧自己的成長道路時，也常常將人生一些最真誠、最輝煌的瞬間，與一本或幾本好書聯結在一起。一本好書能夠給予一個人最初的人生啟蒙甚至終生的影響，這有多麼神奇！

人類社會中的諸多傑出人物往往以尋求真知為己任，常常沉

迷於書海中樂而忘返。

　　誠如人類對自身的探索永遠沒有窮盡，文學對於人性的思索與探求也就永遠不可能終止。一個人他所能體會到的自由的程度和對幸福的理解的深度，與他對於人性認識的廣度與深度是成正比的。以此為出發點，他就會塑造出更有精神境界的成功觀。廣泛閱讀色彩斑斕的文學畫卷，無疑是我們體察人性、認識自身、追求輝煌的一條捷徑。

女人魅力測試

　　你的魅力在哪裡？發現那些不為己知的魅力!你對自己的魅力到底知道多少呢？讓我們來對你的魅力進行一次搜索。

1. **當你在朋友家享受了一份十分美味的飯菜，你是否會詢問它的烹調方法？**
   A. 我不想問。菜肴對於我來說，僅僅是用來品味的。
   B. 一邊說「真好吃」一邊問一下做法，但並不做記錄。
   C. 詳細地記下調製方法，回家後自己也做一做。

2. **朋友穿著一件並不怎麼合體的服裝。當她問：「這件衣服還挺合適吧？」你會如何作答？**
   A. 撒謊說：「真棒!」

B. 老實說：「有點不合適。」

C. 支支吾吾，說不出個所以然。

3. **買東西找錢時，一個一元的硬幣掉進桌縫裏，你會怎麼做？**

A. 不要了。

B. 用手掏出來。

C. 對店員說明。

4. **白天大商場裏的速食店十分擁擠，你要的是咖喱飯卻上了盤牛肉蓋澆飯，你會如何處理？**

A. 靜靜地吃掉。

B. 說一聲：「一定是太忙，把牛肉飯當成咖喱飯上了。」但並不計較，仍然吃掉牛肉飯。

C. 讓店員給你換成咖喱飯。

5. **下電車時，你被一個老人撞了一下，手中的雞蛋掉到了地上。老人問：「摔碎了嗎？」此時你怎麼回答？**

A.「沒事」。

B. 默不作聲。

C.「摔碎了，怎麼辦？」

6. **去卡拉 OK 玩時，朋友說「唱個歌吧」，你怎麼辦？**

A. 立刻就唱。

B. 稍等一會再唱。

C. 拒絕。

7. 給朋友打電話時那邊正佔線，你會過多長時間再給對方掛電話？

    A. 立刻再打。

    B. 三分鐘後。

    C. 過上十分鐘以後。

8. 在美容院流覽雜誌時，發現了一則十分感興趣的報導，你會怎麼辦？

    A. 做個記錄。

    B. 把那篇報導看完。

    C. 把那期雜誌買下來。

9. 在拉麵館吃麵時，發現碗中有一根頭髮（也有可能是自己的），那麼你會怎麼做？

    A. 不吃了。

    B. 只扔掉頭髮周圍的部分。

    C. 跟店裏人說一聲，讓他們再換一碗麵。

10. 面前有很大的一塊豬肉，你會怎樣把它吃掉？

    A. 全部用刀切成塊後一塊塊吃。

    B. 邊切邊吃。

    C. 切上一半再吃。

11. 當他邀請你去一個你並不喜歡的音樂會時，你會怎麼辦？

    A. 拒絕他，去別的地方。

    B. 雖不想去，但說想去。

C. 說：「雖然我不喜歡，但只要你喜歡，我就去。」

12. 你和男朋友約會或吃飯時，會說多少話？

A. 一直是他在說。

B. 你說的時候居多。

C. 差不多。

計分方法

題號 選項	1	2	3	4	5	6	7	8	9	10	11	12
A.	5	1	1	1	1	5	5	1	1	5	5	1
B.	3	5	3	3	3	3	3	5	3	1	1	5
C.	1	3	5	5	5	1	1	3	5	3	3	3

15～20 分 A. 型

21～31 分 B. 型

32～41 分 C. 型

42～51 分 D. 型

52～60 分 E 型

結果論述

A. 型 純情樸素型

你的魅力所在，就是清純與天真。你好像少女一般純潔無瑕，從不說懷疑別人、讓人討厭的話。即使遇到痛苦的事情，或為人所困擾的時候，你也會一味忍耐，不輕意表露；即使備感寂

窴，你也會故作開朗。你身邊的人從不認為你會有不順心的事。純情且不容玷污是你的最大魅力，你並不是故意去裝成那樣，而是天生就具有純潔的本性。

B. 型　氣質高雅型

　　你具有沉靜穩重的品性。雖然並沒有誰來指正你，但你身上自然散發著高雅的氣質，無論是你的笑容、表情還是平時的姿態都是如此。不僅這樣，你具有常人所不具備的活力，你絕不會傷害別人，感情也不輕易外露。你恪守著不奢求而平靜的生活信條，這就是你的魅力所在。

C. 型　認真努力型

　　你的魅力就是刻苦認真。你從不做牽強的事，並認真完成交給自己的每一項任務。你和別人的交往總是很得體。做一件事時，即使遇到困難，你也會堅持不懈將它出色地完成。你不愛出風頭，反而更注重腳踏實地的樸素生活。與你交往的人，最初也許會感到無聊，但時間一長，他們就會真正瞭解到你的可貴之處。

D. 型　積極行動型

　　沒有比你更值得依賴的人。你往往知難而進，最討厭消極退避，你渴望著與困難作鬥爭。有求於你的人一定不少，與你在一起就會感到幹勁十足的人也很多。你的魅力就是你的勇氣。

　　遇到失敗而不退縮，這種集合著勇氣與大膽的積極態度，就是你的可貴之處。

E. 型 獨特個性型

你擁有常人所不具備的想像力。你不願與一般人為伍，討厭平凡的生活。雖然你有時也因為抗爭而招來周圍人的非議，但你從不放棄自己的意見。你珍惜夢與理想，具有不允許存在錯誤的頑固的好勝性格。比起異性來，你更受同性的青睞和依賴。但即使對男性來說，你也是值得依賴的人。你是不可多得的典型人物。

奧黛麗 · 赫本：永遠不朽的品味女人

她代表著優雅，是上帝派來世俗人間的天使，是美貌與愛心兼得的精靈，是滑行飄逸的夢，是世界電影史上永恆純真如一的洛神！她的降臨和盛開，顯然是一場人類世界的奇蹟！

這位集清純、高雅、美麗等諸多優良品質於一身，能把女皇的高貴和少女的淘氣完美融合在一起，就像一顆精美切割的鑽石一樣閃閃發光。又像夜空裏璀璨熠熠的星辰，是那麼可望而遙不可及，她的光芒使明月也黯然失色，令世人徒餘羨慕的女性，她所塑造的銀幕形象至今依然沒有哪一個人可以望其項背！因此她那明亮清澈的大眼睛以及清新脫俗的古典氣質。一直被全球的無數影迷深情地眷戀著！

她五次得到奧斯卡金像獎提名，同時還榮獲奧斯卡最佳女主角獎與國際電影節最佳女演員獎，號稱「好萊塢的常青樹」。

為褒獎她對世界電影表演藝術的卓著貢獻，法國政府一九八七年授給她法國最高榮譽--騎士榮譽勳章。

　　一九二九年五月四日，奧黛麗‧赫本誕生於比利時布魯塞爾的一個貴族家庭，可她的父母卻不能給她一個幸福快樂的童年。六歲時父母離婚，隨後，德國軍隊悍然侵佔荷蘭，她眼睜睜地看著自己的骨肉兄弟被納粹士兵殘忍地俘虜到集中營，直到最後，被她視為生活依靠的叔叔和表兄弟接連被納粹處死，赫本才只好竭力掙扎著自找生路。

　　奧黛麗‧赫本從小酷愛芭蕾舞，時常夢想著未來有一天自己成為一名脫穎而出的芭蕾舞演員。結果十歲時，她順利考上瑪麗諾‧蘭巴德芭蕾舞學校。因為她孜孜不倦地勤學苦練，不久就練就了一身絕好超群的舞藝。隨著二次世界大戰隆隆炮聲的此起彼伏，奧黛麗‧赫本一天天快速成長，而且舞姿越來越優美迷人。

　　舞蹈為奧黛麗‧赫本提供了一個宣洩內心情緒的有效途徑，一種展現完美的方法，由於對舞蹈的深深癡迷和鍾愛，她在當時無情殘暴的世界裏，找到了自己靈魂的歸宿。然而殘酷的戰爭在赫本身上留下了不可磨滅的傷害，長年的營養缺乏，導致她身體嚴重虛弱，她只能忍痛割愛，放棄了自己全心投入的芭蕾舞事業。

　　可是赫本原本就不想離開自己迷戀著的舞臺，不知不覺中，她感到自己的生命跟舞臺今生註定有緣。因此她毅然選擇做時裝模特兒和歌舞女郎，且想方設法在一些短劇中擔任不用對白的啞角。

　　一九五一年，奧黛麗‧赫本涉足影壇，參與《野燕麥》、《少婦的故事》、《天堂裏的笑聲》等七部影片的拍攝。雖然在這些影片中她擔當的只是配角，可她那活躍開朗的性格和清純脫

俗的美貌，馬上引起了影壇的震撼。

赫本深信，不管在舞臺或螢幕上，稱職的演員都不要演戲，而要生活，根據角色的本來個性需求，做到真實自然，絕不應為了迎合製片商的旨意曲意造作，更不能擺弄情色。

記得《羅馬假期》的導演在篩選演員時，用來測試的一組戲是公主身著柔細華美的睡袍，在一張大床上進行仰臥起坐運動。而奧黛麗·赫本十分柔弱，她用雙臂迎向裝飾美麗的天花板。接著，她還非常自然、淘氣地做了一系列的特定情節，當她做這些動作時，有一架攝影機在偷偷地對著她拍攝，可她毫無察覺。

測試結果，不管從現場還是從膠卷上來說，赫本的表現效果都是最令人滿意的。因此她被選作公主角色的扮演者，且跟派拉蒙公司簽下合約，是導演的慧眼使赫本的命運發生了根本改變。

《羅馬假期》讓美國觀眾有幸最先欣賞到這位俏麗清純、流光溢彩的新星，然後該片即刻在全球盛大上映。尤其是赫本的出彩表現可以說無可挑剔：那張調皮純真的臉蛋、風情滿溢的明眸和陽光而青春的笑容——那種柔媚的微笑飽含著跳動的激情和不可言表的優雅脫俗；同時洋溢著無限活力的神態和輕柔嬌美的行姿步態，更加令人傾倒不忘，時刻留存心底！

她那時而混合著魅惑圓滑與高雅俏美，時而又糅合著嬰孩般的無邪爛漫和富足華貴的貴族氣派的形象。不但奪得了全世界億萬男性的渴慕與著迷，也一樣受到無數女性的尊崇和賞愛。即使向來因挑剔而著稱的評論家們，也不得不渾然不覺地被她迷倒。

赫本通過《羅馬假期》一夜聲名遠揚，享譽世界影壇，因而榮膺第二十六屆奧斯卡最佳女演員獎。另外，她在影片中秀美嬌俏的短髮，使得全世界各地婦女紛紛模仿，風潮雲湧。人們稱之為「赫本頭」。並且赫本還由於在百老匯戲劇《翁丹》中的卓絕

表現而受頒托尼獎。

《羅馬假期》讓奧黛麗·赫本一舉享譽全球，而《龍鳳配》則讓她聲譽持續陡然攀升。隨後，赫本又接連傾情主演《甜姐兒》、《黃昏之戀》、《修女傳》、《恩怨情天》。其中《修女傳》使她第三次入選參加奧斯卡最佳女主角提名獎，還榮獲紐約電影評論家協會授予的最佳女主角獎。

奧黛麗·赫本不但在藝術上臻於完美，在為人處世方面，也堪稱楷模，令人折服。在《偷龍轉鳳》的拍攝中，她十分感激惠勒最先發現她且將她送上銀幕介紹給廣大觀眾的知遇之恩，還自動提出減少自己的拍片酬金，以報答知恩之情。

這在熱衷名利的好萊塢是獨一無二、彌足珍貴的。這也正是赫本除了絕世容貌和精到演技之外，還頗受同行和影迷愛戴的最主要原因之一。

比利·懷德說：「奧黛麗·赫本展現的是不少消失遠去的品格。比如高貴、優雅和禮儀。就是上帝都十分甘願親吻她的臉龐，她就是如此令人喜愛的人。奧黛麗·赫本就是這樣一個無法取代的人，她是青春永存的。在她那個時代，奧黛麗·赫本是一個全新的超級典範，她締造了一個新時代的經典。自從嘉寶以後，還沒有出現過這樣級別的人物。導演見了都將按捺不住一次次為她大拍特寫鏡頭─拍她淑魅的眼眸，拍她那誘人的甜美容顏，拍她優雅的姿態，拍她熱烈濃郁的神情。她就是那種儘管你早已遠離了影院，可她的一顰一笑總是每時每刻閃現在你眼前，深烙在你腦裏，令人無法忘懷的演員！」

我們可以說，赫本在銀幕生涯的早期階段主要著重於打造並引領時髦與潮流，而當進入中期和成熟階段時，她則在人格和情操方面更加綻放異彩，令人折服！

曾有人這樣誠懇地讚揚她：「世界上除了奧黛麗‧赫本，沒有哪個人的風采能夠超過蒂芬尼鑽石光芒！」

不管是《羅馬假期》中的安妮公主，還是《窈窕淑女》裏的伊莉莎‧杜利特爾。奧黛麗‧赫本這位「下凡人間的天使」，已然成為淑雅、平易和堅毅的代名詞。可對於非洲孩童來說，赫本則是一位「憂傷天使」。在生命的晚期階段中，赫本的感情總是和一切不幸兒童的喜怒悲歡而起伏波動。孩子們快樂，她就快樂；孩子們悲傷，她跟著悲傷。一直到臨近生命的終點，她心裏牽掛的依然是生活在非洲的不幸兒童！

對奧黛麗‧赫本缺乏足夠瞭解的人，很可能只是牢牢地記得她前半生在銀幕上、在攝影機前給世人塑造的俏麗純真、優雅迷人的經典形象；而如果對奧黛麗‧赫本的故事有更全面的瞭解，那麼人們在嘆服她絕世容顏之時，還由衷敬佩她慈愛的品性和純淨的心靈。

一九九三年一月二十日，這位全世界美麗卓絕的女性，這位好萊塢百年難遇的熠熠瑰寶，由於乳腺癌於瑞士悄然辭別人間，一去不回。頓時，世界各地不計其數的男女老少，紛紛自發地採用多種多樣的方式，寄託他們對這位偉大藝術家的哀悼和懷思。

從一九二至一九九三年，赫本在這個世界上生活僅有六十四年時光，然而她的一生是短暫卻又永恆的。畢竟她的家人和朋友，她的無數影迷，還有第三世界千千萬萬的兒童會永遠牽念著她！

赫本一生所做的貢獻除了在電影業，還有她一生都摯愛著的孩子—第三世界的兒童。你或許沒有被她的美貌和演技所打動，然而絕不能不被她晚年為聯合國兒童基金會所做的貢獻所感動；你也許不崇拜她，可一定會尊敬她！

毫無疑問，美貌睜眼可見，才能也從不希罕，可卻沒有任何人可以替代奧黛麗・赫本在人們心目中牢固的獨樹一幟的位置。一九七六年，為了維繫第二次婚姻，四十七歲的奧黛麗・赫本暫時息影長達七年，當她剛在《羅賓漢和瑪麗安》的紐約首映式露面上，立即有六百人向她不約而同大聲歡呼著：「我們愛你，奧黛麗！」可以說，從來沒有一個美女能像赫本這樣在有生之年就得到這麼多的熱烈擁戴。

　　連瑪麗蓮・夢露也不能！其他人更不用說！唯有赫本！

　　赫本正是一位降臨人世的天使，得到了上帝的不盡寵愛，且向人間播撒美麗和慈愛。使人們不得不為之讚歎，隨後上帝就把她及早召喚回去，給世人留下訴說不完的遺憾和甜美溫情的念想。

　　這位被《時代》週刊稱為「彷彿一顆精雕細割的鑽石」般的女明星的一生，不僅留下了三十一部經典影片，更重要的她的獨特風采，轉變了人們的審美觀，她的優雅風姿在時尚界已是一個永恆的傳奇！　赫本已去，人已如幻，但魅力常在！

05

你的形象價值百萬：
女人的形象優勢

　　「形象」是一個人外表與內在結合
而留下的印象，無聲而準確地講述著你
的故事，你的年齡、文化、修養、社會
位置……曾擔任美國三位總統禮儀顧問
的威廉‧索爾比說：「當你學會怎樣包
裝自己時，它就會給你帶來優勢。它是
一種技能，是你能夠學會的技能。」

　　對生活在競爭激烈的社會中的人，
尤其是我們女人來說，優美而充滿魅力
的形象，在競爭中佔有極大的優勢，它
是取勝的基礎。

你的形象價值百萬

很多成功和美麗的女性，無一不在乎自己的魅力形象。但是也有許多女人不知道她們不能到達成功的目標，是由於不具有形象的魅力。

對生活在競爭激烈的社會中的人，尤其是我們女人來說，優美而充滿魅力的形象，在競爭中佔有絕對的優勢，它是取勝的基礎。

不少女性對天生漂亮的女性都有一種嫉妒心理，其實在這個世界上，沒有醜女人，只有懶女人。不願意用時間來裝扮自己的女人，請不要對其他的美麗女人心生嫉妒不滿。

讓我們來看看下面這個故事吧：

怡靜是一家廣告公司的老闆，在三十五歲以前，她面對需要唇槍舌戰激烈辯爭的對手時，總顯得底氣不足缺乏信心，一身單調的職業套裝以及一頭冗長的頭髮，讓她在談判的關鍵時刻倍感壓抑。之後一個偶然機會，她接受了形象設計公司的專業指導，在形象設計師的堅持下，怡靜剪掉了留存多年的長髮，換上了一身莊重並富有朝氣的高檔套裝。從此以後，她總能以優雅幹練、精神飽滿的面貌出現，並自信地保持自己的立場，遊刃有餘地堅守底線，而對手只能屈服在這個煥然一新的女強人面前。

怡靜的改變，首先在於我們還原了她本來的女強人形象。按照設計師的理解，怡靜缺乏自信，源於先前大眾化的外在形象，抑止了她更高標準的追求以及降低了她企業領導人形象的權威

度，為此從形象入手，讓其形象與其能力、地位相符合，進而激發釋放被壓抑了的潛能。「社會上像怡靜這樣因為受外在形象的羈絆而徘徊於成功邊緣的人士比比皆是，但遺憾的是，絕大數人沒有意識受羈絆的根源所在，而能意識到接受形象設計是有助於突破這一瓶頸的人，更是少之又少。」

很多女人都認為，只有明星才有必要接受個人形象設計，但真正嚮往著成功的人士，此時已經深諳了「不在其位，不謀其政」另一面所隱含的深意，那就是「欲謀其政，先處其位」。

怡靜原先只是一個小老闆，但是她心存高遠，於是撥出專款聘請了一位專業私人形象設計師，以同市菁英為示範，為自己量身訂做了一套「女性菁英」的形象行頭，像穿著打扮、言談舉止都有講究，其中還重點包括了在公開場所的出現，都做了精心的安排，譬如如何走下汽車、如何與人握手、如何步入會場，以及在大小型慶祝活動中的問候方式、語調等等，都要嚴格按照規定進行。經過一番嚴格訓練，這位小老闆的舉手投足與真正的「大老闆」們並無二異，進而得到圈內的認同，於是生意做大，成了真正的大老闆。

西方有句名言：「你可以先裝扮成那個樣子，直到你成為那個樣子。」這與古語說的「近朱者赤，近墨者黑」是一個道理。「看起來就像個成功者」對於追求成功的人而言更加重要，在外形上接近成功者，是自己在思想和行動上走向成功的最關鍵一步。事實正是如此，有遠見的領導者和上司，也相信那些樂於學習自己優點、有信念、自信的下屬，除非真是「扶不起來的阿斗」，那麼既然你都願意通過形象設計來模仿楷模，那領導者還有什麼理由拒絕給你展現的機會呢？

你是否曾因為一個小小的細節，而對某人印象大打折扣？你

是否曾經遇到過一個人，在第一次見面時就被他的職業氣質所打動？

以貌取人，我們許久以來一直很不恥的行為。但是無論是在商務活動還是日常生活中，對方就是要從你的貌來判斷——你的性格、你的品味、你的實力、你的素質，以至於你的公司。或許你還沒有意識到，你的形象和細節價值百萬！對女人來說，形象不僅能夠為你的事業加分，而且能讓你獲得異性更多的青睞，能讓你的家庭更加美滿，感情更加幸福。

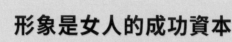

形象是女人的成功資本

在我們生活中往往有這樣的例子：有很多女企業家說，她在企業裏頂天立地，一聲令下大夥都佩服。但是當她真正要出席重要場合的時候，就會在頭一天晚上準備很長很長時間，家裏的每個角落都堆滿了衣服。最後選出一身衣服，第二天穿到那個場合裏，卻覺得哪都不自信，恨不得把手也藏起來，腳也藏起來。我想這樣的情況每個人可能都有。大家想想，這麼優秀的女人，也會那樣缺乏形象自信，其他的女人怎麼會不是這樣呢？

如果你是一個女人，如果你是一個公司的老闆，你的外表就是公司最好不過的說明書了。「公司文化就是老闆的文化」！如果你看起來不像一個企業老闆，就不要困惑你的公司為什麼不能夠出類拔萃，就不要責備顧客不信任你們的產品。你的外表在告

訴別人：「我的公司不尋求卓越，我不追求品味，就像我們不在乎自己的形象一樣。」

你的形象不僅關係到別人如何看你，而日也同樣重要地反映了你如何看自己。如果你具有非凡的魅力，你就會更加自信，更加看重自己的價值，同時也會贏得別人更多的尊重。一個人的形象越好，就會越自信，會更加看重自己的價值，從而工作也更加出色，得到別人敬重的程度也就越高。這一切反過來，又會促使你更加注意自我形象，如此循環往復。

一九九〇年，美國 SPBCUM 大學管理學院的研究人員對《幸福》雜誌所列一百家大公司的高級執行經理和人事主管，同時做了全面的調查。調查結果表明，百分之九十三的公司經理，都認為職員的個人形象非常重要。接受調查人員的職位越高，就越強調個人形象對於獲得成功的重要性。

個人形象可以影響他人對你的看法，就像每個人都會受別人形象的影響一樣。

林小姐是一位成功的白領女性，她曾經談到，到英國公關公司前，她是一個穿著隨便、不注重個人形象的女性，由於英國老闆對公司職員的形象要求很嚴，老闆自己也是一位優雅的紳士，林小姐從那時起開始學習如何裝扮自己，如何使自己更像個職業女性，她意識到了個人形象的重要性，並開始注重塑造自己的個人形象，這使得她在公關生涯中獲得極大的成功。

只有具有良好的個人形象，才會有吸引人的個人魅力，所以說，形象是一個人的品牌，要生活在自信和快樂中，就必須要重視自己的形象。由於個人形象設計常常與相關的場合同時出現，就給人一種誤導，似乎個人形象就是純粹的化裝、美容、髮型、服飾等外在包裝。可以想像一下，如果一個人西裝革履卻舉止粗

俗，打扮入時卻口吐髒話，他的個人形象怎麼可能提升呢？反而更加令人反感，所以得體的禮儀是塑造形象不可或缺的因素。

每個人都是通過外在形象來展示自己的特點的，你的衣著、言談和舉止，會告訴別人你是個什麼樣的人，即使別人以前對你並不瞭解。我們通常在初次見面的幾分鐘內就會評價一個人的素質、背景和能力。如果你穿著保守，服飾古板傳統，沒有一點新意，別人怎麼可能很快知道你是一個具有創造力的人呢？如果你言談吞吐，眼神飄忽不定，別人就會更多地把你當作一個缺乏自信的人。所以你的眼神、你的說話方式、你的舉止，就是你最基本的資訊，其他人正是通過這些資訊，知道你是什麼樣的人，或者判斷你將來會成為什麼樣的人。一個成功的形象會讓別人更多地瞭解你，也會令你在任何場合都會更加神采奕奕、信心非凡。

在如今競爭日益激烈的就業市場上，僅僅持合格證照，甚至擁有工作經驗都還是不夠的，雇主的要求已越來越高了。

據統計，在工作失敗的女性中，百分之三十五的人是因為她們的不良形象所導致的。公認的有魅力女性的個人形象是穿著得體、談吐優雅、有條不紊和具有職業權威。

外在形象是你的第一張名片

英國女王曾在給威爾斯王子的信中寫道：「穿著顯示人的外表，人們在判定人的心態，以及對這個人的觀感時，通常都憑

他的外表，而且常常這樣判定，因為外表是看得見的，而其他則看不見，基於這一點，穿著特別重要……」

其實英國女王並未言過其實。生活中，無論理性或非理性的觀點，對人的印象是以衣著和儀容作為評價標準之一。

過去，人們穿衣服僅僅是為了防寒阻熱、保護身體，但是今天衣服除了這一基本功能外，最重要的功能就是修飾外貌、展現美感。一個人穿著白袍就容易被別人當成醫生，穿著法官服就又會被聯想成既有豐富學識又有高高書上的司法權威。服裝無不被人們與某種特好的形象氣質聯繫在一起。

在現實生活中，通常我們遇到一個人時，首先以他的外表來初步判斷他的身分，如果想進一步瞭解這個人，就要綜合地對其服飾、語氣、動作等方面，認真地進行深入到內在性格的分析判斷。即使你對自己的內在形象再有信心，也不能完全不在乎或忽視外在形象的作用，因為對方只能根據你的外在形象來建立起對你的初步印象及評價，而外在的形象就是「敲門磚」。而外在形象最重要的一點就是你的服飾。

人體表面近九成的地方為衣服所遮蓋，人們視覺感受到的也幾乎是服裝。而服裝的可塑性比體形大得多，從質地、樣式、色彩到裝飾，最能體現人的意志，給人以各種形式的美感。因而服裝往往成為人們審美的趣味中心。因此對於女人而言，沒有服飾的美麗是萬萬不能的。因為再也沒有比讓別人記住你的衣服，從而記住你的更好的辦法了。而要想依靠服裝來為你塑造完美的形象，你在穿衣時必須瞭解以下幾條原則：

1. 服飾美與人體美的和諧

服飾作為人形體美的一部分，它只能是受限地存在，而不是

自由存在。它的美要體現在與人的關係上，體現在與人的其他部分的和諧上。這是與人的職業、身分、時代、氣質、膚色、年齡等自然因素的和諧。

2. 應與體形、面貌相和諧

服裝與體形的關係最要緊的是大小合身和長短相宜。如旗袍穿在身材勻稱修長的淑女身上，可增強美感；而著於矮胖型的女性身上則更暴露其缺點……又如髮型，瘦小的女性不宜留長髮，蓬鬆的長髮會使人顯得更加單薄弱、矮小。不同臉型、容貌的人，也應在服飾上加以相應的設計、裝飾。

3. 應保持與年齡、季節相和諧

服飾要有年齡感。色彩明豔的服裝，色彩的跳躍性較強，視野空間比較廣，色彩的心理流動速度也較快，加上修飾淺條較多，可以給人以熱情與振奮的感覺，適應於年輕女性的性格和年齡特點。色彩柔和的服裝，較適於步入中年的女性。而凝滯性色彩的服裝，則適合於進入不惑之年的女性穿著。以化妝為例，青年女性應少化妝，化淡妝，少裝飾，儘量體現自然美。另一方面，服飾要根據季節時令的變化來選擇。比如服裝，冬天服裝的顏色偏深，心理上覺得暖和，春秋裝色彩應體現的是柔和，夏季偏淺，給人以涼爽的感覺。

4. 應與性格和諧

人的性格多種多樣，服飾的美，可以給人以美的享受，尤其當服飾十分貼切地體現了人的性格時，更會加深這種美感的程度。反之，服飾如果成為一種強加物，與性格反差甚大，就會破

壞人的美。因此在服飾上，每個人都有自己的個性特色，如性格開朗、熱情好動的人，服裝的色彩以鮮豔、對比度較強為宜，其裝飾線條或圖案盡可能明朗一些……

5. 應與地點場合相和諧

特定的環境應配以與之相適應、相協調的服飾，以獲得視覺與心理上的和諧美感。在靜諧肅穆的辦公室裏，著一套隨意性極強的休閒裝，穿一雙拖鞋，或者在綠草如茵的運動場穿著極具古典美的旗袍、穿一雙高跟鞋，都會因環境的特點與服飾的特性不協調，而顯得人境兩不宜。

形象可以使一個人美名遠揚，也足以讓一個人臭名昭著。形象是可以改變的，關鍵是看你怎樣去把握。當然每個人都希望把自己變得更完美，所以只要你努力，就可以恰當地改變自己的形象，而且你所持的形象反過來也會影響你自己的所作所為，將你塑造成一個全新的「自我」。

禮儀和修養體現你的尊貴

擁有完美的外表，僅僅是為我們的完美形象做足「表面功夫」，雖然表面功夫非常重要，但是我們仍然認為社交場合對一個人行為舉止的要求，遠勝過對外表服飾的要求。我們認為，沒有良好舉止的人，絕不會是有魅力的。

一個行為有度的人，會讓別人覺得舒服；而一個談吐不俗的人，更會讓他人如沐春風。這些良好的感覺不是建立在一個人的著裝如何名貴華麗上的，它完全源自於你對待他人、他物的態度。

　　如果一個人只能做到金玉其外卻胸無點墨又舉止粗魯，那就只是個繡花枕頭。這樣的人也許可以給人留下一個美好的第一印象，但卻無法將這種好印象持續下去，甚至可能在開口的一瞬間就將它破壞殆盡。一個人如果有很好的外在形象，又舉止文雅，言行得體，這樣才能贏得每個人的讚許。

　　在人際交往中，根據交往的深淺程度，將人的形象分為三個層次：即對於那些只知其名未曾見面的人來說，一個人的形象主要與他的名字相關；對於初次相見只有一面之交的人來說，他的形象主要和他的相貌、儀表、風度舉止相關；對於那些相知相交很深的人來說，他的形象更多的是與他的品行、文化、才能有關。可見，第一印象是由人的相貌、儀表、風度舉止等綜合因素形成的。因此留給別人良好的第一印象，是成功的前奏，因為交往的第一印象具有「首因效應」，並會形成較強的心理定勢，對以後的資訊產生指導作用。因此作為一個女人，對「第一印象」應予以高度重視，要充分利用「首因效應」，不僅僅懂得依靠漂亮的五官、健美的身段及得體的服飾等這些表象的東西，更要會以優雅的舉止、熟練的禮儀作為手段，對自身的形象精心設計，展示自己充滿魅力的女性風采。因為只有二者的結合，才使人更有教養和風度。

　　假如一個女人天生麗質、貌若天仙，如果她整日濃妝豔抹，渾身名貴飾品，充其量人們只會承認她闊綽，而絕不會稱道她的「品味」。而一個女人如果講究禮貌、儀表整潔、尊老敬賢、助

人為樂等，如果她的一言一行與禮儀規範相吻合，人們定會對他的教養與風度所稱道。

古語曰：禮者，敬人也。敬人者，人恒敬之。尊敬他人是獲得他人好感並進而友好相處的重要條件。反之，自高自大，忽略他人的存在，那就很難得到他人的配合，而且是一種不懂禮貌的表現。比如與人初次相見，對方遞了名片，你連看都不看一眼裝入口袋或隨便一放，對方肯定內心不悅。如果此人是想為你效力而來，這時肯定會想，這種人值得自己付出嗎？如果你用雙手將名片接過，用不少於三十秒鐘的時間從頭到後地看一遍，並客氣地向對方道一聲「謝謝」，對方內心肯定會有一種被人重視的優越感，從而營造一個良好的氛圍，為話題的深入與事情的進展打下一個好的基礎。

我經歷過許多不同的社交場合，我知道良好的舉止會帶來多大的變化。有時由於對方不講禮貌，他馬上給我留下一個不好的印象。

如果你在某種場合總感到不大自在，那就不妨研究一下舉止，看一本這方面的書，或者觀察一番在社交場合其他人待人接物的態度。我不是讓你去專攻一門舉止的學問，而只是說，每個人在這方面都應該熟悉一下。如果你是母親，你就有責任使孩子懂得舉止禮貌。家庭是學習舉止禮貌的好場所。如果你的孩子成人後有良好的舉止，會使他們生活得更加愜意舒適。

每天都有機會可以讓你表露一下良好的舉止。一個重要的場合就是當你介紹某位陌生人時。無論在社交場合還是在大街上，人們在介紹某人只是提一下對方的名字就算完事，這會使為之介紹的對象與被介紹人之間沒有什麼話題可說，雙方只好收回注視對方的目光，都感到不自在。

禮儀是一門行為科學，良好的行為習慣是二十一次的重複。思想改變行為，行為改變習慣，習慣改變素質，素質改變命運。如果說個人禮儀的形成和培養，需要靠多方的努力才能實現的話，那麼個人禮儀修養的提高則關鍵在於自己。

用色彩為你的形象加分

　　讓女人的形象從平凡到美麗的的秘密是什麼呢，不同的人有著不同的答案，然而從一個純女人的角度來看這個問題，答案是兩個字：「色彩」。

　　許多人們不願相信，自己鍾情的色彩不一定適合自己！每個愛美的女性都有屬於自己的色彩。人要想在短時間內建立美的形象，色彩是一個支點，是一條易走的捷徑！「沒有一個女人不希望自己的美麗增值，它們樂此不疲地探求秘訣，卻忘了我是誰」。

　　四季色彩理論，根據每個人與生俱來的膚色、瞳孔色和髮色等因素，分為「春、夏、秋、冬」四大色系，每個色系都有屬於自己的幾十種顏色，在這幾十種顏色中，你可以盡情、盡興、盡善盡美的打扮自己，越出了這個限界，你就會黯然失色或幾分生硬，你就不是原來的你。色彩搭配是一種匯融文化最直接的體現，對於女人來講，沒有不漂亮的衣服，只有不漂亮的顏色搭配，只要你掌握了色彩搭配理論，你就不會總是認為衣櫥裏缺少一個適合的衣服而感到苦惱。

美是女性對自己的一種恒久的關愛，是女性對自己的一種恒久不斷的關心，如果你做到好色有道，就一定會在鏡子裏、別人的眼裏，收到最完美的效果！

　　生活中沒有不漂亮的女人，只有發掘不到自己的特點，沒有把自己打扮到位的懶女人，美麗不是絕對的天生，更多的是後天的塑造。愛美是女人的天性，在追求美的道路上，女人是坎坷的、是崎嶇的、同時又是執著的。

　　以往我們更多的是通過自己的喜好來選擇我們美麗的方式，可是我們會發現在方法上總是會出現這樣或那樣的問題，我們一直以來都是在盲目的尋找一個方向，一個能更好更正確的指引我們的方向。隨著色彩行業的不斷發展，因為尋找美麗不再是夢，不再遙遠，而近在咫尺。

　　通過色彩，讓我們瞭解到原來我們與生俱來就有適合我們的色彩群和風格，而如果我們要想自己的形象有所提升或改變的時候，首先我們必須知道自己是一個什麼樣的人，先瞭解自己，然後再去找什麼樣的衣服適合自己。真正做到對號入座，讓衣服與我們人形成一個完美的協調和統一，才能散發出我們女人真正的魅力。

　　以往我們買衣服多數是在買一個個體，而忽略了別人注視我們的是一個整體的形象，而它恰恰是一個無聲的語言，它無時無刻不在告訴別人你是一個什麼樣的人，你的經濟地位，你的學識，你的工作，甚至你的家住在哪裡。所以我們要想給別人一個什麼樣的印象，就要注意自己的穿著和想法是否一致。我們經常說這是一個兩分鐘的世界，第一分鐘我們是要把自己展示給別人，而另一分鐘就是讓別人喜歡自己，別人不會給你機會讓你第二次去建立自己的形象。所以說形象和色彩對於我們生活、工作

太重要了！

　　在四季色彩的基礎上，結合人的特點，又開發出了 IC、HC、SC 文化形象管理系統」。（IC 即 image color 形象色彩；HC 即 heart color 心靈色彩；SC 即 space color 空間色彩）。就是根據我們不同的氣候、不同的區域及文化特點，總結的一套真正適合我們的色彩系統。它的精髓在於告訴我們不要為了穿色彩而穿色彩，要為了哪一種顏色能把我們顯得漂亮而穿色彩，而且要根據每個人生活和工作的不同場合、不同職業、不同地點、不同風格，以及周圍所接觸的不同的人要有所變化，首先必須要能融於生活，其次是要不同於其他人。

　　作為一位善用性別優勢的女性，獨立、自信、優雅的同時而又適度的張揚個性，應該成為我們的特質。女人升值了的品質，是一種涵養、一種學識、一種魅力的象徵，不容歲月的刻畫，其魅力永恆而持久，讓自己從表面的漂亮過渡到深厚內在的美麗，讓你的個人形象獲得最大的升值。

　　魅力有先天因素，但是更需要後天的積累和訓練，懂得色彩能讓女人的魅力升值，提升你的品味和格調，教你美麗一生的鉑金法則。

形象定位測試

　　你的形象定位在哪裡？如果你還不確定，不妨來做做以下幾

道測試題：

1. **你最喜歡的顏色是？**

    A. 地球色、民族色調。

    B. 灰色、中間色、穩重的顏色。

    C. 單色、藍色、樸素的顏色。

    D. 可愛而柔美的顏色。

    E. 明亮的顏色，具有對稱效果的顏色。

2. **你最喜歡的布料是？**

    A. 易洗的（牛仔布、棉布休閒裝）。

    B. 質佳且輕（透明細紗、綢緞、毛料等）。

    C. 自然傳統（斜紋軟呢、毛製品等）。

    D. 柔軟、有花邊者（透明細紗、綢緞）。

    E. 變化不同質料組合而成者（皮革、紗丁、金屬絲質）。

3. **你喜歡的髮型是？**

    A. 休閒型、不必太麻煩的（由短髮至中長度）。

    B. 修整妥貼，一絲不苟者（由中長度至長髮）。

    C. 稍微捲曲的正統髮型（短髮至中長度）。

    D. 有波浪的華美髮型（中長度至長髮）。

    E. 深刻明顯的髮型（短髮）。

4. **你喜歡的裝扮是？**

    A. 自然化妝，不需要使用太多的偽色。

    B. 薄施脂粉，輕妝淡抹。

C. 最低限度的修飾裝扮

D. 可愛又美麗的裝扮。

E. 輪廓明顯，具有立體感的裝扮。

5. **你喜愛的時裝款式是？**

A. 輕便、粗糙點，但穿著時不會感到沉硬

B. 輕柔中不失高尚

C. 整體剪裁的訂訂做型

D. 富有女人味的設計

E. 獨特且線條強烈的設計

6. **最搭配你的形象是？**

A. 非正式、不驕矜的感覺。

B. 輕柔、保守的感覺。

C. 正統且整體一致的感覺

D. 華麗富有女人味的感覺。

E. 大膽耀眼的感覺。

7. **你最喜歡穿著的服裝是？**

A. 牛仔褲搭配 T 恤。

B. 西裝套裝。

C. 上衣、裙子或者長褲的組合。

D. 質軟的短上衣和寬大的裙子。

E. 直線不對稱的組合。

8. 盛裝的設計是？

A. 棉布配合絹質素材的上下裝。

B. 綢緞的洋裝或者套裝。

C. 訂做的時裝。

D. 寬鬆的西裝。

E. 奇特的組合。

9. 你喜歡的裝飾品是？

A. 手製風格，民族調。

B. 像針織品的小型飾物。

C. 簡單輕巧而正統者。

D. 可愛、稍大而華麗者。

E. 大膽設計，也是稍大而獨特者。

10. 你喜歡的細布裝扮是？

A. 結上絲巾、套裝、上衣。

B. 柔軟的寬裙、蝴蝶結，柔美的曲線。

C. 訂做的，簡單大方的。

D. 寬鬆的長袖。

E. 對稱的、線條突出的。

11. 你在朋友心目中的形象是？

A. 易於親近，精力充沛。

B. 穩重、文靜。

C. 優雅、富有魅力。

D. 活潑、現實。

E. 獨立性、個性派。

12. 你喜歡的小皮包是?

A. 容量大小和圖案設計無關緊要。

B. 小點、袖珍型的,但整體一致的。

C. 簡單商業型。

D. 柔軟皮革的輕型手包。

E. 稍大而有圖案設計。

13. 你認為自己屬於的類型是什麼?

A. 為所欲為自由型。

B. 重視人品氣度型。

C. 精幹型。

D. 夢幻型。

E. 作秀型。

14. 你感到快樂的時候是?

A. 在陽光下運動時。

B. 傾聽別人說話時。

C. 自己的才幹、能力受到肯定時。

D. 和朋友來往時。

E. 在家人面前出盡風頭時。

15. 你將來的希望是?

A. 自由自在,享受生活樂趣。(人生享樂派)

B. 過著安穩、踏實的人生。(堅實派)

C. 當社會領導者、活躍。

D. 重視人和，擁有溫暖的家庭。（穩健派）

E. 像明星般存在。

16. 你想嘗試的職業是？

A. 記者、編輯、作家。

B. 秘書、禮儀公關。

C. 教師、經紀人。

D. 兒童服飾店、花店。

E. 服飾設計師、美容師。

你的形象類型結果是：

選擇A的多 屬於自然型

選擇B的多 屬於優雅型

選擇C的多 屬於高尚型

選擇D的多 屬於浪漫型

選擇E的多 屬於戲劇型

1. 自然型

自然型是名副其實的自然形象。不擺架子、親切、給人活潑自由的形象。你既然喜歡這種類型，穿著T恤牛仔褲或長褲，就可能是最適合你的。另外休閒運動型也是屬於這種類型。

此類型者最愛穿著休閒裝，但上班時也不要穿得太離譜。雖然穿著盛裝時格格不入，但若是能完全地變化心境，也是人生一大樂事。打扮時勿使用過多的顏色，而要整體一致地襯托出自然派的特質。

自然派適合的職業是：傳播媒體、廣告代理商、自由職業。

2. 優雅型

優雅就是嫵媚的特徵。流行形象也是選擇高尚、保守、穿著得體的形象。女性若是被人誇讚為「優雅」時就顯得很愉快，此類型的人，套裝是最為合適的服飾。

經常面露笑容，對人也能夠溫柔接待，雖然不善於周旋於眾人之間，但大部分人都可以成為你的理想伴侶。髮式和化妝的目的都是著重給人高尚的印象，雖然運動裝流行，對你卻不太適合，但有時刻意顯露活潑也不失為樂事一件。

優雅型適合的職業是：秘書、服務業。

3. 高尚型

屬於這類型的人，最喜歡從事實務性和活動性的工作，個性積極，有魄力。衣服質料要選擇厚質感，適合上下裝，但在輕妝淡抹之際，盡可能表現出女性特有的味道。這種類型的人，無論在休閒裝或上班裝方面都很擅長，但是在打扮時，要在盡可能的範圍內，於銳利中顯現出女人味。髮型要短些，化妝最好要在最低限度。

高尚型適合的職業是：教師、播音員、翻譯。

4. 浪漫型

這類型人富有女人味，柔美、謙遜，十分可愛。

這類型人十分重視人和，同時也重視一家團圓的氣氛。你的可愛和體貼會使得周圍的人感到溫馨和富有魅力。不管如何你有「夢想」，但有時難免給人脫離現實的感覺。

這類型的人必須謹慎，不要打扮過於華麗，在商業的社會上尤其要小心，因此若在時髦上走錯一步，便會成為眾矢之的，所以儘量走高品味而且浪漫的路線。

髮型是帶有柔和波浪的中長髮或者長髮，而以粉色調輕妝淡抹加以裝扮。

適合浪漫型的職業是：模特兒、幼兒園老師、鋼琴老師。

5. 戲劇型

耀眼、誇張、極端是這類型人的形象。這類型的人不太溫柔且十分倔強。不太喜歡接受別人的忠告的類型。

擁有明星夢想的你，最喜歡在家人面前作秀，而且最討厭模仿別人，這種獨特性格是你所標榜的形象。所以你經常引導潮流，走在時髦的尖端。不妨嘗試穿著和別人不同的服飾。

在工作方面雖然太過激進，但這類型的人，平時都能選擇適合自己的職業，因此在辦公室鬧事的機會不多。另外，髮型要大膽，化妝也重視對稱效果，勸你使用整體一致的色彩。

戲劇型適合的職業是：有創造性的工作、設計家、藝術家。

06

活出精彩：
女人的才學優勢

　　一般來說，女人善於用右腦來學習
和思維，女人的直覺判斷力、直觀記憶
力都特別強。但女性的邏輯思維、抽象
概括能力卻一般不及男性，因此在哲學
或數學的領域不是女性的長項。

　　對於廣大女性朋友來說，瞭解女性
適合的知識領域和女性行業，是構建你
自身知識結構的出發點。

適合女人的八大優勢行業與知識領域

專家指出，一般來說，女人善於用右腦來學習和思維，女人的直覺判斷力、直觀記憶力都特別強。但女性的邏輯思維、抽象概括能力卻一般不及男性，因此在哲學或數學的領域不是女性的長項。

對於廣大女性朋友來說，瞭解女性適合的知識領域和女性行業，是構建你自身知識結構的出發點。下面是根據廣大成功女性的經歷，總結出的適合女性的行業和知識的領域。

1. 服務業

服務業是十分適合女性的一個行業。很多成功女商人都曾從事過這一行業的工作。

因為女人的直覺感十分強，她可以清醒地看到每個層次的人們的需要，因此選擇服務業是發揮女人優勢的一大天地。

2. 教育業

女人天生就有一種母性，這種母性使女人有著比男人更強的心理優勢。女人的母性、溫柔、心細、耐心等天生特徵，都是女性從事教育業的優勢。

3. 傳播業

在報紙、期刊和圖書等出版行業裏，女性的優勢處處可見。

她們擁有女性記者的採訪優勢，細心可以使她成為優秀編輯，她們的直覺判斷使她們能夠策劃出讀者喜愛的題目……女人在這個領域具有極大的發展潛力。

在影視傳播中，你的新構想和新觀念可以在這裏充分施展，把它們變為形象和聲音，傳播到世界上的每個角落。你可以攜帶著攝影機雲遊四海，走遍天涯。如果你感興趣的話，還可以當一名電視記者，與一些大人物、著名學者常來常往，可以獲得豐富的知識。電視這一行也是值得做的。如果你不願意拋頭露面的話，做廣播這一行也不錯。

4. 廣告業

你會想到，如果你設計出傑出的作品，就能得到客戶的讚賞，可獲得廣告設計比賽的獎金；如果你善於交際和籌畫，你會從客戶手中得到很多很多鈔票，還會受到宴請和熱烈招待。女性很容易掌握這方面的才能，是可以做的。

可是有兩點你必須特別注意：一是你能設計；二是你能製作。這好比一個律師，你既能出庭為人辯護，同時還有自己的事務所。在廣告這一行裏，你要做代理人，同時還要有自己的廣告公司，最好不要親自動手設計，要開公司，請人設計，廣告界是個廣闊而又奇妙的天地，也是一個對女性開放的天地。

5. 會計業

在西方，有兩大就業潮流：很多男孩學電腦，成為電腦工程師；很多女孩學財會，成為財務管理人。在亞洲，也有很多女性成為非常吃香的會計師。女人的天性適於和數字統計打交道，會計業因此成為她們特別擅長的行業。

6. 股票業

女性也可以嘗試一下這個行業，她們在經紀人屋裏仔細觀看告示牌，仔細研究每個行號的交易能力。她們需要記住眾多行號的老闆的姓名、產品以及交易狀況等。她們每天、每週都掌握著人們發財或破產的命運，而這些人又大多數是男性。她們幫助人們分析股票漲落的行情，真是一言可以決定興衰。你如果是個筆桿子，也可以為報紙的股票專欄寫寫文章。許多玩股票的男性對股票小姐都倍加奉承，你也可以趁機選個對象。不過希望你們為愛情而結合，不要僅為金錢而嫁人。

7. 律師業

女性也很適合從事法律工作。律師需要的記憶力強、思維敏捷、善交際、善言辭等特點，很多女性都天生具備。在律師行業裏，大有作為的女律師不乏其人。

8. 藝術界

在這一行業裏雖然有許多大學畢業生，但也有些沒念過大學的。戲劇包容量很大，有學位的和沒念過大學的人同樣有成功機會。當演員、歌手、當技術員、當編劇、當導演等，女人都可大顯身手。不過做這一行生活大都不規律，有時甚至把白天當成夜晚。如果你對這行有興趣的話，也不妨試試。

如果你對上列各種行業都不感興趣的話，還可以從事零售商、室內裝潢、公務員等。但無論何種行業，都需要掌握好專門的知識。只要你選定了自己的優勢行業，並借助於二十一世紀的學習方法，憑你的美麗、智慧和能力，你就一定會成功！

怎樣成為一個快樂的知識女性

　　知識女性處於女性生活的最上層，享受的生活機遇比一般女性更充分，如受教育的機遇、職業機遇、婚姻機遇、晉升機遇、獲取高報酬的機遇等，因而知識女性應該是最快樂的女性。然而知識女性的生活現實並非人人如此。

　　首先，知識女性是職業女性或事業女性，最好的職業職位與最成功的事業，也免不了給人帶來煩惱和困惑，因為責任重挑戰性更強。進入新世紀，科學技術日新月異、思想觀念不斷解放和發展，無疑為知識女性提供了史無前例的體現自身價值的更為廣闊的天地，但據聯合國統計，占全世界一半人口的婦女，她們付出了全人類工作時數的三分之二，但所得的報酬卻只有十分之一，她們所擁有的財產只有百分之一，職業女性中高薪階層只占百分之三至百分之四。在知識女性的職業生涯中，有許多無形的障礙：因為是女性，應聘時可能敗於一個素質、能力比你差的男性；因為你是女性，你的工作能力可能屢受懷疑。女性常常頂著壓力加倍努力，付出比別人更多。對於知識女性，職業與事業的壓力是挑戰，也是一種社會病，社會病正是快樂的敵人。

　　其次，知識女性儘管因為有知識而應追求高尚的事業並取得成功，然而，她們也不能缺少一個普通女性應該享受到的快樂。日常生活中，人人都有心理上、情緒上的低落、波動，這不僅與個人性格、生理週期、內分泌狀態等固有因素有關，而且非常容易受工作壓力、事業坎坷、愛情挫折和家庭不和等外界因素的影響，知識女性有壓力社會病更是屢見不鮮。有人說，做女人難。

其實做一個快樂的知識女性更難。

那麼怎樣成為一個快樂的知識女性呢？

第一，轉換角色觀念和行為模式，營造良好心境是知識女性的必修課。心理學家有一個形象的說法：「心境是被拉長了的情緒。」它使人的其他一切體驗和活動都留下明顯的烙印。俗話說，「人逢喜事精神爽」，良好心境使人有「萬事如意」的感覺，遇事也能迎刃而解；消極的心境則使人消沉、厭煩，甚至思維遲鈍。知識女性因為有知識，最能成為快樂心境的主人。而要自覺地培養和掌握自己的心境，保持經久快樂，須謹記心理學家的十六字箴言：「振奮精神，自得其樂，廣泛愛好，樂於交往。」詹姆斯說過：「如果你感到不快樂，那麼你要找到快樂的方法，那就是振奮精神。」常為自己所有而高興，不為自己所無而憂慮，就是自得其樂的主要方法。培養多種業餘愛好，可以陶冶情操，增加樂趣。廣泛交友更是保持心境快樂必不可少的環節。

第二，只有健康女性才會擁有持久的快樂人生。如果這一認識有道理，那麼知識女性應該努力成為健康女性。關於健康女性，尚無統一和明確的標準。按心理學分析，可從心理統計、心理症狀和內心體驗三方面去認識。按社會學解釋，則可以根據解決生活中所面臨的實際問題的能力作為標準。凡是能正確理解自己的社會角色，正確理解自己所處的社會環境、有能力解決自己所面臨的問題、有一定目標並為之努力的知識女性，一定是健康女性。

泰戈爾曾說，當上帝創造男人的時候，他只是一位教師，在他的提包裏只有理論課本和講義；在創造女人的時候，他卻變成了一位藝術家，在他的皮包裏裝著畫筆和調色盒。上帝是沒有的，健康男性需要自己創造，健康女性更需要自己創造。有知識的女性不一定是健康的女性，也不一定有快樂的人生。健康女性

應該成為知識女性的品質標準，快樂人生應該成為知識女性追求的人生目標。有了標準，有了目標，只要努力，一定成功。

女人必讀的四大名著

很多女人都不喜歡看書。可是無論有多少個理由，作為一個東方美女，一個期待精彩且美好人生的東方美女，有四本書你一定要看，而且要仔細地看。因為它們會教你如何看一個男人，如何做一個女人。

1. 《神雕俠侶》

金庸對女人的研究幾乎達到了出神入化的地步：聰明機靈的黃蓉，心機深沉的周芷若，善良堅強的程靈素……簡直每一個女人都呼之欲出，每一本書也都精彩紛呈，可單挑《神雕俠侶》來說，是因為這裏面有楊過和郭芙。

林燕妮曾這樣評價楊過：「一見楊過誤終生。」確實不假。楊過是性情中人，小龍女與他生死相許，程英、陸無雙苦苦癡戀著他，公孫綠萼更是情深一片，甚至連小郭襄也眷戀於他，可見楊過的魅力。可單純的女人不要輕易愛上他，除非你自認夠本事，不然你一定會為情所傷。

因為像楊過這樣的新好男人，他看得上的只會是「小龍女」這般清麗絕倫的人，說什麼山盟海誓、海枯石爛，是因為他擁有

最好的啊……

事實上真正為楊過「誤了終生」的卻是郭芙，她一直暗戀楊過，在得不到楊過的愛戀後，性情大變，怨天尤人，脾氣暴躁，闖下無數大禍。可誰能明白她的心事呢？郭芙在亂軍之中的一番感慨，堪稱金庸小說所有心理描寫最成功的一筆，令人感慨萬分！可郭芙這個人物實在是太不得人心了，一說起她，無不恨恨不已，這是她的失敗。《神雕俠侶》裏李莫愁，也是個很有個性的女人，但李莫愁這種女人最可怕，一個陸冠元就讓她癡戀哀怨一生，任青春白白流逝，還到處殺人洩憤。害人又害己，為世人所唾棄？女人絕不可以為這是用情之深，這是變態了。

2. 《圍城》

《圍城》的精彩之一便是描繪了男人的劣根性，幫你打破對男性世界種種不切實際的幻想。而集劣根性之大成者，首推方鴻漸。

方鴻漸本性善良，可他的最大缺點便是優柔寡斷、毫無原則。時至今日，男人優柔寡斷、毫無原則便是致命傷。眾位女讀者一定要留心自己的男友是否是「張鴻漸」或「李鴻漸」，若不是，那當然是件好事，若是，感情深的慢慢地幫他改，要有長期抗戰的準備，感情淺的則甩他沒商量。

其他諸如趙辛楣、李梅亭、高校長之流，生活中不是沒有的，對他們最好明哲保身。倒是幾個女孩子很有特點。蘇文紈甚不可愛，但仔細想想，用現代人的眼光看，她是個女強人；唐曉芙則甚為可愛，但遺憾的是她看不上方鴻漸這種男人；孫柔嘉沒有可愛之處，有其心機深沉的一面，可這沒錯，對男人還能不多個心眼兒，君不知，如今色狼成群。

《圍城》的作者錢鐘書先生是當之無愧的大家，看兩性關係

細膩而且尖銳，女性讀者須細心揣摩，從此以後，看男人不會走眼，故推為首選。

3. 《飄》

光看《亂世佳人》這部世界名片是不夠的，原著是應該讀的。因為瑪格麗特‧密切爾會教你做一個成功的女人。這裏沒有中美差異，郝思嘉能夠做到的，你也能夠做到。堅強、獨立、積極是現代女人的必備素質。如果你沒有郝思嘉那般美麗動人，你千萬別自卑，你也有追求美好的權利，你可以使自己變得風情萬種。像郝思嘉不能真正擁有白瑞德那樣，如果你不能得到自己深愛的男人，不要緊，你還可以愛自己。

現代女人要學習的是郝思嘉那種風範，永不放棄，永遠與殘酷的現實抗爭。從某種意義上說，這個世界是由男人控制的，只有這樣殘酷，才顯得郝思嘉的可貴，也唯其可貴，女人才應該好好讀一讀《飄》。

4. 《紅樓夢》

一個女人如果沒讀過《紅樓夢》的話，簡直罪不可恕。理由很簡單，只有看過《紅樓夢》，才會明白原來女人是如此哀婉動人，這樣儀態萬千，這樣楚楚可憐，這樣冰雪聰明……曹雪芹告訴你什麼才是真正的女人。

豪邁如史湘雲，也有醉臥芍藥的嬌憨；聰慧如薛寶釵，也有花間撲蝶的雅氣；也唯有幽怨如林黛玉，才有掩埋落花的閒情。《紅樓夢》讓我們真正看到女人的精彩，領略什麼是水做的女人的深刻含義。即使勢利狠毒如王熙鳳，她的善於交際、果斷堅決、處變不驚，還是值得今天的女性學習。

必須提醒大家的是千萬別做尤二姐，被男人金屋藏嬌是很難有好結局的；也別模仿林黛玉的尖酸刻薄，尤其在你一無才情，二無美貌的情況下；千萬別學賈惜春，懦弱無力，一走了之，要做個有膽識的女人；更千萬別學尤三姐，為個柳湘蓮、為個所謂名節便抹了脖子，這個世界上好男人多得是，丟了愛情，天也塌不下來。

「華爾街學習」的四大突破

華爾街，美國及世界的經濟和金融中心，最優秀的社會菁英的聚集地。「華爾街學習」也被作為二十一世紀學習的理想模式，而為美國著名的管理學家彼得·聖吉在其著作《第五項修煉》一書中大加宣揚。「華爾街學習」體現了二十世紀學習的四個最本質的進步，即工作與學習之間界限的消失、成才不必去正規學院、建立學習型組織和學習新概念。這些都是當代女性積累才學資本不可或缺的。

1. 工作與學習之間界限的消失

當你在從事知識性工作時，就是在學習；同時你也必須隨時隨地不斷地學習，才能有效執行知識性的工作。

在舊經濟體系中，如砌磚工人或巴士司機這類工業工作者的基本能力，具備著相對的穩定性。雖然這些技能的運用會依情況

而異，譬如不同的建築工地有不同的責任分配，但是「學習」在勞力工作中所占的比例卻十分稀少。

在新的經濟組織裏，學習所占的比例大增。看看那些尋找精神分裂症基因基礎的研究人員、創作新式多媒體應用程式的軟體工作者、銀行裏負責制訂司計畫的經理人、為客戶評估市場情況的顧問、創立新事業的企業家，或是社區學院裏的助教，想想你自己的工作是否也是其中之一。工作與學習交互重疊成了工作能力中最堅實的構成要素。

哈佛大學的修夏娜・祖鮑夫問她的聽眾：「假如你正大大咧咧地坐在椅子上，還把腿翹到桌上，卻看到老闆朝你的辦公室走過來時，你會怎麼做？」有位聽眾回答說：「趕緊把腿放下，假裝正忙著作事。」接著，祖鮑夫強調一個觀點：對知識性工作者而言，思考──不管雙腿放在哪裡──就是工作。想要有效率地執行知識性的工作，就必須思考，並要將思考與工作融合。

2. 成才不必去正規學院

由於知識性經濟體系需要終生學習，私人企業必須負擔起日益龐大的教育職責。斯坦・大衛斯及吉姆・巴特金就寫了一本很刺激的書──《床下怪物》，書中對這個多數人都贊成的觀點，做了非常適當的表達。此書闡述道，教育的職責早先是屬於教堂，然後轉移到政府，如今則漸漸落在企業身上，因為最終必須負責訓練知識性工作者的應是企業。兩位作者認為：「由農業經濟轉型到工業經濟時，狹小的鄉間校舍就被大的磚造教室所取代。四十年前，我們開始轉向另一種經濟形態，但是至今我們都還未發展出新的教育模式，更別提創建未來那種很可能既不是學校，也不算一棟建築物的教室了。」

因為新經濟體系將是知識性經濟，而學習則是日常活動以及生命的一部分，因此企業和個人都將會發現，僅僅是為了要讓工作有效率，就必須要學習，企業將會為了競爭而變成學校。根據麥當勞最高資訊主管小卡爾・迪歐的說法，這就是為什麼麥當勞會有根據漢堡大學的課程，每年提供超過一萬名員工升學教育的原因。光是一九九五年，麥當勞就有七十多萬名員工接受了各式各樣的在職訓練。摩托羅拉、惠普和升陽電腦公司，也各有摩托羅拉大學、惠普大學及升陽大學等課程。

　　身為一位消費者，你必須持續不斷地更新知識庫：和女兒一起上網路探索她的酸雨研究計畫，或有關聖地牙哥動物園光碟的資訊；使用新式家庭電話系統的互動式訓練套裝軟體；規劃你的家庭電影院；或在美國科技公司的 Peapod 網路上採購日常生活用品。

　　這些知識性產品或知識性服務的供應商，一定要將學習包含在內，一旦進入數位經濟體系裏，你就不僅是位知識性工作者，而且也是一位知識性消費者，每個人都要對自己的課程表設計負擔相當的責任。我們必須制訂自己的終生學習計畫，自動自發地學習，在工作中學習，並且通過正式的教育管道及訓練，使自己在這個千變萬化的經濟體系中，永保盎然生氣。

3. 建立學習型組織

　　學習型組織的概念，經由彼得・聖吉的宣揚，已經廣為人知。他認為學習型組織是：「人們可以不斷擴充自己的能力，以實現自己真正的夢想。在這裏，人們可以培養又新又廣闊的思考模式，共同的抱負有了揮灑的空間，也可以不斷地學習如何與他人共同學習。」

　　在網路智慧的新紀元，團隊可借網路化而獲得更清晰的意

識。正如主從式結構的電腦能將其所要整理的資料加以分類與整合；同樣地，Internet 的運作也可以將人類智慧加以分類與整合，進而建立起一種全新的組織意識形態。

網路成為企業思考以及學習基礎的同時，組織型學習也可以延伸到小組以外，使得小組智慧進而轉變為企業智慧。組織意識是組織型學習不可或缺的先決條件。

4. 學習新概念

目前網路上已有數不清的學習課程，更重要的是通過資訊高速公路就可以進入資料庫，並取得人文類的資料。舉個例子來說，古騰堡時期前的古籍之一《厄比諾聖經》，原只有少數人得見其廬山真面目。這本古老的聖經存放在梵蒂岡，限制每天只准二百個人觀看，而且每個人只可以看四頁。現在，這本聖經上網路了，光是甫上網的幾天內，就有超過以往一百倍的人來看這本書，總數遠超過過去五百年來讀過這本聖經的人數。

新科技除了幫助私人部門改變學習形態外，也可以幫助學校轉型。教育及醫療保健掏空了納稅人的錢包，但是資訊高速公路卻點燃了新希望。新的資訊科技促使資訊與知識能自由交流，大大地提升了教育及醫療保健上稅金的使用價值。只要下定決心，將科技的效果發揮出來，教育機構就能達成自我改造。

多媒體使學習過程變得多彩多姿，令人歎為觀止，並讓所有人都願意接受學習輔助。當然，學校的課程安排還可以更兼顧學生的需求和興趣，也應當讓資訊更容易取得。資訊高速公路讓教師們可以採用光碟的教學手法，使教育提升到一個更高的層次，正如聯合國教科文組織的報告所揭示：「以粉筆和黑板當配備的教師，和這些威力強大的新媒體顯得格格不入。」國家資訊基礎

建設可以推動學生、教師與專家之間的共同學習：不用離開教室，任何人都可以直接在電腦上進入「電子圖書館」，或是來一趟虛擬實境之旅，走訪博物館及科學展。

總的來說，當代女性學習的途徑和條件越來越多，而想達成目標，這些才學的資本也越來越重要。

擁抱 E 時代

科技的大幅進步，為未來職場帶來令人振奮的契機。「科技革命」已經開始改寫男性與女性的工作環境。電腦、資料機、電子郵件、行動電話及網際網路使得工作更便利，也使得遠距工作成為可能。科技也在全球開啟了無限商機。現在只剩下一個小問題，那就是許多女性仍然對科技一無所知。女性的科技冷漠感，是女性成功的一大障礙，也是女性需要通過學習加以克服的難題。

如果你覺得自己不懂電腦，別難過，你並不孤單。有時你可能覺得科技讓你一頭霧水，如坐針氈，以為自己孤立無援。不是的。但你現在就得開始認識科技！

科技為工作者帶來莫大效益，你可以選擇在家工作，多花時間陪孩子，或更妥善地分配時間。對企業家（尤其是女性）而言，科技更帶來前所未有的自由。然而，倘若女性不能擁抱科技，就會被遠遠拋在後頭，只能撿新一代的「女性」不要的工作

做。這個假想，可能令某些人心驚膽戰，但卻是不爭的事實。不過請記住，我們都在學習冒險。我們正在尋求別人的支持與指點，以便邁向成功之路，所以我們也正在學習擁抱科技所需的技能與工具。我們可以舉辦各種研討會進行專業授課。也許參與者在剛開始學電腦時，臉上充滿驚恐。可是只要方法得當，她們就會沉迷於此，不想過早結束。她們願意冒險來參加這項課程(第一步)，然後有人讓她們體會擁抱科技的感受(第二步)。一旦克服恐懼，她們再也迫不及待，想學更多。

許多女性在建立起自信前，都不希望在初學科技的過程中有男性參加。有些女性在男女混合的環境下，覺得備感壓力或受到威脅。安德恩‧曼德爾(Adrienne Mendell)在《男人心》(How Men Think)一書中說，男性如果看到一個按鈕，就忍不住要按一下看看會怎麼樣；相對地，許多女性卻會擔心因為按錯鍵而弄壞電腦。男性會勇於嘗試，女性則希望有指引。

在資訊科技發達的世界裏，組織是平行的，而非疊床架屋的階層制度。這意味著女性擅長的技能，如溝通、解決問題、維持良好關係，將變得非常有價值。女性可以向別人伸出雙臂，在團隊合作的環境下與人有效地合作。

毋庸諱言，在對待科技這個問題上，男性和女性是有著不少的先天差異的。一般來說，男性與女性使用科技的方式就有所差異。科技經常脫不掉男性觀點。早期的個人電腦使用複雜、以數學程式為主的軟體；然而隨著個人電腦的使用日趨簡易，以及圖像與滑鼠的操作方式，使得用電腦的女性人數大增，網際網路也是一樣。

一位女性上網時(譬如線上上交談)，表明自己是女性，她講話的時間如果超過百分之二十，男性使用者就覺得她說太多話

了。如果她以「男性身分」上網，她則能更自在地發言。由於網路是一個匿名環境，有些女性選擇使用男性身分，以便「大聲說話」。這或許也是不必冒險，就能練習自信發言的好辦法。經常上網的女性，也會較常問問題；她們更有自信，也不畏懼發言。

有時候觀察男女在科技方面的巨大差別，實在是饒有趣味。但是要再次強調的是這些差別，絕大部分是跟性別角色有關，而非實際性別。較傾向男性特質的男性或女性，往往都是科技迷。他們會讀關於電腦或網際網路的雜誌，逛電腦商場的也是他們，在電腦上玩遊戲的人，更是絕大多數都是男性。男性經常拿個人電腦當工具或玩遊戲，而女性則喜歡用電腦上的電子郵件或網路來溝通與獲取資訊。

假設一位典型的女性電腦使用者剛剛連上了網路服務，以便用電子郵件與朋友、父母、兒子或女兒保持聯絡。然後這位女性發現網上有一些特殊興趣的團體可以探索，如健康問題、更年期與子女教養，她就會掉過頭去，忘了自己原來到底想幹什麼了。

高科技公司，本身往往就是女性工作的理想地點。這類公司的階層制度較不明顯，也較少有所謂的哥兒們、人際關係網，提供許多機會供人撰寫、設計或行銷軟體與開發互動式電視。擁抱科技永不嫌遲。還有愈來愈多的電腦討論群與交談區是為老人而設的，這些都是典型的「女性行業」。趕快去找個人吧，讓他為你指點迷津。

科技的缺點之一，正在於當初設計的目的是為了生活更有彈性，但卻似乎有背道而馳的傾向。這將會隨著我們努力均衡生活而影響更大。傳統的工作時間是朝九晚五。現在，如果你覺得自己是夜貓子，晚上十一點再開始工作也無妨。你從早到晚都可能收到語音留言，午夜後可以發國際傳真，然後在凌晨四點進行三

方通話會議。你永遠要隨叫隨到，所以要在工作與家庭間劃清時間界線也會愈來愈難。

英國電腦學會的研究發現，資訊科技業對女性最大的吸引力在於能有彈性安排工作、中斷工作，以及有上訓練與生涯發展管理課程的機會。然而，該學會會長亞倫‧羅素補充說，英國女性只占了主修電腦人數的百分之十一，遠低於美國的百分之四十五與新加坡的百分之五十六。這顯示，我們應該多多鼓勵年輕女性學習科技技能。而且隨著事業的晉升，女性也必須不斷提升自己的經驗。所以你該怎麼做呢？你可以參加有關電腦或其他科技的研討會或課程。請同事或朋友教你用電腦軟體。我幫過無數的女性進入原本不熟悉的科技領域。有人幫忙，會比一個人拿著使用手冊埋頭苦讀容易得多。取得網路公司的服務，感受一下網路上取之不盡的資訊。開始讀《電腦雜誌》或相關的網路雜誌。利用網際網路與光碟做研究、找資料。還有冒點險敲幾個鍵盤，電腦沒那麼容易壞，要熟悉電腦也得多花些精力才行！

學習能力測試

在這個科學技術飛速發展的時代，每個人都需要不斷地學習新知識，否則就會被別人拋在身後。

所以一個人的學習能力是十分重要的，這種能力決定了每個人在社會中扮演的角色。學習能力大部分是後天環境影響和培養

而得的，所以無論哪個人都有同樣的機會增強自己的學習能力，適應社會發展。

下面有二十五道題，每道題都有四個備選答案。請你根據自己的實際情況，在題目下面選擇一個答案。

1. **記下閱讀中的不懂之處。**
   A. 很符合自己的情況；
   B. 比較符合自己的情況；
   C. 很難回答；
   D. 不大符合自己的情況；
   E 很不符合自己的情況；

2. **經常閱讀與所學學科無直接關係的書籍。**
   A. 很符合自己的情況；
   B. 比較符合自己的情況；
   C. 很難回答；
   D. 不大符合自己的情況；
   E 很不符合自己的情況；

3. **在觀察或思考時，重視自己的看法。**
   A. 很符合自己的情況；
   B. 比較符合自己的情況；
   C. 很難回答；
   D. 不太符合自己的情況；
   E. 很不符合自己的情況；

4. 重視預習和復習。

    A. 很符合自己的情況；

    B. 比較符合自己的情況；

    C. 很難回答；

    D. 不太符合自己的情況；

    E. 很不符合自己的情況；

5. 按照一定的方法進行討論。

    A. 很符合自己的情況；

    B. 比較符合自己的情況；

    C. 很難回答；

    D. 不太符合自己的情況；

    E. 很不符合自己的情況；

6. 做筆記時，把材料歸納成條文或圖表，以便理解。

    A. 很符合自己的情況；

    B. 比較符合自己的情況；

    C. 很難回答；

    D. 不太符合自己的情況；

    E.很不符合自己的情況；

7. 聽人講解問題時，眼睛注視著講解者。

    A. 很符合自己的情況；

    B. 比較符合自己的情況；

    C. 很難回答；

    D. 不太符合自己的情況；

E. 很不符合自己的情況；

8. **善於利用參考書和習題集。**
   A. 很符合自己的情況；
   B. 比較符合自己的情況；
   C. 很難回答；
   D. 不太符合自己的情況；
   E. 很不符合自己的情況；

9. **注意歸納並寫出學習中的要點。**
   A. 很符合自己的情況；
   B. 比較符合自己的情況；
   C. 很難回答；
   D. 不太符合自己的情況；
   E. 很不符合自己的情況；

10. **經常查閱字典、手冊等工具書。**
    A. 很符合自己的情況；
    B. 比較符合自己的情況；
    C. 很難回答；
    D. 不太符合自己的情況；
    E. 很不符合自己的情況；

11. **面臨考試，能有條不紊地復習。**
    A. 很符合自己的情況；
    B. 比較符合自己的情況；

C. 很難回答；

D. 不太符合自己的情況；

E. 很不符合自己的情況；

12. 認為重要的內容，就格外注意聽講、理解。

A. 很符合自己的情況；

B. 比較符合自己的情況；

C. 很難回答；

D. 不太符合自己的情況；

E. 很不符合自己的情況；

13. 閱讀中遇到不懂的地方，非弄懂不可。

A. 很符合自己的情況；

B. 比較符合自己的情況；

C. 很難回答；

D. 不太符合自己的情況；

E. 很不符合自己的情況；

14. 聯繫其他學科內容進行學習。

A. 很符合自己的情況；

B. 比較符合自己的情況；

C. 很難回答；

D. 不太符合自己的情況；

E. 很不符合自己的情況；

15. 動筆解題前，先有個設想，然後抓住要點解題。

    A. 很符合自己的情況；

    B. 比較符合自己的情況；

    C. 很難回答；

    D. 不太符合自己的情況；

    E. 很不符合自己的情況；

16. 閱讀中，認為重要的或需記住的地方，就劃上線或做上記號。

    A. 很符合自己的情況；

    B. 比較符合自己的情況；

    C. 很難回答；

    D. 不太符合自己的情況；

    E. 很不符合自己的情況；

17. 經常向別人請教不懂的問題。

    A. 很符合自己的情況；

    B. 比較符合自己的情況；

    C. 很難回答；

    D. 不太符合自己的情況；

    E. 很不符合自己的情況；

18. 喜歡與人討論學習中的問題。

    A. 很符合自己的情況；

    B. 比較符合自己的情況；

    C. 很難回答；

D. 不太符合自己的情況；

E. 很不符合自己的情況；

19. 善於吸取別人的學習方法。

A. 很符合自己的情況；

B. 比較符合自己的情況；

C. 很難回答；

D. 不太符合自己的情況；

E. 很不符合自己的情況；

20. 對需要記牢的公式、定理等反覆記憶。

A. 很符合自己的情況；

B. 比較符合自己的情況；

C. 很難回答；

D. 不太符合自己的情況；

E. 很不符合自己的情況；

21. 觀察實物或參考有關資料進行學習。

A. 很符合自己的情況；

B. 比較符合自己的情況；

C. 很難回答；

D. 不太符合自己的情況；

E. 很不符合自己的情況；

22. 聽課時做好筆記。

A. 很符合自己的情況；

B. 比較符合自己的情況；

C. 很難回答；

D. 不太符合自己的情況；

E. 很不符合自己的情況；

23. 重視學習的效果，不浪費時間。

A. 很符合自己的情況；

B. 比較符合自己的情況；

C. 很難回答；

D. 不太符合自己的情況；

E. 很不符合自己的情況；

24. 如果實在不能獨立解出習題，就看了答案再做。

A. 很符合自己的情況；

B. 比較符合自己的情況；

C. 很難回答；

D. 不太符合自己的情況；

E. 很不符合自己的情況；

25. 能制訂出切實可行的學習計畫。

A. 很符合自己的情況；

B. 比較符合自己的情況；

C. 很難回答；

D. 不太符合自己的情況；

E. 很不符合自己的情況；

計分方法

A. 得 5 分，B. 得 4 分，C. 得 3 分，D. 得 2 分，E 得 1 分，累積相加。

結果論述

101 分以上：優秀。

86～100 分：較好。

66～85 分：一般。

51～65 分：較差。

50 分以下：很差。

李紀珠：天資聰穎的美女經濟學家

一般人看來，財經界從來由男人主宰，然而，一位似乎「纖弱」實則心性靈睿的女子，依憑穎慧的稟賦、樂觀進取的心態，在臺灣財經界可謂才華凸顯，引人注目。這位女子，就是李紀珠，她素來以「形象得體、能力出眾」聞名於財經界、是臺灣最年輕的女博士、女教授。她二十六歲就拿到台大博士學位，是那時最年輕的博士班學生。一九九九年被選為國際十大傑出青年。二〇〇五年八月二十日以絕對優勢當選中國國民黨中央委員。

有關這位傑出女性的各種傳聞多如牛毛，然而，淡雅冷靜的李紀珠時刻奉行做事低調和謹慎風格，她總是拒絕接受各種形式的採訪，特別不想被攝影記者的鏡頭拍攝，她說：「上鏡頭太多

就會失去個人空間。」之前在北大朗潤園，有一間辦公室專屬於李紀珠，她是北大的客座教授。金融貨幣、國際金融和宏觀經濟全是她的專業學術領域，她潛心鑽研湧動全球經濟圈的金融整合，她還把更多的精力用來著重探究海峽兩岸的自由通匯以及經貿往來。

撫今追昔，李紀珠十分感謝母親給自己的早年營造了一個歡樂、開心的成長環境，「母親對我的唯一要求是健康、快樂就好。最令我難以忘懷的是在蘭陽女中校園草地上歡唱民歌，竹林裏吹著和煦晚風，自由愜意地讀書，瘋看瓊瑤的小說。整個中小學時代，我過得無比歡快，一點也沒有學習和生活的壓力。」

李紀珠在讀女校時對數理科目極為偏好，女校裏教授數理課程的女老師一直很少，臨近高中畢業時，老師鄭重地對李紀珠說：有一個專業叫「經濟」，會用到很多數學知識，你學習起來將會比較輕鬆，不必要背書那樣辛苦。乘坐火車到臺北「聯考」，青春年少的李紀珠堅決果斷地志願報了國立政治大學「經濟系」，但當真正學習了「經濟」，她卻不是很喜歡。讀大學時，李紀珠將很多時間和精力投入到學校社團活動中，還看了為數甚多的工科書籍，曾經暗暗在心裏想著要換讀另一個專業，並以突出成績考取了工科的研究所，老師們確實被她嚇了一跳，他們全力說服李紀珠。直到大三，李紀珠對自己選擇的經濟專業或多或少還感到有些心虛、不牢靠，自認為經濟學好像沒有實際用途，它不像財會那樣「專」，又不如企管那樣「精」。可仔細地想了再想，「虛耗」了整整三年的大學寶貴年華，確實太遺憾，此時李紀珠才下定決心要認認真真地學好經濟，萬丈高樓平地起，李紀珠從最基本的經濟學原理開始，從頭來讀。學完了西方的經濟學經典著作，李紀珠猛然頓悟，發現經濟學原本是如此實

用有趣，多麼富有濟世新知。

年僅二十六歲，李紀珠就拿到臺灣大學經濟學博士學位，因此成為最年輕的女經濟學博士，且摘取了最佳博士論文獎。李紀珠慶幸自己當年聽從了老師的勸告，沒有轉換成工科專業，「工科很冷漠，而經濟學飽含強烈的人文情懷、社會關愛。之後我到哈佛大學、史丹福大學，那裏的教授極力想要我留在美國，可是我認為從事經濟學工作還是要在一個自己瞭解比較全面的環境。美國的失業率提高百分之一，對我來說不過是一個研究課題罷了，根本沒有切身的感受；然而要是在臺灣，失業率提高了百分之零點一，我就會非常明顯地感覺到，原因是我周圍的家人或同事就有人失業了。這麼一來，我的經濟學工作裏就包含了一份社會關懷。我覺得經濟學是一門與社會生活密切相關，體現了強烈的社會關懷，是感性和理性相容得很好的科學，恰好我自己正是一個感性、理性都很豐沛的女人。」李紀珠這樣說。

李紀珠一直重重生命的過程，她說：「有條件順著自己的想法來組建自己的生活，是最開心的事情。過程和結果，我更看重過程，我不會渴慕輝煌騰達，但願人生更多一些精彩、更加豐富就足矣。」

多年前，林鐘雄先生親自率領金融考察團訪問大陸，李紀珠隨團參訪，當時她是第一次與大陸親密接觸，大陸給她留下很深刻的印象。廣州、深圳、福州、上海、北京，他們由南向北一路訪察，歷時半個月，正是當年的親身感受，使李紀珠對大陸一往情深，「我深深感受到大陸的經濟在醞釀著一場巨動，充滿著蓬勃向上生機的大幅躍動。這種巨動細緻入微地充分體現在人們的思想觀念和實際行動上，所遇到和交談的每一個人，都詢問我們如何把經濟搞得更有成效，如何才可以發展得更迅速。雖然當年

物質財富還很匱乏，人們生活條件簡陋，可是從政府官員、企業負責人到平常百姓，全在加大力度謀求經濟快速健康發展，那種積極奮進的渴求成長的動機，使我們感觸十分深切。要說缺憾，那就是由於時間原因，我們沒有機會走進大陸農村，親自瞭解大陸最基層農民的經濟狀況。」

後來，李紀珠基本上一年就有一次機會到大陸走一走，看一看，有時自己一個人，有時帶領著一個企業團體，由於學金融的原因，上海肯定是一定要看的城市。

李紀珠對記者說：「感性地體察，理性地研究，我自己對大陸經濟發展狀況很有興趣，從以前的計劃經濟過渡到今天的市場經濟，這樣的事情在歷史上是獨一無二的活生生範本。中國如此大規模的一個經濟實體，它的改革成功跟周邊國家和世界經濟動態有千絲萬縷的聯繫，不管是從經濟理論研究，還是從全球經濟發展來說，都非常值得關注，我對這片土地，懷有難以言表的個人獨特感情，所以很多年來我對大陸的經濟研究，始終帶著滿腔的熱情和興趣。」

chapter

07

獲得男人的愛和支持：
女人的容貌優勢

　　哲學家尼采說過：對男人，連最甜
的女人也是最苦的。如今這話對女人也
開始適用。如我們所知，愈來愈多的女
人在對成功男人的愛情中嚐到了甜中的
苦澀。而如何挑戰成功男人的愛情，更
是這些女人急不可待的智慧。

「眼神效應」可以大用

生活在沒多少封建道德理念的當今社會，女人博取男性的青睞是獲得事業成功及愛情的重要方式。這其中，女人的「眼神效應」不可低估。

1. 如何在愛的開始拋媚眼

如果你們接觸不多，一旦分開便再難見面，機不可失。怎麼辦？

首先應該想到這可能是一場美麗的開始。在短時間裏，你應迅速調整好自己的心態，然後讓自己的目光定格在身邊一些美麗的事物，比如鮮豔的花朵、藍藍的天空、朦朧的燈光等等。

你的心情、目光都調節在最佳的狀態了，你就可以大方地將目光漸漸向他靠近，然後捉牢他的目光。你要切記，一定不能臨陣脫逃，只有大方的目光才能百發百中，一下穿透他的心。畏縮、小氣的目光註定沒戲。

當你放鬆、大方、柔柔地迎到了他的目光時，趕快再添上一個最性感的微笑，讓自投「羅網」的他，隱隱覺得你為了這樣的雙目碰撞，簡直費盡了心思。此刻，最為關鍵的是不要輕輕觸及便環顧左右，你要讓這苦心經營起來的目光粘連銜接在四、五秒鐘左右，趁他還稀裏糊塗的時候，你要加大「電力」穿透他的含糊目光，一直探進他的心底。在他突然反應過來時，你的暗示已經讓他察覺了，同時你的一切已經十分美好地留在他的心裏，但

是現在還不是你撤下火線的時候，可別沾沾自喜，一定要留下將來聯繫的一個理由。至此，愛的開端已經完美地營建起來了！

如果你有充裕的時間，那你不能操之過急。

2. 因人而異的媚眼

開朗、勇敢者的眼神，熾熱得可以熔化你的目光，不僅電力足、溫度高，而且時間長久，可能會超過四、五秒的。對這樣的目光，千萬別認為別人是好色鬼。如果你的確對他有意，那麼你也像他那樣吧。

小心敏感者的眼神可能讓人覺得很膽怯。總會在你發覺他的目光時略低下頭，然後再抬起眼皮試探性地瞅你一眼。儘管是可憐楚楚的目光，可那裏面充溢著欲言又止、千轉百回的感慨。這時，你不妨牢牢地接住他的目光，鼓勵他的目光快樂地走進你的心裏。

示愛中的眼神技巧也許聰明的你一看就會活學活用，也許不久的將來，你喝茶飲咖啡時，就會有與你對飲細訴的一個人了。

3. 如何選擇時機

合理利用他的心情

在他心情特殊的日子，比如職位晉升、身體不適、情緒波動……這時你對他使用目光傳情法，他接受訊號一定會比平時靈敏得多。因為這時他會十分想讓別人一起來分享他的感覺，如果你「特意」的目光被他的那種「靈敏」接收到，他一定會用二十四小時去分析你的暗示的。

選擇最佳環境

如果你們四周陽光明媚、輕霧飄渺、空氣新鮮……在這麼美的環境裏，你的目中情人也會有一個美夢醞釀，如果聰明的你把握牢了，那麼這個媚眼百分之八十是有回報的，他很可能趁機報之以美玉，還一個讓你如飲醇酒的驚喜。

4. 如何分析對方的眼神

愛的火花

這是單身的你所需要的，這目光坦蕩純淨得像被山泉洗過一樣，同時你還會覺得對方的笑容是那麼自然、溫暖，彷彿自己找到了一直想尋找的境界。碰上這樣的目光，你十分捨不得將它們剝離開，而想如何永遠擁有這溫情的時刻。如果你對擁有那樣目光的人有好感，可就別再浪費時間搭架子了！

欣賞式的目光

這種目光與前者有些不好分辨，你可一定要分清，不然可是自作多情。

首先區別的要點是對方一觸及你的目光，便會挪開你的眼部去盯量你的眉毛、嘴唇或頭髮，這說明他並不關注你的內心需求，只是對你持一個欣賞的態度，而且這種目光多為已婚異性。

不懷好意的目光騷擾

這種目光粘上你時，你會覺得渾身不自在，像被毛毛蟲叮了一下。如果再配上同樣不自然的笑容，那麼千萬別理會他。萬一他不肯甘休，再用那種目光、表情時還配合一些令人難堪的言詞

和行為舉止，那就快躲避他。因為你不採取明確的態度，他會得寸進尺對你騷擾得更加放肆。

挑戰成功男人的愛情

在如今的開放潮流下，當女人從傳統依賴走向獨立和自由時，有兩種男人自然成為女人的「獵物」：有錢男人和成功男人。而較之前者，後者似乎有著更多的吸引力和誘惑力。

因為僅有錢並不見得意味著成功，而一個成功男人必定有其不菲的價格。其次，隨著素質和品味的深入人心，層次的高低也成為新女性十分在意的內容：一個有錢的暴發戶在一個品味女人的眼裏，是不該和成功劃等號的；相反，在對成功男人的詮釋裏，品味加富有才算得上完美的追求。當然，成功男人的成功理念及社會關係，對女性成功將起的作用，也是女人們看重的。正所謂女人通過征服男人來征服世界。

然而，欣賞是一回事，愛情又是一回事。一個欣賞成功男人的女人就像霧裏看花，獲得一抹輕鬆和美感；一個愛戀成功男人的女人如同獨飲咖啡，落得一份苦澀和沉重。

哲學家尼采說過：對男人，連最甜的女人也是最苦的。如今這話對女人也開始適用。如我們所知，愈來愈多的女人在對成功男人的愛情中嘗到了甜中的苦澀。而如何挑戰成功男人的愛情，更是這些女人急不可待的智慧。

俗話說，知己知彼，百戰不殆。讓我們先從成功男人的特點談起。

1. 成功男人的特點

目標

心理學家告訴我們，男人是目標動物。而大凡成功的男人，更會有自己的目標。目標是成功的先導，也是成功的動力。但同時，懷有目標的男人也會有過分理智的弊端。

若你愛上了一個成功男人，你在愛上他的成功時，也要接受他的理智。你要明白，即使他非常愛你，作為女人，你也不可能成為他永久的目標，一旦你被攻克，他又會恢復先前的理智，並準備在他成功的起點上更上一層樓。

毅力

愛迪生說，成功的要素不在人的智慧，而在人的毅力。一個成功男人更是如此。毅力是持之以恆的決心加上百分之二百的專注。唯其如此，一個成功男人在奮鬥之餘，才需要更多的釋放和更大的輕鬆。

若你愛上了一個成功男人，勿忘：輕鬆於普通男人或許是女人的技巧；對一個成功男人，則是女人必備的禮物。

進取

俗話說，人往高處走，水往低處流。對普通男人，進取或許是天性；對一個成功男人，進取則是勝於天性的自覺能動。然而一個自覺進取的男人，可能有著大於一般人的可變性；表現在事業上是從不故步自封；表現在感情上是易於喜新厭舊。

若你愛上了一個成功男人，你先要不斷進取，把自己造就成一個充滿誘惑的新人；同時還要以達觀的恬靜接受他的變化，以你身為女人的美善，喚醒他的忠誠本能。

孤獨

通常，孤獨是奮鬥的原因，也是奮鬥的動力。唯有經過孤獨的過濾，人才能挖掘出自己最優秀的潛能。所以一個成功男人，必定是一個耐得住孤獨的戰士。

若你愛上了這樣一位戰士，你得明理：自由對他已不再是需要，而是他的世界。

2. 成功男人的渴望

交流

和普通男人一樣，成功男人也渴望和異性的交流。不同的是女人心目中的交流多是抽象的，男人心目中的交流多是具體的；女人感興趣的多半是事情的內容，男人感興趣的多半是事情的本質。所以交流中，女人多以嘮叨見長，男人多以寡言為樂。成功男人更是如此。因成功男人的智力大都高於一般人，即使面對女人，他也希望你和他的交流能達到如此水準：即交流不在說什麼，而在於聽得懂。

理解

和世間所有人和事一樣，理解也分高層次和低層次。低層次理解只是一般認同，高層次理解應該是認同加讚美。

對普通男人，或許妻子的認同足矣；對一個成功男人，你一定要給予他不斷的讚美。因為成功男人肩負著更多的沉重和危

險，唯有不斷的讚美，能使他化沉重為輕鬆，把危險變成你倆共同的事業。

自由

自由是男人的熱愛，更是成功男人的渴望。

之所以他更加渴望自由，在於這麼一句老話：「女人在婚姻中得到了自由，男人在婚姻中失去了自由。」

自由於成功男人已不僅是需要，而且是他的世界，唯有自由能使一個人的潛能發揮到最高極限，而一個成功男人的代名詞，正是個人潛能的歷練。

力量和柔情

所有女人都知道男人需要柔情，但並非所有女人都理解男人心目中的柔情。或許淺層意義上的柔情可以理解為千嬌百媚，但深層意義上的柔情卻需要以力量為內在的支撐和律動。《查泰萊夫人的情人》的作者勞倫斯一再向女人疾呼：力量！力量！力量！尤其對一個成功男人，再沒有比女人的力量更動人的柔情了。

尤其在成功男人落難之際，飽含力量的女性柔情，不但是男人的避風港，更是他立於不敗之地的信念。

3. 成功男人的懼怕

張揚

物理學上講，同性相斥，異性相吸。或許你的張揚對普通男人是吸引，對一個成功男人就成了多餘的造作。

因為他有著強於一般人的智力和能力，知道只要他願意，他也完全有資格向世人張揚，同時他也懂得，張揚的狂躁是做人的膚淺，更是成功的阻力。

所以他不屑於一個張揚的女人。

目的性

文壇上，每個寫作的人都會情不自禁地表現自己，所以有了文如其人的說法。其實何止文，對於任何一個人，其言行均如其人。這也是不以人的意志為轉移的客觀規律。

所以如果你對他的愛情充滿目的性，不管你掩飾得多麼好，終會暴露無遺。

況且在這個物慾的社會，因為懷有目的女人比比皆是，成功男人對這類女人便有了更多的警惕和反感。

攻擊性

或許開始你不過想通過對他的攻擊，證明你的不同凡響，殊不知，男人最不喜歡帶有攻擊性的女人。這裏並非以男人的標準為真理，即使反過來，作為女人的你遭到同樣的攻擊，你恐怕更會感到難堪和失落。

所以我們做人要將心比心。或許和他打對手戲的你確實愛他愛得發狂，卻發現他狂傲無比，不要緊，在具體問題上給他設置一個障礙，讓他自己發現自己的問題，一是比表面攻擊來得從容和智慧，二是一旦他認識到自己的短處，反倒會加深對你的愛。

愛的糾纏

就算一個普通男人，也受不了女人愛的糾纏，更何況一個成

功男人。同樣的伎倆，不但容易使你失去戀情，甚至你自己也會遭到他的厭棄。

為此切記：成功男人需要愛情，但他需要的愛情一定要有分寸。因為女人的愛人是男人，成功男人的愛人是事業。

女人讓男人著迷的「壞」

「壞」女人之一——敢愛敢恨型：讓男人心醉神迷，泣天號地。

托爾斯泰筆下的安娜・卡列妮娜是一個典型的「壞」女人。說她「壞」，是因為她作為一個有夫之婦和孩子的母親，再去愛上一個小夥子渥倫斯基，成了背叛家庭大逆不道的女人。

然而從女人的角度來看，她是一個真正意義上的女人。因為她的丈夫並沒有把她當作一個真正的女人來愛，所以在形同死灰的愛情中，她是這個婚姻中的一個虛設的符號。安娜之所以令渥倫斯基神魂顛倒，就在於她敢愛敢恨，為了體現女人的愛的價值，她不顧一切，衝破當時種種宗法禮教的禁錮和樊籬，在渥倫斯基面前，不斷散發誘惑並真誠執著地將這種誘惑兌現成無畏的愛。從人性角度講，儘管安娜背叛家庭，但她本質地體現了女人的美：嫵媚而不失真摯，渴望而不乏優雅。雖然她給你帶來許多煩惱，卻更多的給你不摻雜質的愛與不回頭的奉獻。

在時代步入二十一世紀的今天，現實生活中仍不乏安娜這樣

的女人。她們一旦找到愛的感覺，就不顧一切地直奔主題，以她們的氣質與身心去俘虜男人，從男人那裏尋找女人的價值。這樣的女人有愛骨，有力度，也有刺激。這種柔中有骨的女人會讓男人銷魂，哪怕只是過程，男人也願意奉陪，因為正是這種女人的「壞」，讓男人讀懂了什麼叫真正的女人。同時，這樣的女人一般不會輕易動情，她們往往靠第六感覺來感悟愛，她們在跟大多數男人打交道，並且面對男人的種種誘惑進攻時，會依據本能拒絕不是愛的愛。然而一旦碰到了她認為是愛的愛，平素埋藏、積蓄心底的愛，就如地下岩漿似的不可遏止地噴發出來，哪個男人能抵擋得住這種由柔情、激情、癡情匯成的愛流呢？因為正是這種難得的珍貴的女人的「壞」，讓男人真正做了一回男人。

「壞」女人之二——耍心計玩伎倆型：令男人願打願挨，難捨難分。

有一部電視連續劇中的女主角杜梅，就是這樣一個在愛情上喜歡耍心計玩伎倆的女人。她邀心愛的男友去舞廳跳舞，當男友徵詢她同意後，被前女友邀進舞池跳舞時，她的愛意一下轉變成醋意，於是便小施心計邀一位陌生男人跳舞，並故意顯得很親熱的樣子，想以此刺激報復自己的男友，不料男友未被刺激，她自己倒先受刺激，臨陣一氣之下走人，嚇得男友好一陣尋找。作為「壞」女人的杜梅，此舉有幾層用意：一是真吃醋也真動氣了，因為她愛得深切，容不得男友有一絲心馳旁騖；二是想考考男友在她不辭而別之後，會不會心急火燎地來追尋她，假若來追她，證明男友在乎她的愛，也許她離開舞廳時也知道這是一次小小的冒險，不過她還是要試的；三是她還想試試男友對她的耐心有多大，即使我生氣了，即使我把門關上不讓你進屋靠近我，你有多

少耐心隔著門來「煩」我呢？

　　一般稍微聰敏一點的男人，大抵能識破或洞穿女人的這種可愛的「小伎倆」。說她可愛，是因為女人在你面前賣弄千種風情、耍盡百樣伎倆，都是為了一個目的：看看你是不是真愛她？深入到這一目的，問題就清楚了：她深愛著你。正是源於這點，這種頗有心計的「壞」女人，才會樂此不疲地通過無數的生活細節，無數的話語、神態、姿勢等，來惹你時時刻刻地關注她，以此達到彼此交流的目的。這個過程本身，往往就是男人落入女人懷抱的滑梯，也是女人吸引男人的磁場，是「壞」女人之所以動人的槓桿。因為這種女人懂得如何調動男人的「追求慾」。

「壞」女人之三──裝出不快樂也讓人跟著難過型：令男人同情愛撫，又欲愛不能。

　　有句流傳已久的話叫「女人的名字叫弱者」。男人多是以強者的姿態出現在女人面前的，於是就有了這樣一種「壞」女人，把自己「弱者」的形象推到極至，你男人不是強者嘛，我就是只楚楚可憐的小鳥，以此手法來博取強者男人的撫慰與呵護。《紅樓夢》裏的林妹妹即是範例。她進賈府後，心底暗戀寶玉，卻總在寶玉面前自賤，甚至自殘，引得寶哥哥將心思老掛在她那頭，尤其是她專講些作賤自己的尖刻的話，無形中她柔弱傷感的同時，滋生出一種冷「美」來，使賈寶玉欲愛不能，欲離不捨。這樣林黛玉也就達到了愛的目的，至少賈寶玉一直關注著她，牽繫著她，甚而戀慕著她。

　　在我們周圍，經常也可碰到林妹妹式的女人。她們遇到「帥哥」或心儀的男人，會說：「你的眼睛裏會有我這種人啊！」或曰：「像我這樣不起眼的女孩，誰會請我喝咖啡、泡酒吧？」如

此等等，儘量把自己說得可憐兮兮，從而裝扮成一個柔之又柔、弱之又弱、哀之又哀的女人，以期激發男人天生的好奇心、同情心與充當「護花使者」的虛榮心，這種激將法的誘導，往往極易使男人上鉤。比如開始你出於好奇心請了她第一次，就會有第二次、第三次……然後你聽她柔情似水地傾訴哀怨一番，便又在同情心的驅使下幫助她趕走孤寂。等到她不孤寂了，你也差不多成了她忠實的「護花使者」了。

　　為什麼這種「壞」女人也動人呢？因為她以「守」為攻，以柔克剛，符合女人「守」的本性。她們把「柔」的情意和「弱」的形態全拋擲在你面前，你是男人你就得有紳士風度，見「弱」不「扶」、見「柔」不「軟」還叫男人嗎？而她們這種以守為「攻」的方式又是極其曲折隱晦的，比如她在你面前很孤單，卻又與你保持相對距離；她在你面前示弱，卻又往往推卻你的急功近利的熱情。這些就給男人製造了想像空間，她們的動人之處也就藏在這個空間裏。

這樣做他更愛你

1. **以鼓舞代苛求**：「一個丈夫若受到苛求，他情願住到露天的屋頂上，也不願回到家裏來。」喋喋不休的苛求讓男人愈發沉溺於不良嗜好之中，如果你能接受一個「真實的丈夫」，以鼓舞代苛求，丈夫將成為世界上最快樂、最愛你的人。

2. **隨時讚美他**：假如你真愛你丈夫，現在就告訴他，假如你感受到他的好處，隨時讚美他。女人愛聽甜言蜜語，男人同樣需要這樣。即使他的個子不高，也不妨讓他覺得自己「高與天齊」吧！

3. **滿足他的口腹之慾**：沒有一個男人喜歡一年到頭吃「家常便飯」。你必須在烹飪藝術上下一番功夫，以博取他的寵愛。當他發現離開你他不可能吃到一頓稱心如意的晚餐時，他這一輩子就會跟定你。

4. **保持窈窕的身段**：所有的丈夫都希望他的妻子是一個曲線玲瓏的女人，如果你的噸位超重，你必須立即採取行動來消除身上那些不受歡迎的脂肪，否則恐怕你整個人都不會再受歡迎了。

5. **衣著翻新**：沒有比長年累月穿同一件衣服、同一件睡袍令人意興索然的了。而精心刻意的穿著，可以帶來羅曼蒂克的氣氛，使他對你永遠保持新鮮的愛情。

6. **做他的「性對手」**：有人提醒婦女們：「不要老是按照同一模式在同一時間中做愛。」讓你們的性愛有生氣，不只是無可奈何的發洩以及冰冷的回應。性生活不協調是感情不睦的導火線。聰明的人知道，家務事裏也包括對丈夫肉體上的安慰在內。

7. **爭取時間，做事有計劃**：一個做事無秩序的妻子，絕對不可避免成為一個黃臉婆。如果你每天花幾分鐘把待做的事按先後計畫一下，就可以省去許多無謂的忙亂和焦躁。只要你切實利用時間，你就可以完成一切丈夫所期望於你的事務。

8. **量入為出**：不要埋怨丈夫賺錢不夠多，要在有限的收入中審慎支出，依照預算處理家庭財政。使經濟生活安定乃是減少夫妻齟齬的好方法。

9. **妥善照顧家庭**：丈夫喜愛的妻子通常也是兒女的好母親，把家整頓好，把孩子教養好，你自然就拴住了丈夫的心。

10. **保持自信**：若你不能愛自己，你就無法愛別人，也無法讓人愛你，因為你一無可取，也一無可予。你接受你丈夫，同時也要接受你自己，自信能讓你做到你想做的任何事。

情色制約

　　美女 Amy 在一次朋友的生日晚會上結識了一位男子，出於禮貌與他跳了兩支舞。事後由朋友告知該男子對她一見鍾情，但 Amy 對他並無特殊感覺。不久該男子通過其他管道得知她的電話號碼，此後便不斷打電話約她，Amy 在婉拒數次之後，終於不勝其擾，有天在電話裏明確地對他說：「我們的通話就到此為止吧！」喜歡美女是男人的天性，但是面對美女的反應卻是因人而異。總有些男人因此冷淡或是唐突了美女。那麼影響男人自制力的因素是什麼？下面就讓我們來看看大家的觀點。

　　觀點一：因男人的性激素而異。身體好些的較體弱者對美女更有興趣。

　　觀點二：因脾氣性格而異。有些男人雖然出身卑微，但見到美女仍心癢難搔，積極計畫意圖親近。而有些男人則因自身的性格如內向、傳統，即使心裏對美女非常有好感，也懂得克制自己，不表露出來。

觀點三：這與女人的表現也有很大的關係吧。男人雖是天生的進攻者，卻也要視對方的許可程度而調整下一步的戰略。如果美女沒有給男人足夠的暗示，那麼男人縱然對美女有濃厚興趣，也不會表現出過多的熱情吧。

　　觀點四：與他的錢包厚薄有關係。如果男人的錢包鼓起來，他定會有足夠的勇氣；反之，如果他的錢包癟癟的，相信他定會因底氣不足而退卻。香港女作家亦舒曾經說過：「男人！要月入三萬元以上才能看出他的本性吧。」

　　觀點五：那可不一定，有些人並不是富可敵國，臉皮卻如城牆之厚，像水蛭一樣吸住你，無論你怎麼拒絕都沒有用。「層次不高，感覺良好」。

　　觀點六：我相信他的自制力會與他的自信程度成正比。拿破崙身材矮小，拜倫勳爵是個跛腳，但他們的好幾個情人卻都是大美女。

　　觀點七：看這個美女是不是男人正好喜歡的類型。像有些男人正好喜歡姐姐型美女，面對著再漂亮的泡泡糖小白妹也不會有興趣，直接就表現為自制力很強了。

　　觀點八：與男人對美女的目的有關。比如在街上男人看到對面走來美女，當然就是看看算數，這個時候沒什麼必要去自制，就算目不轉睛地看著她走出視線又怎樣。可是如果在晚會上遇到她，且發現彼此可以交往的話，就要克制自己急切的渴望，而採用迂迴的戰術來設法獲取美女芳心。

　　觀點九：視他的負責程度。現在聲色犬馬的地方很多。某甲先生不能抵制美女的誘惑，在外面肆意妄為，全然不顧妻子兒女的感受。有人說是他的高收入害了他，但是且慢，與他同樣職位與收入的同事某乙先生，每每在應酬中潔身自好，在家則與妻女

享受天倫之樂。問他為何獨出淤泥而不染，他笑笑說：「吾愛吾妻。」

觀點十：跟男子與美女所處的階層有關係。藍領階層的男子與中產階級的美女，很難擦出火花。極端的例子就是失去工作而在豪華夜總會門口擺攤的某丁先生。每一夜他都會見到很多美女，但是很抱歉，他沒有資格與她們中的任何一位交往。所以他對這些美女的自制力非常強。

使你性感迷人的十六個妙方

誰說只有美麗、豐滿、野性的女人才性感得起？最耐人尋味的性感，從來都是超越視覺，成之於內而形之於外的。先天之外，亦得靠後天一點一滴的經營與解放。問題反而是追求及表達性感不會有違今天的新女性價值觀嗎？看以下各種性感新主張，你自會對性感有全新的視野，並能從中學會使自己更性感的方法。

性感之所以是性感，在於它能引發一種性的吸引力。性感這回事，放諸於不同的女性身上，自會散發出不同的味道或產生異樣的效果，主要看其發散的形式是否高明及是否有意境(朱茵式的性感、周海媚式性感跟宮雪花式性感，便給人截然不同的觀感)。例如看來性感與本身就性感，引起人性衝動與誘人遐想的性感，媚俗的性感與優雅的性感自然是不同的層次。

另外，有不少女人誤把肉感作性感，又或太著急地表現性感，太張揚地搔首弄姿，殊不知更高境界極富美感的性感，才是殺人於無形的「性感在骨子裏」。

時至二十一世紀，越來越多的女性都只為討好自己而不單為討好男人而性感。正如今天的女性愛好打扮只為「自我感覺良好」。從前清純的朱茵，在形象上搞點「小動作」後，不也可以變得像隻性感小野貓嗎？女性剛醒來時的一對惺忪睡眼、喝酒後的微昏與一臉緋紅何嘗不性感，而這正是構成美感的元素，故性感有何要壓抑之理？

看過以下的種種性感新主張，你自會更懂得從內至外、從頭到腳去發掘、釋放及表達你潛藏著的性感魅力。

1. 自我觸摸小動作

二十一世紀的新性感指數已超越視覺、身材或是暴露多少的問題，它是一種「全感官」的表達與享受。如花燦爛的笑臉，天真嬌媚的眼波，沉溺於思考或想像時或憂鬱或出神的意態，乃至軟軟的語調，都是較內斂的性感。

其中，法國人就是深懂流露性感味的民族。一則法語被公認為世上最性感的語言，二則法國人擅用身體語言。如拋鳳眼、無奈時或驚歎時的揚眉嘟嘴。在各式身體語言中，不經意的自我觸摸，正是最叫人銷魂的小動作。如不經意地咬手指、托腮，不經意地把頭髮瀟灑地向後撥，雙手輕輕地捧著臉龐、無奈時聳聳肩膀、交叉雙手輕撫著肩頭或後頸等都是些嫵媚的小動作。曾演《海角驚魂》、《天生殺人狂》的 Juliette Lewis 就最擅長此道，難怪她被很多導演視為燙手的新性感演員。

2. 添一點異國情調

異國情調不一定只能吸引西方人，很多人都會被異國情調中那份遙遠、野性及神秘所吸引。

3. 感性與性感

從來性感與感性都是相輔相成的。一個感性溫柔的女人，無論思考、語調，一舉手一投足都更細膩和更具感染力。

4. 添一點醉意

微微的醺醉不但為面頰添上緋紅、為眼神添上份朦朧美及柔和美，亦能釋放或許在日間、在辦公室時鎖著的感性與坦蕩之美。

5. 裝飾性感特區

女人身上有多個性感特區如腳踝、耳珠、肩膊、後頸、手臂、鎖喉位等，故在腳踝部位帶條小紅繩、小腳鏈，在耳珠吊個大耳環或小圓圈，在手臂上帶個臂環，在鎖喉位戴條精巧的項鏈，都能令女人的性感指數明顯地飆升。

6. 穿高跟涼鞋

女性的腳踝及腳部早已被性學專家認為是重要的性徵。而涼鞋及高跟鞋向來就是女性用以張揚腿部性感的武器。男性喜歡凝望女性穿著涼鞋時裸露的腳踝、穿高跟鞋時更婀娜的姿態，已是女性不甚介意的公開偷窺行為。順帶一提，據東西方性學研究人員研究，原來經常穿高跟鞋(當然是合乎足部健康的高跟鞋)，會令腿部內側的肌肉更結實。

7. 牛仔褲貼身穿

從來，十居其九的牛仔褲廣告都是賣弄性感，可見牛仔褲對經營性感的能力。除了賣牛仔褲的模特兒本身，牛仔褲廣告經常投射的不羈與我行與我素的形象，其實某種程度跟性感都有份微妙的關係。為 Guess、Diesel 賣牛仔褲廣告的模特兒，乃至當年為 Levis 趴在地上賣牛仔褲廣告的鐘楚紅，都是穿了剪裁完美的牛仔褲而令性感指數倍升哩！

8. 涵養野性的心

若你不是外表野性，涵養一份內心的野性，其實一樣讓人覺得你充滿刺激乃至有份神秘感。

9. 懂彈奏或跳舞

會玩樂器及跳舞的人，總會流露一份夾雜著性感的感性與溫柔，而這份意念其實比性感更誘人。其中尤以男人彈琴、吹薩克斯風，女性拉小提琴或大提琴，跳西班牙舞、探戈時流露的或委婉或冷豔的眼神，更能殺人於無形。

10. 擅用眼波流轉

秋水翦瞳與微絲細眼，其實都各有表達性感的眼神。無論是憂鬱的、迷惘的、飄渺的、懶洋洋的、天真帶笑的或眼中藏著火焰的，只要有神有韻及充滿流盼，眼波便是性感的發源地。

11. 呢喃軟語繞耳邊

法國人之所以被譽為最性感的民族，正是因為法國人表達時充滿感性及跌宕有致，而法語又像一種呢喃軟語，在適當地方停

頓，加強節奏感，並藉韻律美帶領聆聽者漫遊於你的思維裏，這種像叫人與你的思維一起舞蹈的說話風格，不也是一種性感的經驗嗎？

12. 沉浸無邊思海中

很多人雖其貌不揚，但一旦沉浸在無邊「思海」中，臉上自會不期然地多了一份韻味。那些把眼神拋得遠遠，嘟著嘴或微微側著臉、托著腮的表情，就更惹人多望一眼。

13. 陽光膚色

凝肌勝雪的膚色，固然如樹上成熟的鮮桃叫人垂涎，但一身陽光膚色配上合度的身型，何嘗不能散發野性的性感。

14. 讓小孩子活在心

曾經，西方流行冷酷性感，但主張返樸歸真的大趨勢下所擁抱的性感，卻是先讓內心有若孩子般的好奇、天真與熱情，你才能在眼神裏流露夾雜著純真及孩子氣的另類性感。事實上，碧姬·芭鐸、莉芙·泰勒等人本身都很孩子氣及有張孩子臉，再配合其魔鬼般的身材，湊在一起便是性感。

15. 保留性感小痣

若你的臉上出現小痣，請不要脫之而後快，在適當位置，如耳珠、唇邊附近(尤其是上唇右邊)與眼角附近的小痣，都可以是「美人痣」哩！說來奇怪，本身性感的人，例如名模辛蒂·克勞馥、名作家林燕妮等都在這些部位有顆小痣，以至看來更加動人。

16. 率性而為

　　除非你天生冷豔不可方物或清高得不可高攀，否則不敢或不願外露真我個性，凡事無可無不可，抱不冷不熱、溫吞姿態，又處處約束著情感的女人，大概性感極有限。而敢愛敢恨、想發噱便發噱、想哭就放聲大哭，對生命充滿熱情與敏銳的女性會顯得更具感性的性感。

女性性感度測試

　　做一個富有性感的成熟女性，那該有多棒！是的，這幾乎是現代女性的一個共同夢想。你是這樣的女性嗎？下面有四道測試題，請你如實回答，這樣，你就可以瞭解自己在這一夢想上實現多少了。

測試

　　1. **傍晚時候，剛剛一個人在公園散完步走進咖啡屋的吳小姐，無意間往外一望，發現微暗的公園草坪上有一對男女。這對男女的臉看不太清楚，不過這女的看起來跟吳小姐差不多年紀，大約是二十三歲左右。你認為那個男的大概是多大呢？**

　　A. 十幾歲。

　　B. 20～25 歲。

　　C. 26～39 歲。

D. 40 歲以上。

分析

一個人在看了不太明顯的圖形後，通常都會根據自己本身的體驗及性格，作出各種不同的反應來。根據這個心理線索，心理學家設計出了以上這樣測驗性格及願望的方法。

從視窗可以看得見的那一對男女，事實上指的就是你本身的情況。那一對男女中的男性，就是你所期待的男性模樣，他代表你內心潛在的對性的期待。

A. 十幾歲：你在胸中可能有強烈的「母性本能」，常有想要擁抱對方的強烈衝動。你所渴望的是與比自己年輕的男性交往。

B. 20～25 歲：與其說你嚮往結婚及家庭，不如說你現在非常嚮往戀愛及性生活。這說明你有平衡的心理狀態。

C. 26～39 歲：你嚮往結婚及形式上的愛，遠勝於性及戀愛這些東西，而且對婚姻生活也有著憧憬。但你有過度壓抑自己慾望的傾向。

D. 40 歲以上：你有著喜歡像父親一樣的男性的傾向，是否一直懷有少女時代的情懷呢？你對於性還一知半解，而且可能懷有恐懼感。

2. 你化妝化得最細緻的，是以下哪個部位？

A. 頭髮。

B. 脖子。

C. 眼睛。

D. 嘴唇。

E. 鼻子。

分析

　　化妝會隨著年齡及性經驗的不同，而呈現出較大的差異性。一位女性有了一次性經驗後，她的化妝方法會改變得幾乎令人難以置信。

A.頭髮：期待精神方面的愛，勝於性生活的浪漫主義者，是一個渴望溫情的女情。如果突然遇上了激烈的性愛生活，可能會有所抗拒。

B.脖子：在脖子或肌膚上化妝最週到的人，是比較樸素而且有些靦腆的女性，是屬於在愛情上比較保守的人。

C.眼睛：有強烈的表現慾。她希望自己漂亮迷人，引人注目。一般來說，眼部的化妝是一種希望強調「青春」的意識表現。這樣的女性時髦而且易衝動，不論被男人愛得多深，她也不會感到滿足。

D.嘴唇：強調嘴唇是體現出性的圓熟度及關係很深。成熟的女性這樣化妝的比較多。

E.鼻子：化妝重點在鼻子上，這是在性方面相當成熟而且精力充沛的表現。鼻子在心理上讓人聯想起「男性本身」，象徵男人般的性格。

3. **有一個女人正坐在椅子上看書，她的臉看不太清楚，請根據她的輪廓來推斷她跟你相差幾歲。**

A. 1～2 歲。

B. 3～5 歲。

C.比自己小 5 歲以上。

D. 比自己大 3～5 歲。

E. 比自己大 5 歲以上。

分析

在這樣一個測驗裏，在考慮過這位女性的年齡之後，如果再仔細查一下她的年齡跟你本身的年齡相差多少的話，所得到的發現將是非常有趣的。

一般認為，越是對自己本身的魅力和性的魅力有自信心的人，則越容易聯想到和現在的自己年齡相同或接近的年齡。而對現在的自己沒有信心且希望回到從前那個自己的人，則大都會將那位女性想像得比自己年輕許多。

4. **如果你不巧赤身裸體時被一個男人撞見，這時你首先要遮住的是哪裡？**

A. 下腹部。

B. 乳房。

C. 同時遮住下腹部和乳房。

D. 坦然面對，乾脆不遮。

分析

女性赤裸的時候，會想要遮住哪裡呢？每個女性因生活體驗及生活環境、性格的不同而有所差異，甚至不同國家女性的表現也會不同。據說美國的年輕女性大多數都是把手放在胸部，而日本女性則用手遮住下腹部。

A. 非常女性化。即使是對於女性，也有以道德感來控制自己慾望的傾向。

B. 現代化。對自己的魅力有自信，青春洋溢，性情爽朗，渾

身充滿為男性所喜愛的快活氣息。

C.對於身體有強烈的自卑感，過分在意男性的眼光。有時會因過於在意男人的看法或警戒心過強，而無法體現出自己的魅力。

D.這是年齡較高或是看慣了男人的女性。不在意瑣事，性情也較爽快，但魅力稍嫌不足。

計分方法

得分

題號	A	B	C	D	E
1	1	5	3	2	
2	1	3	2	4	5
3	5	2	1	4	3
4	6	5	1	3	

結果論述

4～7 分——溫柔、純真的一般女性類型，是很少主動追求異性的被動型。由於性情溫柔又清純，所以與時常將性掛在嘴邊的男性不怎麼融洽。即使跟男性握手，她也會覺得被玷污了清白似的。

8～11 分——對性的興趣或關心程度很強，但還是不夠成熟。因為帶著孩子氣，所以對性的滿足還不夠充分、圓滿。如果是已婚者，可能會對丈夫產生不滿。

12～15 分——有性的魅力，是男人喜愛的類型，但是自己不會主動地去追求性。通常都是藉著一些高雅娛樂活動來讓性昇

華。討厭在光線明亮的房間裏脫衣服。

16～18 分——對於性非常大膽，不過在日常生活中給人的印象還算規矩。此外，對於性的技巧也有興趣。對比自己年輕的男性也極關心。

19～20 分——是在性的特性上已完全成熟的女性。她只要擁有一個男人就能感到滿足，不會紅杏出牆。

21 分——有著與男性對等地發揮自己才能的雄心大志。即使在戀愛中，也有強烈領導對方的慾望。只要稍有不快，就絕對無法與對方做愛。對性似乎有超越自己年齡的關心和興趣。

林志玲：知識＋身體＋風格＝魅力

身高一百七十五公分，臉龐清純甜美，身姿標緻姣好，超級美女模特兒林志玲無疑是一夜之間就陡然竄紅，成為兩岸三地炙手可熱的當紅炸子雞，並且勢頭蓋過蕭薔，取而代之地成為「臺灣第一美女」。

在任何一個超級明星的持續走紅過程中，獨有的「帥」或「靚」都不是起著決定性的關鍵作用，這兩者只不過類似金字塔底層的奠基座那樣，是必須要具備的條件之一，然而也就宛如那些大石塊一樣，它們只可以有助於你在茫茫沙漠盡頭窺見一些遠處的起伏罷了。所有時代中的大牌紅人，一定要提煉出全新的魅力要素，如此，方有實力去衝垮上一時代帥哥美女的已形成或固

化了的舊美學，從而穩坐於社會各界廣闊視野中的頂級席位。

顯然，林志玲的美貌自不待言，可是美貌的女人並不少見，林志玲之所以能夠在萬千佳麗中拔得頭籌，歸功於她的「知識經歷」、「身體」和「風格」，正是這三方面高度一致，使她在讓對政治纏鬥厭煩的人們，在相互激烈對罵的報紙版面和電視節目中，找到了一方清爽新鮮的呼吸空間。在剎那間，媒體、商人、政治人物等各路人馬就敏銳地探明了這方空間巨大獨特的經濟價值，種種資源相繼爭先介入（從擔任日本觀光大使、做國際品牌浪琴表代言人到主持金馬獎），極大地造就了她沒有人可以企及的強大磁吸力。

跟以前人們熟識的美女作比較，林志玲有好多個十分引人注目的媒體形象。

她擁有相對較具獨特優勢的高學歷——加拿大多倫多大學畢業（旅外的學歷）、雙學位（「西洋美術史」和「經濟學」，結合「藝術」和「知識」兩個最「in」、最對立的領域），打破社會常識概念裏，「美女和知識天生會存有距離」的慣性認知。

她具有相對較高的身材——在臺灣有關美女的慣常看法中，一百七十公分就是個身高尺規，高過這個尺度的美女一般都較缺乏機敏性（肢體的、大腦的），一百七十五公分、伸展臺上動作流暢優美的林志玲，是個突出的例外者。從體質社會學的角度說，高大而機敏的身體，往往表明這樣的人具有很強的心靈自我控制能力。

她具有頗為柔美的個人儀姿——對著閃亮的閃光燈，林志玲有著可貴的「收縮自我」的謙恭儀態。這樣較為低調、自省的姿態，襯托著她高學歷和高身材這兩項強勢條件，匯合成一種公眾人物少有而極為獨特的自信和大度。面對一些不利言論，她沒有

急著舉辦記者會駁斥，保持不挑剔、不對立、不作無謂辯解的風格。這種「去過度言語」的互動章法，不僅與自吹自擂的成人世界、聒噪胡鬧的青少年社會拉開距離，而且同時更描摹出一種新鮮品味的明星價值取向。

總而言之，無論外界如何說，林志玲自己對美麗的體認是值得所有女人好好借鑑的。事實上，世界上從來就沒有絕對標準的美女，任何人只要努力修煉都有可能成為美女。林志玲時常在不同場合跟女性們坦白說出她的美麗感悟，她強調美麗只要自信就可以獲得，「唯有自信，才可以使一個人真正美麗；唯有自信，才可以真正堅固地支撐美麗。」另外她也呼籲年輕女性不應盲目減肥，「健康更是美麗的重要基礎，不應刻意去減身材，太刻意過頭了就可能改變了性質。」不光這些觀念，林志玲個人的美麗法寶也值得我們學習。

美麗秘訣：

1.確保皮膚能夠自由呼吸。應該使皮膚得到自由的呼吸，在年輕的時候不應使用太重的保養品。日常擦抹保養品時要加入一些按摩的手勢，這會產生緊實肌膚的作用。

2.做足部保養。不少人疏忽了足部的保養。作為模特兒，由於工作特殊需要，因此才常穿高跟鞋，假如不是由於工作，林志玲則是不宣導女性朋友長時間穿著高跟鞋站立，畢竟如此血液循環就會比較不暢快，況且還導致腳趾會變得畸形難看。林志玲常用護膚品在臨睡前於腳趾間隔處塗上厚厚一層，並穿上厚厚的棉襪來保養足部。

3.牛奶泡澡。關於身體的保養，林志玲最喜愛各類型的精油、牛奶泡澡，她還曾經買了一整瓶鮮乳倒在浴缸裏泡，林志玲

笑說：「我泡完後媽媽總說有一股牛奶的味道，可是我真的覺得好香！」

化妝重點：

對於化妝，林志玲說：「我的化妝重點是——眼睛。我頗有體會，眼睛確實是讓人展現神采的窗口。我通常使用睫毛膏反覆地刷睫毛，讓它變得又濃又密。還要用吹風機吹吹睫毛夾，在它還有熱度時再夾一下，就同燙髮的原理一樣，睫毛很快就變得又彎又翹。」

穿衣哲學：

林志玲修長結實的美腿、婀娜修長的身材、甜美歡愉的笑臉，一出現便使男人迷倒、女人驚羨。不要光渴慕她鮮亮華美的外表，年逾三十身姿依然窈窕楚楚，其實她修飾身形的秘訣非常簡單易行，學會之後就可以通過穿著突出展現自己的風格。「我有兩種穿衣風格：一種是工作時候很隨性、很休閒的著裝；另一種是我很喜歡把自己打扮成女孩子的形象氣質。我自己比較偏愛白色和粉紅色。」對於自己的性感，林志玲大方地表示：「事實上我們接觸到的太多衣服是生活中沒有機會穿到的，我們可以穿著這些衣服進行各種各樣的表演。這時適度呈現出來的性感，很可能確實是我本來就具備的天性。」

chapter 08

挑戰男人：
女人的職業優勢

　　隨著時代改變，現代女性不但不應
該扮演冰山美人，板著臉孔，反而應該
善用「女色」與生俱來的女性魅力，和
男同事和平相處，並在和諧的氣氛中，
憑著本身的實力和才幹，再用女性的魅
力包裝自己，一步一步借助著男同事的
輔助，慢慢地往上攀登。

職場女性漂亮與工作機率成什麼比

　　人不是因美麗而可愛，而是因可愛而美麗；不是因漂亮而美麗，而是因自信而美麗。這份自信源於自己的才幹、智慧和成功。

　　雖然在秘書等這一小範圍的招聘中，對女性的要求往往是「美麗」比「專業」重要。但更多的就業領域中，在今後的工作經歷中，外表的「美麗」只是「開場白」而已，真正的機會還是取決於自己在工作中的勤奮、才幹和智慧。

　　下面我們便來聽聽幾位年輕女孩對此的見解：

1. 讓世界充滿「美」

　　生活中，女人好辦事，美女更好辦事，這已經是不爭的事實。我所競聘的是紡織工作，典型的勞動工作，與選美不搭界的，居然也未過其俗。高中畢業後去找工作，正巧紡織廠招工，我就去應聘，但不抱希望，因為我讀書時患膽結石，開過刀，體檢時就查出來了。我長得像劉曉慶。面試那天，我一進門，有一個人（後來知道是勞資科長）大笑起來：「劉曉慶！」經他一說，在場的其他幾個面試者立即附和起來，並牛頭不對馬嘴地議論起了《垂簾聽政》什麼的，等笑夠了才想起正事，隨手一圈──下週一來上班吧。這麼順利！在以後的工作中，我這「象形」的面容給請假、晉級提供不少方便，甚至出門也不必像其他女工一樣被門衛當作賊來打量！

美人好辦事，有人歸結為因為男人好色，其實錯了。孩子也好辦事，為什麼呢？人都有呵護美、嚮往美、追求美的心理。這種心理引導著大家積極地愛美、扮美、學美，無論高矮胖瘦，只要注意，總能裝扮出個性的美。正如一個花園，不論色彩形態，只要是花朵就有它獨特的美麗。真希望走在街頭，如同走在花園，每個人都是一朵美麗的花，多好！

2. 外表與智慧

十八歲那年，父親通過熟人的介紹，讓我這個不成才不愛讀書的女兒去銀行上班。應聘那天，兩位主考官對我的外表有了一番對話。

一個說：「這個女孩長得一般。」一個說：「還行，不難看。」她們沒有問我一句與業務有關的話。我那時年少氣盛，對他們這些話極為反感，於是不顧父親的勸阻，扭頭就走。我想我一定要考上大學，我不要做單位的「花瓶」。大學畢業後，我也有過去人才市場找工作的經驗，我發現，那些對外表的要求比對智慧的要求更高的單位大多虛有其表，而有發展前途的單位，更看重你的水準與學歷。不過有句話說得好：「女人不是因為美麗而可愛，是因可愛而美麗。」而有氣質的女性無疑是可愛的，在供大於求的人才市場，有氣質的女性絕對比漂亮的女性更容易找到工作。哪裡有需求，哪裡就有供給。

最近連出了幾例女大學生拿「寫真集」求職的事情，公眾一片噓聲。我覺得對於這幾位女大學生來說，這未免有失公平。

大學生到招聘會上應聘，是一種自我推銷，屬於市場行銷行為。美國管理學大師杜拉克說：「市場既不是上帝創造的，也不是自然或經濟力量創造的，市場是商人創造出來的。」杜拉克先

生說的自然不錯，他說的市場應是相對於一種產品的新市場，而我們這裏討論的是人才市場。用人單位（其實主要是個人）對女大學生的美貌甚至美色的「市場需求」，是那些出示「寫真集」的女大學生創造的嗎？顯然不是，那個市場在她們之前早就有了，她們也只不過是事先瞭解了市場行情，來主動適應市場罷了。這裏應該套用這樣一個規律：有什麼樣的市場需求，就有什麼樣的商品。這些女大學生們也是病急亂投醫──現在的人才市場，畢竟是買方市場──為形勢所迫。要杜絕這種荒唐的現象，應該先端正那些老闆的人品、整肅用人機制再說！

說句實話，我自認為長得並不漂亮，沒有魔鬼的身材，更沒有天使的面孔。小時候我內心自卑極了，但我用快樂來武裝自己，用學習成績來彌補，還有一顆善良的心……長大後，聽人說美麗是女人的資本。這下可慘了，難道書白讀了嗎？心靈善良也不起作用嗎？有一次，我與一位小姐同時被一家貿易公司秘書部招去試用。看著她，我心裏一點都不舒服（女人的嫉妒心理），因為她比我漂亮，還有幾絲高傲。她的存在給我帶來很大的壓力，我不敢多想，只能在工作上一絲不苟，在業餘時間裏勤奮學習，挖掘我全部的潛力，踏實、快樂地工作著，儘量給周圍帶來活力與歡樂。三個月後，我任公司秘書部部長，那位漂亮小姐則因為考試不過關被淘汰了。而老闆竟然說我有氣質、有內涵、有實在的能力。對於這一誇獎，我一笑置之。

對著鏡子我對自己更有信心。

自信一點，美麗在人人之間都是平等的。只要你付出了，上帝賜予你的所有都是美麗的，而且這種美麗是別人享受不了的。

3. 單憑美貌有助於較低職業，無助於高級職業

——自古就有「紅顏禍水」的說法，我們習慣於把罷官、亡國、無出息甚至不長壽，都歸咎於女人的美麗。但客觀說來，美麗有錯嗎？沒有！要說有，錯的只能是男人對待美麗的女人與女人的美麗的態度！

——貌不美的人儘管大膽地去應聘文秘，你成功了，說明這是一家值得待下去的公司，因為你是憑能力入選的。如果因外貌沒成功的話，那麼這家公司所招聘的可能不僅僅是文秘，萬萬去不得。招聘是招聘，選美是選美，當兩者混淆時，貌不美的不必難過，貌美的不要歡喜，這裏面想好了才能去。除了演員、空姐等特殊行業要求「形貌端麗」之外，外貌只應放在學歷、能力之後。

美國德州大學的丹尼爾教授發布了多年來對漂亮經濟的研究成果，在其他條件都相同的情況下，被訪者認為不幸屬於「醜陋」之列的占工作男人的 9%，他們收入比英俊男人低 9%；長相英俊的占工作男士的 32%，薪水卻多 5%。被認為「醜」的職業女性薪水比平均少 5%，美女則多賺 4%。美國人一年要花四百億美元在「製造」美上，每分鐘即有一千四百多管口紅、二千多瓶護膚品在商店賣出去。

美國哥倫比亞一家公司曾做過著名的研究，發現漂亮女人容易找到辦公室職業之類的工作，而且薪酬不低，但卻妨礙她們進入更高類型的職業。

女人應發揮性別優勢擇業

目前有的女性在就業選擇時，因遭遇障礙而終日憂心忡忡。其實細細想來，女性完全可利用自己的性別優勢，而找到屬於自己的那個崗位。

首先，作為女人，她們心細如髮，且做事有條理和耐心。這種特有的個性，就是女性就業的優勢。

其次，女性有一雙非常靈巧的手。鉤手套、編毛衣、雕刻等手工活，便是女性的強項。如今，有的女性已開始注重開發自己一雙手的功能，毅然在家中辦起了「手工小作坊」。一些還在尋尋覓覓的就業女性，不妨在這方面找思路，千萬不要以為手工活是「小氣之作」。

再次，女性的心很柔，這種柔情，使女性能在精神撫慰方面發揮特有才幹，獲得意想不到的良好效果。現如今社會上出現了一種三百六十行以外的職業——「精神保姆」業，便是最能發揮女性柔情性格的新行當。比如陪老人讀報、談心，為癱瘓在床的病人、失意的人送上精神和心靈疏導，代他人送去一份歉意等情感專遞工作等。如果我們一些就業女性能充分意識到這點，再用心學些心理學方面的知識，積極投入這種目前還沒有多少人涉足的「精神保姆」業，相信必有一番大作為。

女性的就業優勢還有多種，身為女性要善於挖掘這些自身優勢。當然，作為企業單位也應根據女性的優勢，為其提供必要的工作崗位。

女人，認識你的職業優勢

　　自我認識一定要全面、客觀、深刻，絕不迴避缺點和短處。「當局者迷，旁觀者清」，可參考家庭、同學、朋友、師長、專業諮詢機構等第三者的意見，力爭對自我真正全面認識。

1. 你的優勢

　　① 你學習了什麼。在校期間，你從專業學習中獲取了什麼收益；社會實踐活動提高和昇華了哪方面知識和能力。努力學好專業課程是職業設計的重要前提。要注意學習、善於學習，同時要善於歸納、總結，把單純的知識真正內化為自己的智慧，為自己多準備點後備能源。

　　② 你曾經做過什麼。在校期間擔任的學生職務、社會實踐活動取得的成就及工作經驗的積累等。要提高自己經歷的豐富性和突出性，你應該有針對性地選擇儘量與職業目標相一致的工作專案，堅持不懈地努力工作，這樣才會使自己的經歷有說服力。

　　③ 最成功的是什麼。你做過的事情中最成功的是什麼？如何成功的？通過分析，可以發現自己的長處，譬如堅強、智慧超群，以此作為個人深層次挖掘的動力之源和魅力特點，形成職業設計的有力支撐。

2. 你的弱勢

　　① 性格的弱點。人無法避免與生俱來的弱點，這就意味著

你在某些方面存在著先天不足，是你力不能及的。安下心來，跟別人好好聊聊，看看別人眼中的你是什麼樣子，與你的預想是否一致，找出其中的偏差並彌補，這將有助於自我提高。

② 經驗或經歷中所欠缺的方面。欠缺並不可怕，怕的是自己還沒有認識到或認識到了而一味地不懂裝懂。正確的態度是認真對待，善於發現，努力克服和提高，你可以打出「給我時間，我可以做得更好」的旗號。

通過以上自我分析與認識，解決了「我選擇做什麼」的問題。職業方向直接決定著一個人的職業發展，因而需倍加慎重。可按照職業設計的「擇己所愛、擇己所長、擇世所需、擇己所利」四項基本原則，結合自身實際確定職業方向和目標。

根據職業方向選擇一個對自己有利的職業，和得以實現自我價值的組織，是每個人的良好願望，也是實現自我的基礎，但這一步的邁出要相當慎重。就人生第一個職業而言，它往往不僅是一份單純的工作，更重要的是它會初步使你瞭解職業、認識社會，一定意義上它是你的職業啟蒙老師。

最後，提醒女性朋友，人生成功的秘密在於機會來臨時，你已經準備好了！機遇對於任何人來說都是平等的，千萬別在機遇面前說遺憾！

女人，你向男人學什麼？

　　女性在事業上的成就，為什麼總是無法與男性並駕齊驅？不是專業能力高下有別，而是思維方式多有差異。

　　長期由男性主導的職場環境中，男性建立了專有的職場遊戲規則。女性要分半壁江山，不妨從瞭解男性的職場遊戲規則開始，試著像男性那樣思考和行事。

1. 直接要求

　　女性通常害怕遭到拒絕，所以很難說出自己心裏真正的要求。在職場中，當提案遭到主管退回時，對女性而言即代表絕對否定，沒有機會，挫折；對男性而言，拒絕卻代表了仍有許多其他的可能性，現在遭到拒絕，以後還有機會，可以換個方式再接再厲，根據問題點重新修正提案，總有被接受的機會。

　　因此女性應該改變自己敏感、脆弱，太過注重人際關係的特點，重新規劃生活目標，不斷地告訴自己一定要達到目標，相信自己有能力成功，將失敗與挫折變為下一次機會。

2. 敢於表達自己的看法

　　男性從小就被鼓勵做事要勇敢，要勇於表達自己的看法。他們參與各項比賽、運動競賽等活動，早已習慣競爭和輸贏，很多人也瞭解沒有永遠的贏家。女性則習慣準備所有的功課，雖然非常細心負責，卻不擅長報告，往往是準備一百分，到最後的分數

卻大打折扣；而男性準備六十分，卻常有表達到一百分的成績。

你是否有類似的經驗：男同事在會議中總是非常踴躍地發表意見，滔滔不絕，似乎有備而來。事實卻可能是他對提案沒有你更熟悉，而且你手上準備的資料也比他更周全。但你從沒有機會表達你的意見，主管不知道你的存在，更難想像你的專業程度。最後的結果是公司採用男同事的提案。

除了充分的專業準備外，關鍵在於你是否掌握表達的機會，讓自己站上舞臺，發展實力。機會不會從天上掉下來，表達才有得分的機會。

3. 掌握表達的技巧

開會是最有效的溝通方式之一，要讓高層主管在有限的時間與注意力中專心傾聽，你的報告必須簡短有力。主管期待聽到精彩的十分鐘，而非冗長又沒組織的三十分鐘。女性往往會不自覺地模糊焦點，加上冗長的解釋，讓聽眾喪失耐心。

開場白應避免使用軟弱的字句：「很抱歉打擾你的時間」、「大家一定都曾想過這個創意」。女性可以訓練自己的報告技巧，學習如何自信地傳達聲音，以直接有力的開場白加上自信堅定的、有信心的回答。在會議報告中留下深刻的印象，就有機會獲得主管的青睞。

4. 主動出擊，贏得注意力

男性慣於主導職場環境，一有機會便很自然地推薦自己，爭取表現的機會，扮演火車頭的角色。相較之下，女性比較習慣默默耕耘，等待主管的賞識。不要孤芳自賞，整天努力工作，然後待在辦公室內，以為老闆一定知道自己為公司鞠躬盡瘁。事實是

老闆是不會注意的，除非你主動出擊。

你可以主動定期向老闆報告團隊的最新工作績效，反映自己優秀的領導能力。同時主動與其他相關部門建立關係，介紹你的職務，讓他們瞭解你能為他們做什麼，你有什麼資源可以分享。

5. 不要期待每個人都是朋友

當有同事直接向你表示除了公事外，無意與你建立所謂的「朋友」關係時，女性的反應通常會感覺受傷，認為是其他原因所致，接下來也間接影響彼此工作上的合作與支援。對於這種狀況，男性的反應常是無所謂，今天在會議中處於競爭對立的立場，明天卻一起去唱卡拉 OK，公私涇渭分明，兩者無關，也不會產生矛盾。

反觀女性，常常認為同事應在同一陣線，習慣將戰友等於朋友。女性認為，若不是朋友，如何並肩作戰？建議女性在職場中，應以工作職務為標準，不要因為朋友的關係而影響了對公事該有的專業判斷。即使彼此不是朋友，只要工作上能配合，能共同達成目的，就可以合作。夾雜私人感情在工作裏，反而會影響工作效率。在公司內，如何與同事保持適當距離非常重要，若時時要顧及朋友情誼而誤了公事，必定會產生負面效果。

6. 隨時準備接受新挑戰

當公司賦予你新的職務，讓你肩負更多的挑戰與責任時，你的第一個反應是什麼？

多數女性會擔心是否能勝任，壓力隨之而來，因為從未有過相關業務的經驗，成績可能不理想。男性面對相同的問題時，則會很樂觀地接受新任務，雖然他自己也可能不知道從何著手，但

他不會讓別人知道。他相信自己一定能辦到，不需擔心。

新挑戰意味著新的表現機會，其中充滿了不確定性。女性應該增加對自己能力的信心，因為別人面對的問題與你一樣。

7. 接受風險

每一個決策的背後都有風險，但風險是可評估的，若不踏出新的一步，就沒有成功的機會。你可能正在思考：如果我接受了新方案，萬一失敗了怎麼辦？如果我負責新業務，成績不理想，會不會臉上無光？最後在多重考慮下，還是不冒險比較安全。但這樣一來，你永遠不會進步。

女性常為了安全感，保守地待在原地，總有一天別人會輕易地奪取你的腹地。女性可訓練自己逐步接受風險，不必害怕改變。學習的過程，甚至是失敗的經驗，都能幫助你承受更大的決策與風險。

8. 扮演穩定的力量

當公司企圖發展新事業時，領導人往往自己也不清楚該如何開始，此時他會指派一位主管作為新事業操盤人，開始進行所有的作業。

一旦你成為新操盤人，即使沒有豐富的經驗，也不要為此心虛。若你一直害怕自己無法完成，就永遠無法成功，而且你散發出的恐懼也會影響別人的支持和感受。應調整角度，相信自己絕對有足夠的專業能力達成，因為這是老闆選擇你的原因。事實上，沒有人能百分之百掌握正確答案，但她們都假設自己知道。所以你要停止擔心，開始行動，踏出第一步。

9. 小處著眼

在職場，男性目標清晰，非常清楚終點目標的位置，不會偏離跑道，能以階段性的方式完成各個短期目標，有效且精確地到達終點；女性則傾向同時處理很多方面的事務，包括家庭與事業，希望能同時兼顧所有的事。正因為她們耗費很多心力在各項責任中，因此常感到工作過量，力不從心，承受較大的工作壓力。

建議女性在工作環境中，先確認首要目標，將焦點集中在首要目標，完成後再逐步進行其他任務。理清工作中的輕重緩急，有助於提升工作績效，引領你快速到達目標。

10. 不要私下抱怨

工作碰到瓶頸或挫折時，女性習慣私下向朋友或同事表達各種抱怨與煩惱，最後可能全公司的人都知道你的挫折。結果是沒有解決原有的困難，卻換來團隊成員對你的不信任。每個人都會遇到瓶頸，但男性不會向其他同事透露煩惱，也不會表現出自己焦慮的情緒，因為這無助於完成工作。

作為一個女性主管，不要期待別人替你解決煩惱。你要設法尋找其他平衡情緒、緩解壓力的方法，不要讓在公司裏的抱怨變成自己的負擔。

11. 配合團隊作業

女性通常因考慮太多，同時在自我保護的外衣下，排斥與別人分享資源，喜愛自行其是，因而無法共同達到團隊目標。男性則比較能配合團隊領導人的指令，拿出最佳本領，協助主管完成目標。

女性應充分瞭解在團隊整體目標的前提下，需捨棄自我的觀念和堅持，因為團隊領導人將擔負所有的責任與壓力，只要身為團隊成員，都應盡全力協助領導人。

12. 擔負更多責任時，要獲得更多權力

女性在企業裏多擔任副手、軍師的角色，天生就樂於分擔工作，雖然做的事愈來愈多，卻不會主動要求享有更多的職權，以獲得升遷的機會。反觀男性，他們會在擔負更多的責任時，主動要求升遷，在職場中更上一層樓。

在擔負更多責任的同時，切勿忘記要求有更多權力，這樣不但可以讓自己有更大的發揮空間，也會擁有更多資源，使工作更有效率。

13. 與核心人物靠近

開會時，女性通常會選擇後面的位置，與老闆保持距離，或和朋友坐在一起，感到較有安全感。她們潛意識中認為，前面的位置是留給主管及老闆的。相反地，男性則會非常自然地坐在前面。

選擇會議室的位置反映了你的自信度。不論你有多麼專業，坐在後面就顯示得自己較不重要。會議位置象徵權力的奧妙轉移，女性應該坐在會議室前半部分，讓老闆看得見你，有機會詢問你的意見，對你有印象。

14. 展現幽默與笑容

在各種公開場合中，多數女性會非常認真、嚴肅地看待所有的事，缺乏幽默感。若你過於嚴肅，別人往往不知如何開始溝通

的第一步，容易與你保持距離。男性則擅長運用幽默或緩和緊張的氣氛，或讓別人更易接受自己的看法。

有些人甚至認為女性天生就不會講笑話。因此女性在聽到笑話時，應盡量展現你的笑容，表示你享受幽默的樂趣，接受較幽默的表達方式。有時，即使你已聽過同樣笑話了，仍然可以展開笑容，營造幽默的氣氛，這是表示贊同與鼓勵的一種方式。

怎樣做個白領俏佳人

白領麗人是都市生活中一道獨特而靚麗的風景。因為人們對她們的期望值高，所以她們對自己的著裝亦更為講究。那麼白領麗人究竟該怎樣打點「行頭」呢？

1. 必須備有深色西服三件套組

西服套裝是白領麗人的主流職業裝，簡潔、大方、精幹是其特點。深色不單是黑色，還有普藍、深灰、深灰藍等。此三件套分別為上衣、西裝裙、合體長褲。在多數正式場合，它們可相互配套或分開搭配，使之充分顯示成熟、穩重與自信。

2. 必須備有淺色無領三件套組

此三件套組由上衣、連衣裙、寬鬆長褲組成，與深色套裝的外形特點拉開距離：上衣一長一短，顏色一深一淺，領型一有一

無；裙款，一為西裝裙為連衣裙；長褲，一寬鬆一合體，這樣可以給您的服裝搭配留有較大的空間，體現不同的風格。

淺色無領套裝，內為短袖齊膝合體連衣裙。在秩序井然的辦公室裏，這套服裝能帶給別人溫柔而甜蜜的心情。它亦可拆開穿用，脫去外衣，是典雅的連衣裙，簡潔、輕巧，而又清新宜人。

3. 必須備有款式多樣的襯衣

在嚴謹、格式化的套裝限制下，襯衣自然成了白領麗人體現個性和展示女人味的最佳選擇。

襯衣應準備五件至八件，領型包括無領、高領、翻領、疊領等；顏色應有深色、淺色、灰色、印花等；衣長和袖長宜有長短之分。其中一款襯衣應可配裙成為兩件套，並可直接與套裝中的上衣搭配。編織物是襯衣常採用的面料之一，一套合體的編織套裙，一件編織上衣下配半截裙或長褲，都能使身段姣好、腿型優美的白領女性以最合理的方式去展示勻稱而流暢的線條。編織物和淡色印花襯衣如同輕麗的內衣一樣，最易在理性的外衣下悄悄傳達和表露女性的細膩情感。

4. 必須懂得組合搭配

在正規場合，白領女士著套服或套裙最為適宜，但如果平時也像這樣中規中矩，那不啻於自我「禁錮」。其實，套服、套裙也可以像其他服裝那樣拆開來重新組合，使原有的「稜角」化解，而憑添一股舒適、隨意的韻味。

比如一套上長下短的黑色西服套裙，將其拆開，下配一條黑底白花、懸垂感較強的絲綢長裙，休閒風度立刻透露而出；而短裙無論配什麼樣的上衣，都不失為明智的搭配，因為黑色是最理

想的配襯色。

又比如藍底白花的大擺裙及領、扣、包鑲裙料的藍色上衣的組合套裙，將其拆開，上衣既可配白色休閒裙、褲，也可配藍色休閒裙、褲，兩者皆可起到上下「呼應」的作用；而下面的大擺裙則可配藍、黑、白、黃等單色 T 恤，下鬆上緊，上短下長，同樣可以體現一種如水的休閒風。

套服的重新組合搭配，必須注意以下幾點：

一是儘量採用鄰色搭配和同色搭配，以營造一種和諧美；

二是儘量採用長短搭配和鬆緊搭配，以營造一種參差美；

三是儘量使上下面料厚薄一致，以營造一種質材美。

此外，還應當注意在這些重新組合中輔以適當的配飾，方能起到「畫龍點睛」的作用。比如素色上衣配光澤度較高的金銀首飾，休閒上衣配各種天然質材的首飾，白西褲上面配一件夕陽紅的絲絨緊身短袖衫，再在脖子上掛一串珍珠項鏈，秀雅、端莊又不失性感；而白西服則套在一條碎花純棉連衣裙的外面，再在腕上戴一對木頭手鐲，其白領形象「硬中有軟」，不乏嬌嬌俏俏的女人味。

「姿色」是晉升的一種資本

在以男性為主的企業界，女人要晉升為主管並不容易。然而如果你懂得善用「女色」，不要誤會，我們指的是——與生俱來的女性魅力，必定能幫助你在職場上擁有更勝男人的優越條件。

隨著時代改變，現代女性不但不應該扮演冰山美人，板著臉孔，反而應該善用「女色」——與生俱來的女性魅力，和男同事和平相處，並在和諧的氣氛中，憑著本身的實力和才幹，再用女性的魅力包裝自己，一步一步藉助著男同事的輔助，慢慢地往上攀登。不過這可不是教你腦袋空空，扮演交際花的角色，以美色迷惑男人。更不是要你露著大腿，什麼成績都沒有，就憑色相獲得高薪。

注意，我們說的是「女色」而不是「美色」。

事實上，並非每一個女人都是美女或性感女神，但肯定的是每一個女人都具有天生的女性魅力，只要你刻意發揮它，就能讓異性被你吸引，也能讓同性對你表示友善。

想想看，女性的魅力是什麼？甜美的笑容、得體的裝扮、嬌嫩的嗓音、溫柔的氣質……女人一向被教導要做個「有魅力的女人」。魅力是一種優雅的風格，能讓女人在追求事業的時候獲益良多。

只要有魅力，即使不是美女，依然有著動人的「女色」。

1. 合適的性感裝扮，吸引上司注意

你的工作表現很好，但是上司只注意你的男同事，一點都不注意你，而上司的上司對你一點印象都沒有。請問，你表現給誰看呀？什麼時候才能輪到你升級加薪呢？

說實在的，你要大展身手，也得爭取上司的支持，以及上司的上司注意你，對你的事業發展才有利。

如果你的上司、上司的上司都是男性，要吸引他們的注意力，除了具備專業知識和工作能力之外，合適又性感的穿著，絕對是引人注目的法寶。一件能充分顯示線條美的裙子，或是略顯

性感的短裙套裝，加上搖曳生姿的高跟鞋，濃淡合宜的化妝，既有女人味，又不失端莊。

不過，切記！你的目的是要你的上司、你的男同事、你的客戶欣賞你的穿著品味，喜歡你，並認真看待你的工作能力，而不是要她們把你當作性感尤物，或是產生性幻想。

一旦你的外表、你的穿著打扮給人深刻而良好的印象，許多契機就會自然產生。

2. 聊他感興趣的話題，建立異性友誼

讓男同事注意你，甚至喜歡你，絕對好處多多。當他們喜歡上你時，你在工作上的各種困難，自然就會因為有人幫忙而獲得解決。不過可不是要你沒事就和男人打情罵俏，而是要你保持幽默感，臉上時時帶著笑容，讓男同事瞭解你，欣賞你的魅力。

要獲得男同事的友誼，方法之一是挑對方有興趣，而你又有所認識的話題。例如世界杯足球賽的賽況如何、汽車展銷會的新型汽車有哪些、哪家酒廊的情調最好……程式設計師美美說：「我必須和一群男同事一起工作。我發現，當我趁工作較輕鬆的時刻和男同事聊些私人話題，他們都顯得興味盎然。和男士們成為談得來的工作夥伴之後，自己的工作遇到難題時，很自然就能夠得到援助，工作變得輕鬆多了。」

另一個和男士建立友誼的方法是和他們保持禮貌性的肢體接觸。這裏指的可不是性接觸。例如開會時你可以坐在想建立友誼的對象隔壁，在適當的時機，偶爾拍拍他的肩膀，表示支持和鼓勵。研究顯示，身體的接觸是拉近人與人之間距離的最好方法。讓他成為你的朋友，就算他不能成為你的助力，起碼不會成為你向上發展的阻力。

3. 溫柔幽默的話語，融化男性脾氣

女人嬌媚和溫柔的特質，在面對衝突時是最好的潤滑劑。當你和辦公室的男同事意見不一致時，先別急得臉紅脖子粗，應該保持風度，維持笑容，氣定神閒，甚至可以擺出一副低姿態化解僵局。

大部分男人都是吃軟不吃硬的，當你擺出願意妥協的姿態時，他往往會先軟化，妥協得比你更徹底。

此外，女人應培養幽默感，因為在適當時機加入適度的幽默，不但可以化解僵局，也可以消除雙方的緊張和壓力。尤其在職場上，男人免不了說些「男性笑話」——和政治、時事、兩性有關的笑話，如果女人也能在不失矜持的情況下運用，是在緊張的談判中致勝的重要因素。

4. 適時的讚美鼓勵，突破對方防線

男人喜歡被女人讚美和崇拜，你也別辜負女人善於甜言蜜語的才能。當你覺得某位男同事表現突出時，大方地說出你對他的欽慕，例如「哇！你真行」、「你怎麼辦到的」、「令人難以置信」之類的讚美。這樣的語氣，能給對方極大的激勵和勇氣，也容易突破對方的防線，贏得對方的友誼。

千萬別吝嗇讚美，男人的自信在女人的恭維後，將變得更強，更勇於付出。你對他們評價越高，他們表現得越好，還會樂於為你提供種種幫助，使你在工作上增加一份助力。

向男同事討教，也是提高男性尊嚴的好方法。男人絕對樂於為你解決任何問題。男人好強，喜歡扮演照顧人的角色，當你徵詢他們的意見時，他們覺得被需要、被敬重，也就樂於提供各種意見，而他們的建議，常常真的管用。

梅是證券公司新手，在向男同事討教的過程中，她發現自己

果然獲益良多。她說：「我曾經向一位對財經資訊頗有研究的男同事請教，該如何投資共同基金。我發現自己真的是問對人了，他抱了厚厚一疊的資料，從趨勢分析，到每種基金的特色，如數家珍地一一為我解說，讓我獲得寶貴的知識。而且本來酷酷的他，現在只要看到我，就會露出罕見的笑容。其他同事都很好奇，他為什麼特別照顧我。其實道理很簡單，讚美他，讓他享受被崇拜的感覺，他自然會照顧我。」

這種感覺，是男性彼此之間最難相互產生的。女人柔弱的特質在男人眼中絕對是優點，而且也是督促他們努力表現的最佳助力。

5. 控制眼淚和情緒，贏得男性尊敬

在一個以男性為中心的職場上，女人要建立個人的工作風格，既不太男性化──冷酷、倔強、果斷、積極進取，也不太女性化──柔弱、情緒化、被動、猶豫不決，並非一件容易的事。

許多男人對職業女性的看法是她們不懂得控制自己的眼淚和情緒。女人過於直接地表達情感，會使男人感到不舒服，並會瞧不起她們，認為女人無法自我控制，所做的決定不值得信任。

如果你想大聲哭，你有權力這麼做，然而要注意的是應在何時、何地、何人面前放聲大哭。若能在適當的時候、適當的男性面前運用「淚彈」，含淚欲滴，嚶嚶哭訴，或許更能博取同情，達到自己的目的哦！

假如你想要有一番事業，不想被男人看穿你的底牌，你就該學習控制情緒和眼淚。勇敢面對失敗和壓力，才能贏得男人的尊敬。

辦公室女人的美容課

電梯、中央空調，有專人打掃的洗手間……在辦公大樓裏工作的女孩看上去真是幸福。

但是當你臉上的皮膚被中央空調調理得越來越乾燥，當深藏不露的黑色素因為化學塗料、電腦輻射等等不良物質的刺激而「浮出水面」的時候，你會覺得坐辦公大樓實在是一種不幸。怎麼辦？難道真的無法可想了嗎？其實辦公室小姐的皮膚最大的敵人是乾燥和污染，只要你採取相應的防護措施，注意皮膚的清潔、補水和修護，便可以令肌膚保持在最佳狀態。

1. 清潔

不管是清晨起床還是下班回家，你最不能忽略的就是洗臉。不要以為洗臉是很簡單的一件事情，要想讓你的血液循環更快，加速有害物質的排解，就必須掌握一套正確的洗臉方法。在這裏教給你一套最適合你的洗臉方法，具體程序如下：

① 將浸過熱水的毛巾（水溫以稍有點燙手為宜），輕輕蓋在臉上（當然如果臉上有彩妝，就要先用卸妝液卸妝），用手指將毛巾輕輕往下壓，令毛巾貼緊面部和眼部皮膚，讓毛巾上的熱氣停留約三十秒，以促進臉部的血液循環。

② 洗臉的時候，以繞圈圈的手勢，用指腹輕輕地按摩清洗。用毛巾吸乾面部水分，舀一匙食鹽，倒在手心，加點熱水化成濃濃的溶液，再將溶液像抹洗面乳似的遍抹面部（眼部除外），輕輕劃圈按摩（手上的力度一定要輕，因為有些食鹽結晶

可能沒充分溶解，用力稍大就會搓傷皮膚），三十秒後用清水洗淨。油性皮膚和每天化妝的人可以每天都用食鹽洗面，乾性和中性皮膚者則隔一兩天洗一次，洗完之後，你會發現你的面部異常乾淨清爽，而且食鹽還能令你的皮膚變得細膩光潔。

③ 潔面程序完成後，以拍打的方式上化妝水，全臉均勻拍打約一百下，不但可促進血液循環，還能使肌膚光滑有彈性，不必擔心地心引力來拜訪。

④ 化妝水敷過之後，還應選擇有保濕或是美容作用的精華液，幫助臉蛋補給抵抗乾燥的營養劑。

⑤ 最後擦上乳液，乳液也應是滋潤度高的乳霜。

注意：天冷的時候，用熱水清潔完面部，應再用涼水潑臉，以收縮毛孔；天熱的時候，還可適當加些冰塊。不過如果你一直習慣用熱水洗臉，就應循序漸進，逐漸降低水溫，冰塊也不宜加多，否則會對脆弱的毛細血管造成傷害，令臉上出現難看的「高原臉」（紅一塊白一塊）。倘若你的皮膚比較薄，涼水就不太適合你，你可以在潔面後，多用點有收縮毛孔作用的爽膚水，在毛孔較大的地方（比如鼻子四周）多按幾下。或者用一隻小小的旅行用乳液瓶，事先裝些爽膚水冰在冰箱的冷藏室裏，要用時，就從冰箱裏拿出來均勻地噴在臉上，記住，千萬不要噴多了！

2. 防護和補水

讓我們先來說說防護。所謂防護，很簡單，就是選擇一些具有防護隔離作用的面霜，現在很多品牌都有類似的產品出售，不過這種面霜最好與含保濕成分的爽膚水一起使用。

補水是在辦公室的一天裏最重要的功課。這不光是喝幾大杯水那麼簡單。首先，你需要有一瓶專用補水劑，而不是一瓶普通

的礦泉水。有很多人都以為往臉上噴礦泉水，既補充了水分，又補充了礦物質，事實上，純粹的水由於沒有添加營養劑和滲透劑，當它噴到臉上的時候，不但不會被皮膚吸收，反而會在蒸發的同時，帶走皮膚自身的一部分水分，效果適得其反。所以你如果想餵皮膚「喝水」，就必須購置一瓶真正的補水劑。

補水的頻率應視各人皮膚狀況而定。一般而言，油性皮膚三小時左右應補一次水，乾性和中性皮膚二小時左右補一次。補水之前，需要先用一張吸油紙吸去面部油分，再用濕潤的化妝棉輕輕擦去面部汙物，然後均勻地噴上補水劑。倘若面部有彩妝，程序可以簡單一些，只需在吸去油分後，噴上補水劑即可，但別忘了再用一塊乾的化妝棉吸去多餘水分，順便將面部粉底重新打勻，然後薄施一層定妝粉。

除了外在補水之外，你不妨自己配製一些特別的美膚飲料，在補水的同時調理氣色，護理肌膚。下面就是我們為你特別推薦的幾款「辦公茶」，這些「茶」的原料都不貴，在很多商店都可買到，上班時往自己的茶杯裏一放就 OK 了，方便又有效。

桃花茶：乾桃花（在乾花店和出售香薰的商店均可買到，如能自己採集到農曆三月初三東南方枝頭的桃花，效果更好）四克，冬瓜仁五克，白楊樹皮三克。每日將這三樣物品置於杯中，用沸水沖泡，加蓋，十分鐘後飲用，每日可反覆沖泡三～四次。這種茶能祛除黑斑，白嫩肌膚，但孕婦及月經量過大者忌用。

紅花茶：紅花、檀香各五克，綠茶二克，紅糖三十克，沸水沖泡後，加蓋悶五分鐘即可飲用。每日一劑，會讓你的皮膚變得乾淨透亮，粗糙的皮膚也會恢復光澤。

檸檬茶：將檸檬去皮以後切成片（一定記得要去皮，因為檸檬皮汁會令黑色素沉澱），依個人口味添加冰糖，泡水飲用。檸

檬裏含豐富的維生素 C，此外還含有鈣、磷、鐵和維生素 B 群
等，常飲檸檬茶，會讓你的肌膚恢復光澤與彈性。

3. 保養

晚間回到家裏，是讓疲憊的肌膚服用點營養品的時候了。點上
香薰燈，滴一滴自己喜歡的香精油，開始你的晚間護膚功課吧。

平時你可以用冰箱裏的保鮮膜和精華液（精華液依各人情形而
定，可選擇美白、抗皺、保濕等功效的）來護膚。具體程序如下：

① 剪一塊大小與自己臉部相近的保鮮膜，在保鮮膜上，剪
出能讓眼睛、鼻子、嘴巴透氣的洞。

② 擦上量稍多的精華液後，將保鮮膜敷在臉上。

③ 把熱毛巾覆蓋在臉上，讓熱蒸汽促使精華液完全吸收。

④ 約十分鐘後，取下保鮮膜，用面紙拭去多餘的精華液即
可。

注意：想讓熱蒸汽濕潤臉部，除了用熱毛巾、蒸汽浴之外，
還有一個方法：拿一盆熱水，將臉靠近盆子，熱蒸汽就自然冒到
臉上來了。

隔兩、三天，你就應該為自己調製一些面膜，或是用現成的
護膚面膜做個皮膚護理了。目前市場上各護膚品牌中補水補營養
面膜琳琅滿目，你大可以自由選用，我們這裏要介紹的是幾款自
製的面膜，做起來很簡單，效果也不錯。

優酪乳面膜：取三茶匙優酪乳，三茶匙煉乳，黃瓜片適量。
將优酪奶和煉乳混合，身體平躺，塗於面部，再將黃瓜片敷在臉
上，二十分鐘後取下黃瓜片，把臉洗淨。你會發現你的皮膚變得
水嫩水嫩的。這款面膜適用於各種類型的皮膚。

馬鈴薯蛋黃面膜：把熟馬鈴薯搗成泥，加入雞蛋黃、牛奶調

成糊狀，加熱至微溫後，塗於面上，二十分鐘後洗淨。這款面膜尤其適用於乾燥缺水的皮膚，而且能增加皮膚彈性。

柔膚面膜：將一湯匙奶粉調入一個蛋白中打勻，再將一個蛋黃與一茶匙蜂蜜緩緩調入，調製成糊狀敷面膏，敷面後十分鐘洗淨。這款面膜適用於乾性皮膚。

注意：如果你的皮膚尚算年輕健康，問題不大，做完臉後，抹臉的爽膚水和乳液的量可以減少，不出門的話，不擦也無妨。

敷臉時如能點上盞香薰燈，還能令你在護膚時進行二次美容，你可選擇能鎮靜心情、平衡情緒的甘菊、薰衣草、檸檬、白乾層香精油，也可選擇能放鬆肢體的檀香木、玫瑰、鼠尾草香精油。

這就是坐辦公大樓的你，在一天之內需要為你的皮膚做的功課，功課的內容看起來很多，實際上加起來所花的時間總共還不到一小時。這些簡單有效的功課，只要你能堅持，那些因乾燥、污染……等等辦公室裏的不良環境為你皮膚所帶來的傷害就會離你遠去，你的皮膚就會如同一句廣告詞說的那樣：「一切盡在掌握。」

職場女人的亮麗裝扮

日常生活裏，外貌的重要性比我們想像中還來得重要，職場上猶然。雖然衣著僅及於表面，但卻影響深遠，因為人們習慣以外觀度人，縱使能力是最重要的，但言談、舉止及妝扮也不可輕視。

尤其是在競爭激烈、企業不景氣的時候，面對眾多的求職者

或員工，執事者根本還沒來得及看出你的能力，就得進行人事決策，這時候你所展現出來的整體感就成了決定性的因素，關乎你是否能被錄取、被留任，或者被提升。

簡而言之，別人對你初步的印象，完全要由你的打扮是不是能顯示出專業的形象而定。在考慮個人的穿著形象時，有以下幾點決定因素：

1. 找出企業形象

每家公司都有其企業形象，因此對員工的穿著也會有些成文或不成文的規定。如果你想要在公司裏升遷，就一定要瞭解公司的要求。觀察高階同仁的穿著；然後在裝扮上和公司的要求一致。也許你認為中高階主管的裝扮很土，但別忘了你的品味並不代表公司的風格。尤其注意，別隨便批評高階主管的打扮，小心你刻意張揚自己時髦的結果，最後換來一張失業證書。

此外，要是無法確定公司的要求為何，最保險的方法就是穿著保守一點，尤其是初來乍到之時更該如此，以免觸犯禁忌而不自知。

2. 配合企業風格

成功的職業婦女都是花了許多時間才明白該具備什麼樣的風格。她們會選擇典雅、不褪流行的服飾，既不用擔心年年得換新衣，也不用煩惱穿著是否不得體。

選購衣服的原則也是專業形象第一，女性氣質其次。職場上，你必須在專業及女性兩種角色裏取得平衡，寧願讓人看起來覺得你是個精明的人，也不要讓人說你是花瓶。

有些女性會細心規劃自己的穿著，什麼樣的場合該穿什麼樣的衣服，都細心記錄下來，以有所依循。甚至於還會排個輪值

表，以免同一套衣服出現的次數過於頻繁。

3. 向主管學習

一般來說，最好能以上司的穿著為榜樣，先注意她穿些什麼，再為自己購裝。努力的向頂頭上司的風格學習，是博取信任的捷徑，因為上司會以為你的價值觀和生活態度與她的相同，對你的看法自然會比較正面和有好感。當然也願意給你更多的表現機會，如此一來，別人也會因此而對你的態度大不相同，會更尊重你。換句話說，你想要獲得什麼樣的職位，就該以那個職位該有的打扮出現，爭取上級的印象分數。

不過請注意，千萬不要走火入魔，巴結的太過於明顯招搖，惹得其他同事討厭和非議，反而讓上司認為你的人際關係不好。並且失去其他同事的支援，工作起來自是十分吃力，反而有礙發展。

因此學習上司的風格，並不是和上司穿情侶裝，而是「模擬」上司的著裝品味，例如如果上司喜歡穿亞麻布料的西服外套和長褲，你也可以穿著同樣面料和款式的套裝，只是花色不同，或將長褲改成短裙。

4. 換上優雅俐落的套裝

套裝給人的印象是井然有序，最好你也能這麼穿。至於顏色當然還是以白、黑、褐、海藍、灰色等基本色為主。

若你嫌色彩過於單調，不妨紮條領巾，或在套裝內穿件亮眼、質輕的上衣。當你脫下套裝的外套時，絲質上衣顯露出的高貴氣質是別的衣服無法比擬的。冬天時，羊毛或絲質上衣和套裝搭配起來也很好看。至於夏天，套裝內配件時髦的 T 恤也是不錯的選擇。此外，購買上班時的衣服最好是以基本樣式為主，顏色也大多為海

藍、灰褐、黑色、乳白、白色，偶爾可以有一兩件紅色。

海藍或黑色的休閒外衣是用途最廣的，加件 T 恤就可以上班，週末配上牛仔褲，也可顯出輕鬆休閒的氣息。

5. 穿出優雅與和諧

① 換上優雅俐落的套裝

太過前衛的顏色如鮮綠色、橙色等，儘量少用為妙，因為這會讓人分心。當然過於性感的裝扮也不宜上班穿著。

② 小飾品

除了服裝以外，也得留意小飾品的功用。做起事來會叮咚作響的耳環、手鐲，千萬不要戴。總之，就是不要讓人覺得你不夠專業，或是你只是想來公司引起異性注意。儘量讓自己看起來是要到這兒上班，不是來混的。

有些公司允許員工在週五穿著便裝上班，男性可以不需打領帶，女性也可穿著褲裝。當然，隨你怎麼穿都無所謂，但也別太過放肆。穿雙拖鞋或穿件低胸服裝上班也太不好了吧。

③ 鞋子

鞋子當然不用太過講究，只要是包頭、中低跟的鞋子就很適合在辦公室裏穿。

涼鞋的休閒味道太濃，過於破舊的鞋子又顯邋遢，應該避免。當然外觀整潔很重要，舒適感也不能忽略。

④ 手提包

手提包的樣式應該愈簡單、愈典雅愈好，至於尺寸，能放得下必備的東西即可，不要過大。此外手提包的顏色要和鞋子搭配，最好是黑色、褐色、海藍色等等。

決定女性事業成功的八個細節

現代社會對女性的要求越來越高，女性柔弱的雙肩上，有家庭的負擔，也有工作的壓力，想要在事業上有所建樹的女性，往往要付出比男性更高的代價。以下幾點是女性必須牢記的：

1. 儘快學習業務知識

你必須有豐富的知識，才能完成上司交代的工作。這些知識與學校所學的有所不同，學校中所學的是書本上的死知識，而工作所需要的是實踐經驗。當上司分配你某件工作時，首先你必須進行事前的準備，也就是擬訂工作計畫，無論是實際做出一個計畫表，或僅有一個腹稿。總之，你需要對整個工作的進行排出日程、進度，並擬訂執行的方法等。如此才能提高工作效率，成為上司眼中的好職員。

2. 在預定的時間內完成工作

在「時間就是金錢」的現代社會裏，一個具有時間觀念的女性是受人歡迎的，尤其是在進行工作時，更要注意按時完成任務。一項工作從開始到完成，必定有預定的時間，而你必須在這個時間內將它完成，絕不可藉故拖延，如果你能提前完成，那是再好不過的了。

3. 隨時運用智慧

工作時難免會遭到困難與挫折，這時如果你半途而廢或置之

不理，將會使上司對你的看法大打折扣，不再賞識你和提拔你，如此昔日的優良表現，豈不是付諸流水！因此隨時運用你的智慧，或許只要一點構想或靈感便能解決困難，使得工作順利完成。

4. 在工作時間內避免閒聊

聊天的確是人生的一大享受，尤其是三五好友聚在一起，話題更是包羅萬象。但是並非每個場合、任何時間都適於聊天，尤其是工作時間應絕對避免。工作中的閒聊，不但會影響你個人的工作進度，同時也會影響其他同事的工作情緒，甚至妨礙工作場所的安寧，招來上司的責備。所以工作時絕對不要閒聊。

5. 整潔的辦公桌使你獲得青睞

有人說過，可以從辦公室的桌上物品的擺置，看出一個人的辦事效率及態度。凡是桌上物品任意堆置，顯出雜亂無章的樣子，相信這個人的工作效率一定不高，工作態度也極為隨便。相反地，桌上收拾得井井有條，顯出乾淨清爽的樣子，想必是個態度謹慎、講求效率的人。事實也的確如此。一張清爽、整潔的辦公桌，確可增加工作效率。另外，還可以使別人對你產生良好的印象，認為你是一個做事有條理的女性。

6. 離開工作崗位時要收妥資料

有時工作進行一半，因為上司召喚，客人來訪，或其他臨時事故而暫時離開座位。在這樣情況下，即使時間再短促，也必須將桌上的重要檔案或資料等收拾妥當。或許有人認為，反正時間很短，那麼做很麻煩而且顯得小題大作。其實問題往往發生在你意想不到

的時刻。遺失檔案已經夠頭痛了，萬一碰巧讓公司以外的人看見不該看見的機密事項，那才真正叫你「吃不了，兜著走」呢！

7. 因業務外出時要保持警覺

商業間諜早已不是什麼新鮮名詞，更何況業務機密的洩漏，往往是人為的疏忽造成的。作為公司的一位女職員，免不了要因業務外出，在外出搭乘交通工具或中途停留於某些場所時，應提高警惕，留意自己的舉止。即使是在上班時間以外與朋友會面，也應避免談及公司的事情；不要將與公司相關的檔案遺忘在外出地點；當對方詢問有關公司的事情時，應該採取避重就輕的回答方式；外出公幹時不可為了消磨多餘的時間而隨意出入娛樂場所。

8. 做瑣事時要有耐心

一位缺乏經驗的新女職員，自然無法期望公司將重要的責任交給她來承擔。換言之，新職員剛剛開始接手的工作，往往以一般的雜務居多。這種情況對於剛剛踏入社會，雄心勃勃的地準備一展才幹的女性來說，極易令她們產生不滿。可是無論心中多麼不樂意，也不要讓這些想法溢於言表。從公司的角度來講，培育一名新人不容易，必須由基礎開始，讓她們一點一滴地學習工作內容，等有了一定熟練程度後，才逐漸委以重任。你明白了這一點，便會自覺地做那些瑣碎的雜務。總之，你應當記住，「一屋不掃，何以掃天下」。

走出不良工作習慣的誤區

在公司裏我們常常會看到這樣的情況：一位員工工作技能很高，但卻常常無法按時完成工作任務或與他人無法和睦相處，從而導致了考評成績不高，最終影響了在公司中的提升。分析發現：該員工的問題出在工作習慣上。良好的工作習慣可以將工作技能順利地應用到具體工作中，可能還會彌補工作技能的不足，從而高效地完成工作任務。不良的工作習慣起到的作用恰恰相反。

下面就是幾種不良的工作習慣，希望我們能認真瞭解，並與自己的工作習慣相對照，來發現自己的不足。

1. 不注意協調與直接上級的關係

直接上級是你的直接領導，也是你工作的直接安排者和工作成績的直接考評者。處好上級的關係不是讓你去溜鬚拍馬、阿諛奉承，而是要注意經常與上級溝通，瞭解上級安排工作的意圖，一起討論一些問題的解決方案。這樣可以更有利於完成自己的工作。

2. 忽略公司文化

每個公司都有自己的企業文化，不論公司是否宣傳這些文化，它都是客觀存在的。特別是新員工，在剛來公司時，一定要留意公司的企業文化。企業文化通俗地講就是企業的做事習慣，不注意這些習慣，就會與其他人格格不入。

比如公司員工經常加班加點工作，而你卻非要按時來按時走，一分鐘都不願在公司多待，這種工作習慣，勢必會影響你在

其他員工心目中的印象。

3. 對他人求全責備

　　每個人在工作中都可能有失誤。當工作中出現問題時，應該協助去解決，而不應該只做一些求全責備式的評論。特別是在自己無法做到的情況下，讓自己的下屬或別人去達到這些要求，很容易使人產生反感。長此以往，這種人在公司沒有任何威信可言。

4. 出爾反爾

　　已經確定下來的事情，卻經常做變更，就會讓你的下屬或協助員工無從下手。你做出的承諾，如果無法兌現，會在大家面前失去信用。這樣的人，公司也不敢委以重任。

5. 行動遲緩

　　在接受到工作任務之後，應該立即著手行動。很多工作都是多名員工相互協作開展的，由於你一人的遲緩，而影響了整體工作的進度，會損害到大家的利益。有些時候某些工作你可能因為客觀原因無法完成，這時你應該立即通知你的上級，與他討論問題的解決方案。無論如何都不應該將工作擱置，去等待上級的詢問。

6. 一味取悅他人

　　一個真正稱職的員工，應該對本職工作所產生的問題向上級提出建議，而不應該只是附和上級的決定。對於管理者，應該有嚴明的獎懲方式，而不應該做「好好先生」，做「好好先生」雖然暫時取悅了少數人，卻會失去大多數人的支持。

7. 傳播流言

每個人都可能會被別人評論，也會去評論他人，但如果津津樂道的是關於某人的流言蜚語，這種議論最好停止。世上沒有不透風的牆，你今天傳播的流言，早晚會被當事人知道，又何必去搬石頭砸自己的腳？

女性打入公司主流群體的七種策略

要在職場取得成功，對任何人來說都不是容易的，因為這是一個殘酷的世界，充滿了競爭。難怪有那麼多關於職業發展的書籍和文章，還有那麼多專家建議你如何在職場上為人處事。

但這些書籍和演講文章，總是遺漏了一個令人困惑的職業之謎：如何克服一個特殊的障礙，來達到成功的彼岸。這個障礙通常是個很大的問題，是因為你作為局外人而引起的，局外人的感覺使你與職業場上的主流群體完全「不同」。這些不同可以表現在多方面，比如種族、性別、宗教、民族、殘疾、性取向、年齡或者語言。

儘管在很多企業裏面，你要打入主流群體並非易事，但只要你努力，依舊有可能成功。以下推薦七種策略和技巧，有助於實現你的目標。

1. 首先反思你自己

不要因為以前你的或別人的不愉快經歷，而假設每個人都存有敵意。要根據面臨的新情況而作出具體判斷。

菲斯‧霍奇伯格法官是紐澤西州第一位地方法院女法官。有人問及她在取得現有成就的職業生涯中有否遭到競爭敵意，「不，我沒有」她說，「事實上，我總是從相反方面去設想別人，首先消除我心中對別人的敵意，只是在事後我才會意識到別人對我存有某種敵意……我從不糾纏於這類瑣碎的細節」。

2. 廣交朋友

結交朋友，建立社交圈，尋求前輩的指導，對每個人來說都是基本的職業技巧。如果你是一個「局外人」，這些就尤為重要，遺憾的是做起來很難。

成功的局外人都認為，你必須讓主流文化的人們能和你自然相處。你必須放下自己的架子，充滿自信地參與社交活動，接受對你表示友好的人們的提議。

3. 強調積極正面的東西

你必須擁有能成功的技巧和知識，這一切就是你被雇用的原因。但是如果你不是企業主流群體中的一個成員，你就得有些額外的素質。試試下述方法：

瞭解你所在領域內的最新潮流，想辦法應用在你目前的工作或你希望做的工作上。敢於冒險，勇於決策。抓住一切機會，調動或者被指派到和公司目標直接相關的第一線工作，強化你的書面和口頭表達能力。認識到你的文化背景所具有的力量。

4. 善於表現自己

讓公司知道你可以做些什麼。即使你是一個成就非凡的人，你也不要指望被別人發現或者認識。為了取得進展，你得讓人們知道你是誰，你做了些什麼。

沉默寡言，嚴格信奉權威，不願聽取建議，害怕「出人頭地」，與主流群體的人們無法和諧相處，如果你想使自己更引人注目的話，所有這些可能就是你必須克服的文化障礙。

5. 善於接受，不要犧牲

讓你的觀點和公司文化相適應。要從局外人變成局內人，並且真實地對待你自己，你必須懂得「接受」和「犧牲」之間的區別。你得做到：

認識哪些文化特徵是你不能放棄的，哪些是你願意調適到符合公司文化的。不要把為公司文化而作出的每一種改變或調節，視作放棄或讓步，而要看成是適應新環境的一種方式。不要讓你所在群體的其他人為你下結論，該在哪裡劃一條線。你得自己作出決定。

如果公司歧視你的文化，如果公司的價值觀直接和你的文化發生了衝突，如果你現有的職位不足以充分展現你的才能，那麼如果你留下來的話，你可能就是在作出犧牲了。

6. 知道你自己的權利

如果你認為你遭到不公平的對待，你該怎麼辦？你可以嘗試自己解決問題。或者你可以依照公司制訂的程序解決，或者找來同儕者幫忙。如果遇到非法歧視，你可以考慮採取法律行動。法律會保護你的權益，對有關種族、性別、民族、年齡、懷孕或者殘障等方面的不公平待遇，給你作出賠償。在你採取法律手段之

前，務必仔細斟酌，你將在精神上、事業上和經濟上付出的代價。

另一種選擇是辭職。另謀他就，找一個在企業文化方面更適合你的工作。如果辭職比留下來付出的代價更大，那就調整心態，繼續幹下去。

7. 要有遠見，並為此作出計畫

有些女人認為該來的都會到來，她們的才華能確保自己的成功。這種宿命等待的態度，可能會失去更多機會。因此你還得做得更多。如果你想有所作為，除了你目前的技能，還得為了自己的利益多積極行動。

為了推動你的計畫，你得把你將來十年要實現的目標寫下來。然後重要的工作開始了，那就是行動起來，實施計畫，把目標變成現實。

做個忠誠的女人

1. 別跳假面舞，亮出你的臉

在現代辦公室林林總總的遊戲規則中，愈來愈聰明的現代人，常常在不經意中忽視一條最根本的規則——忠誠原則。她們或是錙銖必較，目光短淺；或是見利忘義，因小失大；或是戴著

面具，遊戲人生……演出了一幕幕違背良心、令人抱憾的悲劇。

　　其實忠誠在辦公室文化中的定義，是靈魂性的。許多外國老闆在用人之道中的首選標準，便是忠誠考驗。來自馬來西亞的黃老闆就曾不無遺憾地坦言：「有些員工似乎更樂於把企業當做是一個福利機構，或是自己另謀高就之前的跳板、墊腳石。」他們沒有責任感，談不上與企業榮辱與共，更談不上忠誠。不管是東方還是西方，在人類的道德取向上，總還有相通之處。在西方文化中，最鄙夷說謊者。一個兒童在成長過程中，免不了說幾次謊，每當此時母親就會驚恐失色，嚴斥有加。如果說，對一個幼稚兒童的撒謊，上帝尚會原諒的話，那麼到了成年仍在撒謊，那就成了害人的人格瑕疵，周遭人會棄之不恥。在東方文化中，更把忠誠譽為美德，視其為最有價值的人格天條。為人忠義至仁，成為江湖紅塵中的不變主題。

　　存在主義者薩特，從人性的弱點出發，發出驚世駭俗的喝斷：「人心即地獄！」人，是趨利的動物。現代人更是趨利若鶩。面對利益的誘惑，脆弱的人性就會斷裂、扭曲，最終把人格中的「忠誠條款」刪改得支離破碎。

　　在辦公室，不管「假面舞會」是否流行，做為一個真正的聰明人，就應該卸下面具，亮出你的臉，讓上司認識你是海水還是火焰。

2. 潤物無聲，細處見精神

　　忠誠常常有以下雷區，需要你小心走過。

　　最低級的背棄忠誠的遊戲，往往從貪小開始。任何一家正規、資深的公司，再嚴密的制度，總會有漏洞。如果你想做一個人品俱佳的人，切不可貪小越貨。趁人不備悄悄打個私人國際電

話，或趁上司不在意時，悄悄塞上一張因私打的票，讓其簽字報銷；上班時，明明遲到，卡上卻填上因公外出；更有甚者，當客戶來訪時，給你悄悄帶來一份禮物，以答謝你在業務往來中曾經給過他的幫助，而這一幫助，恰恰是以犧牲本公司的利益為代價的。細雨無聲，倘若讓這種「酸雨」淋了你的心，你就會慢慢地被蝕化。貪小的明天就是貪婪。老闆絕對厭惡貪小的人。他會把它看作是品質問題，積累這種印象就會失去對你的信任。

都說商場如戰場。做生意說到底是在賭博利益。忠誠原則的第二個雷區，是你的利益為誰而搏？這需要時時警惕，切不可掉以輕心，更不能見利忘義。不要忘記你的打工角色，你需要為公司爭取利益，而不是你自己。只有公司發達了，你才會跟著發達，萬萬不可越位。有時公司與你個人在利益上也會發生衝突，這時你千萬不能把公司利益置之度外，使自己混沌一時。

商界有過一個經典例子。有家公司因一家對手公司業務的紅火而焚心，但想不出制服對手的良策。終於對策有了！他們想方設法尋找關係，接近對手公司的一名倉庫主管，讓其暗中出賣商業機密。這個主管在利益的驅使下，利令智昏，把自己公司的庫存數量、貨品結構、價格策略一一洩露。幾經交手，商界風向大變，原先生意紅火的公司，節節敗退，最後元氣大傷而倒閉。另一家瀕臨倒閉的公司，卻起死回生，反敗為勝。一個不忠誠的蛀蟲，翻手之間就將一個公司搞垮了，而反敗為勝的這家公司，也再沒有向這位主管伸出邀請之手。

這種隱性的不忠誠，可以說是辦公室的定時炸彈。一個有職業道德的女人，在可為與不可為之間，心裏要有一條準則，需要堅守的信條是：絕不選擇良心的墮落。

職業女性的五項自我修煉

　　明天我會失業嗎？已成為每個人關注的話題，不管你是管理人員還是普通員工，如同人的生命一樣，職業生涯也要不斷「投保」，只有平時日積月累地「投保」，不斷提高自己的「含金量」，將來的身價才能扶搖直上。怎樣才能使自己始終穩如泰山而不被裁掉呢？

1. 積極進取 言聽計從

　　對於積極進取、言聽計從的員工，任何一個老闆都難以「忍痛割愛」。如果閣下自問工作並不那麼積極，擔心老闆劃入「懶蟲」之列，則聽聽香港人力資源協會發言人的指導：「即使平日慣於偷懶，在表現評估前一兩個月都要扮積極，向老闆彙報自己的進修情況，談談幫助公司發展的計畫，與公司的明日之星拉拉關係，希望在討論裁員之時，請他們幫你說上幾句話，身歷聲總比單聲道好嘛！」不要浪費時間去猜測老闆的心思，你一輩子也猜不透的。多數老闆喜歡以自己為中心，最喜歡聽自己講話，你只不時地以「嗯」、「是」等音節來回應他，就可以令老闆相信你。白癡才會真的向老闆提意見。古今領袖人物，都不喜歡對方批評自己，更何況老闆，他花了錢請你來對其說三道四，你想他會開心嗎？

2. 「千手觀音」人見人愛

有些專業人士，自以為學歷高，拿著洋文憑，就能身價百倍，一生不愁衣食，一旦被裁，就像突然掉進汪洋大海，撈不到一根救命草。這些專業人士之所以被裁，原因往往是她們只「專」於某一方面，未能成為公司工作的多面手。因此老闆在裁員之後，往往叫其他職工兼任離職人員的工作，如果你是「千手觀音」，上天能飛，入水能潛，老闆絕對不會炒你的魷魚。職業諮詢專家認為，如果你想成為對公司最有價值的「千手觀音」型的員工，「立於不炒之地」，就必須學習、學習、再學習。當會計的不妨學學行政管理，最好還懂法律，令自己成為多面手。如果自以為是專業人士，抱殘守缺，不思進取，老闆隨時可以用一半的價錢雇用同等的「專業」人士頂替你的工作。「千手觀音」最大的特點是學習能力強。你應確保你的知識和技能是最新的，這需要你在百忙之餘，經常學習新的知識。如果你所在的單位提供某種培訓，一定得參加。

3. 安其天下捨其誰

這並不是說你離開公司就不能運轉了，而是說你離開了，公司會出現不良的運轉，這時老闆就不能不考慮到裁掉了你可能得不償失。在裁員風波中，有些人認為公司無理解聘，自己當街叫屈。毫無疑問，這些人多半是沒有「埋堆」的游離分子。所謂「埋堆」，其實是參加一個無形的小集團，平日一起逛街、上茶樓、去夜總會，有錢一起花，有事互相幫。同事之間，更盛行「埋堆」，從建築工人到娛樂圈紅星，都自動結合成一個個小圈子，大有「一損俱損，一榮俱榮」之勢。既然游離分子被裁的可能性較大，所以打工專家傳授一個招數，叫做「擁兵自衛」。如

果你有較好的資歷，或者「人緣」甚好，不妨招兵買馬，大量吸收游離分子「埋堆」，以鞏固自己在公司的地位。此招對於一些與營業額掛鉤，或者講究「班底」的行業，諸如飯店業、保險業，尤其奏效。從公司的角度看，主管和 HR 部門一般會考慮你的去留給公司造成的影響。有兩種情況，部門將因為你的離去而受損，部門領導就會謹慎；或者你的主管和工作搭檔根本就不在意你的離去，那麼凶多吉少。

4. 核心人物穩坐泰山

如果你是做銷售的，就應考慮成為核心銷售人員。如果手上掌握有不同領域和重量級客戶名單，這將使你非常不容易因為公司業務收縮而被裁掉。即使你所服務的企業關門大吉，在重新就業時，你也可以很容易找到新的發揮你銷售專長的工作崗位，道理很淺顯，在經濟整體環境不景氣的情況下，銷售的重要性越發顯得突出。如果你是技術人員，就應緊跟企業發展，提高業務能力。如果你所在的企業宣佈進軍電子商務，你要非常清楚這些將對你產生何種影響，現在 IT 業的裁員經常是一個部門整個因為業務調整而被端掉。要想坐穩你現在的位置，就必須未雨綢繆，事先察覺公司的戰略變化，提高業務能力，使自己能夠承擔除了現在本職工作以外的其他工作。

5. 化簡為繁消極自保

公司要減員，老闆考慮的大前提是用最少的人力維持正常運轉。所以很多公司會將簡單、重複性的工作崗位裁掉，由其他職工兼管。工作任務簡單、有可能被裁掉的員工，如果想保住自己的飯碗，不妨試用「化簡為繁」的招數。其實工作的簡單與繁

複，有時可以「因人而異」，例如將檔案輸入電腦，可以很簡單，也可以搞得十分複雜，關鍵在於操作者怎樣去處理。

方小姐在一家大型會議公司做計畫執行員，每天要處理上百位外國與會人士、演講者的登記，她成功地建立了一套複雜的資料庫系統，全公司只有她才能運用這個系統。所以老闆要維護公司的正常運作，就必須繼續雇用她不可，對於裁員，她是「臨危不懼」。

職業專家認為，「化簡為繁」這一招只適用於小公司，大公司分工較細，切勿亂試，如果搞得電腦系統亂七八糟，老闆會即時解雇你，另請新人來重頭做起。

升遷機會測試

一個女人的升遷，不光與她的工作素質有關，同時也與她能否善於與領導相處有關。我們在這裏所說的領導關係，並非那種奉承或別的非正當的人際關係，我們所說的僅僅是一種正常的工作關係。同時本測驗也可測試出你處理人際關係的能力。

測試

嘗試誠實地回答以下十一個問題，你將可進一步認識自己。

1. **經理要求你處理會計事項，而你對此一無所知，你會：**

   A. 誠實地告知經理，你並不稱職。

   B. 一口答應，馬上盡可能想辦法解決。

   C. 以工作量過多為由拒絕，並向經理推舉另一位同事。

2. **過去兩年，你曾經歷過最少：**

   A. 一次升職機會。

   B. 一次升職可能，但只是轉換職位。

   C. 一次被別的公司挖角而升職。

   D. 一次被經理以人情作升職代價。

3. **下面哪一項更切合你的工作處境？**

   A. 默默耕耘，期待每一年都跟眾人一起升職。

   B. 只要我提出要求，升職應不成問題。

   C. 升職？如果幸運便可以。

   D. 經理聲稱當公司經濟好轉之日，便是你升職之期。

4. **倘若有朝一日你榮升經理，你估計自己將會是怎樣一個經理？**

   A. 想像力豐富。

   B. 勤奮。

   C. 有原則。

   D. 受歡迎。

   E. 依賴性強。

5. **如果需要推薦書，你會第一個找：**

   A. 好朋友。

   B. 心理醫生。

   C. 雇主。

   D. 母親。

6. **你的經理是：**

   A. 嘉許你。

   B. 賞識你

   C. 只垂涎你的美色。

   D. 對你一無所知。

7. **一年來曾經掌管過多少次工作計畫？**

   A. 一次。

   B. 多次。

   C. 永不。

   D. 幽會是否計算在內。

8. **在辦公室內，你經常超時工作，保持良好的出席率，將遺失的文件尋回，你所得到的是：**

   A. 經理的獎賞。

   B. 同事的妒忌與排斥。

   C. 很大的鼓舞。

   D. 香水及其他禮物。

9. **一年來你已完成多少項工作目標？**

   A. 全部。

   B. 部分。

   C. 忘記了自己訂下過多少目標。

10. **哪一項可形容你對目前工作的感覺？**

   A. 我十分熱愛自己的工作，不惜放棄高薪。

   B. 挑戰性可不小，但薪資未令我滿意。

   C. 大材小用。

   D. 厭惡。

11. **工作的時候，你每每感到自己無往而不利，經理認為你是：**

   A. 靠好運。

   B. 全憑美色。

   C. 本領。

   D. 暴力行動。

計分方法

1	A=0	B=5	C=2		
2	A=5	B=2	C=5	D=0	
3	A=3	B=5	C=-2	D=1	
4	A=5	B=2	C=-3	D=1	E=3
5	A=3	B=0	C=5	D=-2	
6	A=5	B=2	C=0	D=-1	

7	A=4	B=5	C=0	D=0	
8	A=0	B=0	C=5	D=0	E=0
9	A=3	B=5	C=0		
10	A=3	B=5	C=2	D=2	
11	A=0	B=0	C=5	D=1	

結果論述

50～55 分：在經理眼中你是「物超所值」的那一種，你有才華，有頭腦，難怪成為經理的寵兒。除了個人本領之外，這份工作倒也適合你。

40～49 分：你是一個十分服從的雇員，然而你缺乏自發性的衝動，在經理的心目中你是難以大展拳腳、脫穎而出的那一類。

30～39 分：面對眼下的工作，你根本不稱職，興趣和工作大概已是背道而馳。在經理眼中你往往是可有可無的一個，或者你的職位根本不愁被解雇，如果你安於現狀，那就隨遇而安好了。

1～29 分：你從不願為工作付出什麼，斤斤計較的你，只會認為全世界的經理都不是好東西，沒有付出，哪有收穫。

0 分：世界上竟然會有一個經理可以容納你這個廢物？

也許你是很稱職的工作人員，但上司就是跟你過不去，也許別人工作不如你，但經理就是喜歡他。

工作中這樣的現象比比皆是，雖然工作能力和效率是第一位的，但得到領導的肯定也是工作中一個不可或缺的重要環節，如果得不到認可，你再多的工作成績都會大打折扣。

所以要記住提高自己工作素質的同時，也要處理好與領導的

關係。成功的過程中，我們總深信只要自己把該做的事做好，自然會給我們應得的鼓勵與肯定。可是有經驗的過來人卻告訴我們未必如此。如果你想步步高升，除了潔身自愛、努力工作外，還要靠許多其他的。其中與工作表現同等重要，有時甚至更為重要的，便是我們的人際關係。

chapter 09

金錢的秘密：
女人的財商優勢

　　從大多數商界頂層的成功女性身
上，我們總可以感受到一些相同的東
西，那便是充沛的精力、高度的自信，
同時還有無處不在的親切、放鬆的魅
力。她們似乎從來不覺得性別會是她們
事業發展的障礙和挑戰，相反，她們懂
得如何調動女性的一些獨特優勢，去為
成功增加砝碼。

美女的經濟效應

1. 最提勁——強強組合之經典

在市場經濟的前提下，知識是有價的，美麗也是有價的，臉蛋、身材、一顰一笑乃至風韻氣質都有價。聰明的美女知道如何讓自己的美升值，以致追求永恆的美。美女加才女才是真正的完美超強組合。

2. 最揪心——美女出籠之流程

我們在這裏說的「美女經濟」，不是經世濟民之經濟，不是經濟實惠之經濟，也不是國民經濟總稱之經濟，而大約是一種經濟活動。凡經濟活動，一般都有物質文化資料的生產、分配、交換、消費活動在其中，「美女經濟」也不外乎如此。時下流行的選美亦是「美女經濟」中的一種，我們以選美來談談四大過程。

選美產生美女，美女來到世間，其生產權本來屬於其爹媽，但天然的美女混跡於人海之中，還僅僅是一種資源，而選美就是開發這種資源，將其包裝成「美女」上市。以模特兒業為例，選美產生了模特兒，模特兒公司在所有模特兒身上運作的最終目的，是把自己的產品——模特兒推向市場，出售給商家。上市即進入流通，售出即實現交換價值。至於分配，基本上是單一的貨幣分配，即花了錢就獲得參與分配的權利，就可以挑選自己喜愛的模特兒。可以這樣描述：商家說，我要的模特兒三圍必須是34、24、34，於是一批模特兒被淘汰，也就完成了分配。

當然選美也要消費美女。作為商業促銷工具的美女，商家是當作生產資料來消費的，在消費過程中將其價值轉移到商品上去。作為藝術人才的美女，商家往往作為精神文化產品的組成部分推出來，讓大眾消費。由此看來，美女經濟確實存在，它是稀缺的美女和飛速發展的經濟結合在一起形成的，而如今正是美女經濟的時代。

3. 最無奈——爭奪目光之廣告

　　美女們以「形象代表」、「親善大使」、「產品代言人」的面目出現，在市場上呼風喚雨，爭奪目光，也為廠家商家建下不少奇功，可以說是一種真正意義上的「注意力經濟」。

　　看來，利用美女的高注意力來做文章，已經成為一門別具一格的產業。可以說，幾年前電視臺台「選美大賽」是美女經濟的一個開始，而這幾年美女經濟又被商家加入了一些新的注解。對電視台來說，美女的加入可以提高收視率，使廣告不再單調乏味；對商家來說，利用美女做形象代言人，可以提高產品的關注度和購買率；對贊助商來說，美女為她們帶來了廣泛的廣告效應；而對觀眾來說，看「美女加廣告」要比看純粹的廣告有意思多了。

4. 最現實——秀系美女之等級

　　大美女常常擔綱大項目，小美女只做些促銷之類的小業務，美女們「秀」來「秀」去，多多少少都為經濟的發達作出了貢獻。筆者有個同學乃學校之校花，大學時代搞促銷勤工儉學，常常都是什麼「汽車秀」、「婚紗秀」、「傢俱秀」等秀中的腕兒角色，她用她的美為商家創造利益，美也為她帶來了利益。拿校

花的話來說，美，不僅僅是吸引。美女看上去順眼、舒服，常常令人愛屋及烏，產生購買衝動。一個活生生的美女站出來，有時就是一個手勢、一個眼神，就勝過千言萬語。

5. 最受益——借女上市之正反

前段時間，某一家外商獨資的房地產公司「百萬年薪招聘騎馬巡邏女保全」，話音未落，一家保健中心又在「年薪百萬元招聘推拿小姐」。前者引來佳麗如雲，「美女騎師」多讓人嚮往，天生麗質外又添英姿颯爽；後者則門前冷落，「推拿小姐」太容易讓人產生遐想，誰還敢公開露面四處招搖？但不管怎樣，人們記住了這兩家公司，打美女牌、算經濟帳，他們也算大功告成。看來美女的影響力越來越大了，「注意力經濟」中的美女不一定要親眼目睹，只要戴上「美女」的桂冠，必定光芒四射。

6. 最無情——行業競爭之殘酷

試想這樣一個情景：一個令人驚豔的極品美女站在你的面前，而她卻滿口髒話。遇到這種情況比遭遇恐龍還要恐怖。美女一定要慎做花瓶，真正意義上的美女是內外兼修的。美女往往比相貌平庸的女人有更多機會，統計學還顯示美女的平均收入比較高，這也是美女經濟的體現。但是美女也不是萬能的，美女也有失業的時候，這個時代美女越來越多了，提升自己的素質成為美女們競爭的手段。前段時間有幾家大品牌廠商招聘形象大使，前來應徵的選手用才貌雙全形容一點不為過。所以雖然現在流行美女經濟，但是僅靠美麗外表的可要注意了，美女經濟也是市場經濟，不完善自己也就意味著失業了。

7. 最得意──攻無不克之殺手

我們不難發現，現在許多的廠長、經理、廣告公司老闆都是美女，拿旁人的一句話來說就是美女好辦事。雖然她們不是絕頂聰明，但是她們擁有一定的智慧再加上一定的美貌，那就攻無不克，戰無不勝了。

某報社一漂亮女記者，被尊稱為金牌殺手，當之無愧，別人就是要給她面子，沒辦法，誰叫她靚。一家廣告公司業務平平，自從新來了一位漂亮的女總經理後，公司業績直線上升，真可謂神了。神什麼呢？美女經濟的時代，美女就可以旗開得勝。

8. 最尷尬──美容背後之真假

美女經濟的發展，也帶動了另外一系列經濟的發展，天生麗質的美女畢竟是少數的，美女經濟效益下，誰都想當美女，愛美之心人皆有之，更何況美還能帶來經濟效益，所以美容美髮業繁榮了，據說在美國每年去整容的女性人數高達百萬。當然國內也不落後，報刊上滿篇的整容廣告已可初見端倪。某大學一寢室的八個女孩，就有六個同時做了雙眼皮、墊鼻等手術，一時間大家都不敢出門，可謂奇觀。而現在的整容業越來越發達，什麼怪招都想得出，什麼取肋骨、截小腿骨長高等層出不窮。美女經濟時代下的女人為了美甘願犧牲。

9. 最激動──美女經濟之聯動

美女經濟間接地帶動了其他多種經濟的發展，比如服裝、化妝、餐飲業等等。三分長相，七分打扮，要成為美女，包裝是必不可少的的一門必修課。再貴的衣服、化妝品也不用愁了，此等能襯托美女的優秀物品，必有上檔次的美女來購買。女人妝扮自

己是無可厚非的，哪怕買得自己口袋空空也是無可爭議的，只要把自己包裝成美女了，美女經濟效應也就出來了，這是一個良性循環的過程。在現在的社會有這麼一群叫打望一族，他們不為別的，就是為了打望美女，打望美女也並非是件壞事。美女，賞心悅目，誰不願看呢？

10. 最理性——愛美心理之旁批

看來，美女的影響力越來越大，大有輻射至各領域、滲透到各行業之趨勢。房地產業界有了，娛樂業界也有了。在一般只能靠本事吃飯的文學界更是早就有了。就在普通老百姓難以有機會一試身手的「貪污受賄界」，美女也披荊斬棘、大行其道。有的赤膊上陣，直接混個一官半職；有的迂迴曲折，甘為前驅，一般回報也頗為豐厚。

於是有人為這些現象發明了一個詞叫「美女經濟」。說白了這其實就是「眼球經濟」，因為要的就是人們的注意力。再說白了，是利用甚或挑逗人們的「性心理」，最終大把大把地撈銀子。

在商言商，那些公司出那麼高的價錢，當然不是出於愛美之心，而要的是追隨美女而來的磅 的消費人群。按說，商家以何種方式促銷無可非議，但這種利用因為涉及到人們的「心靈深處」，所以得有個限度。畢竟靠「美女」支撐起來的「經濟」如果不導入正軌的話，便是不健康的、脆弱的「變態經濟」，是不可能長久的。美女是有殺傷力，但她也可能「殺」得銳意進取的人們盛氣全消，「殺」得社會風氣江河日下，「殺」得正常經濟走形變樣。其結果是社會上空瀰漫著一股色情的氣息，揮之不去，經久不散。

女人的經商優勢

在賺錢方面，如果不是由於婦女承擔著過多的家務勞動的話，女人比男人有著更多的優勢，這一點已經被社會心理學家所確認。據研究人員們分析說，女性在經商賺錢方面相對於男性有八大優勢：

1. **女性在語言表達和辭彙積累方面比男性強**，一般女性都比男性口齒伶俐，而這正是生意人必備的條件之一。

2. **女性在聽覺、色彩、聲音等方面的敏感度比男性高百分之四十左右**，在競爭激烈、資訊多變的生意場上，這也是成功者必須具備的良好素質之一。

3. **有人說：「生意是一種高水準的數字遊戲。」**女性記憶力尤其是短期記憶力遠遠強於男性，在精打細算方面女性往往比男性詳盡得多，這又為女性做好生意奠定了基礎。

4. **相比之下，女性比男性更富於堅持性。**比如在同樣情況下對某一件事情，女人很難改變自己的觀點，男性則相反，很容易放棄自己原先的想法。這說明，女性更接近於現代企業家的良好素質要求。

5. **女性發散思維能力優於男性，她們對某件事進行思維決斷時，常常會設想出多種結果。**而男性則習慣於沿襲一種思路想下去。發散思維能力，恰恰是新產品開發、企業形象設計等方面所要求的。

6. **女人的直觀能力比男人準確。**女人似乎有一種先天賦予

的特性，她們對某些事、某個人常常不用邏輯推理，單憑直覺就能準確看透，而男性在這方面則望塵莫及，這就為女性在生意場中及時捕捉機遇提供了有利條件。

7. **女性比男性有更大的忍耐性**。同樣情況下，遇同一問題，女性往往更有耐心，而男性則常常急不可待。生意人沒有耐心是很難做好生意的。

8. **女性的操作能力和協調能力都比男性強**。在如今科技高度發達的資訊時代，越來越多的行業都在使用越來越多的易於操作的電子化設備，在尋找工作方面，開始顯示出比男性更大的優越性。所以有人說：「工業時代勞動者典型形象是男性，資訊時代工作者的典型形象應當是女性。」隨著歷史的發展，此話的真實性將得到越來越多的驗證。

對經商女性的忠告

據美國商業管理部門統計，美國從事商業活動的女性人數占到美國企業界人數的百分之三十。

心理學家和社會學家指出，女性具備經商所必需的特殊素質。女性的許多品質，男子很少或根本不具有。女性的優越天性指創造性、道德價值觀，包括誠實、純潔、忠誠、可靠、熱情和忍耐等，還有吸引力。

在女性的眾多優點中，最重要的是直覺。直覺有助於準確作

出決定，搞清對方，評估從商前景。女性追求家庭舒適、安寧、繁榮的本能，也會反映到生意場上。

對從事經商的女企業家，專家有以下幾點建議：

第一，要先研究做什麼，是辦諮詢、開事務所，還是直接進入商界。在任何情況下，你都要學會從外行到內行，弄清事物的本質。

第二，確定自己經商的基本思想。在投入錢財和精力前，要瞭解市場及客戶的信譽。

第三，要有充分的準備去做重活兒和粗活兒以及沒做過的活兒。

第四，學會作出重大決定。隨時準備作出事關今後商業活動命運的決定。

第五，必須學會運作切合實際的商務計畫，核算是虧損還是盈利。

第六，聘請專業人員加盟。在正式開始前，聘請有經驗的律師和會計，儘量不用家屬和親屬。

第七，從小事做起，不購買多餘的東西，不急於購買影印機和傳真機。

第八，如果你在家裏進行商務活動，讓客戶知道你的辦公時間和休息時間。

第九，如果遇到競爭，不要害怕，先搞清競爭者有多大優勢，市場是否飽和，能做哪些對手無法做的事情。

第十，千方百計地巧妙宣傳你的商品。

第十一，學會管理錢財。要學會分析銀行帳目，懂得貸款的作用。

此外女性經商在檢驗自己決策是否正確時，要注意以下幾

點：

第一，你的選擇是否符合市場需求？

第二，你是否能保證商品的生產，如果市場需求大於供應，你將如何？

第三，你的商品在品質、種類、價格等方面是否有競爭力？

第四，你是否知道誰將是你的訂貨人和消費者，他們住在哪裡？

女性理財的誤區

一直以來，傳統的東方女人持「做得好不如嫁得好」觀念，一切以丈夫為中心，只會看牢丈夫口袋中的錢，而忽略了自己的荷包。隨著社會趨勢的轉變，女性在工作上，越來越多地與男性處於平等地位，在收入方面也開始與同等職位的男性不相上下，但在財務獨立的同時，卻仍然不懂得也沒有意識到自己真正的財務需求及理財的重要性。

無論是事事以家庭為先的傳統女性，還是「只要我喜歡有什麼不可以」的現代女性，在理財上給人的印象，不是斤斤計較攢小錢，就是盲目衝動的「月光族」(每月花光所有的薪水)。

造成這種情況，大概是因為女性在投資理財方面有這麼幾個誤區：

1. 缺乏理財觀念

根據統計，美國有百分之五十五的已婚女性供應一半或以上的家庭收入，顯示女性也越來越有經濟能力來為自己規劃財務。只是，女性還缺乏財務規劃的主動性與習慣。五成三的女性沒有訂出財務目標並且預先儲蓄。有超過六成的女性沒有準備退休金，其中有不少女性朋友認為「錢不夠」規劃退休金的。在我國這種情況也相當普遍，很多女性覺得「我的目標就是養活自己，其他問題留給另一半去做」。

2. 態度保守，心存恐懼

有不少女性不相信自己的能力，態度保守，甚至對理財心存恐懼。有調查顯示，一般女性最常使用的投資工具是儲蓄存款，其他還有保險。從這樣的投資習性可看出女性尋求資金的「安全感」，但是卻可能忽略了「通貨膨脹」這個無形殺手，可能將定存的利息吃掉，長期下來可能連定存本金都保不住。

3. 容易陷入盲從

大多數女性不瞭解自己的財務需求，常常跟隨親朋好友進行相同的投資或理財活動，往往只要答案，不問理由，明顯地不同於男性追根究底的特性，採取了不適當的理財模式，反而造成財務危機。

4. 為感情交出經濟自主權

很多女性常在交出自己情感的同時，也在不自覺地將自己的經濟自主權交到男性的手中。一旦情海生變，很可能傷了心不說，還落得一無所有。

其實女性在理財方面因為細心和耐心，比男性有先天的優勢，關鍵是要擺脫以上那些錯誤的認識，以下四個原則或許能給你一些幫助：

① 相信自己的能力，關心自己的錢就像關心自己的容顏。

② 明白自己的需要，擬訂理財計畫。先靜下心來評估一下自己承受風險的能力，瞭解自己的投資個性，明確寫下自己在短中長期的階段性理財目標。

③ 學習理財知識，避免盲從盲信。許多周圍的女性朋友總是覺得投資理財是一件很困難的事，需要專業知識，自己根本無法建立，因此懶得投入心力。其實要取得投資理財方面的成功，並不需要太專業的深奧的經濟學知識。現在你投入心力累積的理財知識與經驗，都將伴隨你一輩子，能幫助你建立穩健的財務結構。累積你需要的財富，這是一個多麼重要又必要的投資！你怎能不在意？

④ 專注工作，投資自我。雖然善於操盤投資理財不失為女性致富的途徑，但終歸讓你獲得最多財富，並獲得成就感的還應該是你的工作。畢竟以工作表現得到高報酬，自我能不斷學習成長，是一條最忠實穩健的投資理財之路。

使女人貧窮的五個原因

普通美國人是如何花錢的呢？實際情況是大多數人基本上掙

多少花多少。他們都知道錢很重要，但總想現在就買東西。他們無法控制需求和購物的衝動，儘管他們懂得投資生財，但仍會不由自主地去購買新自行車，或最新款的運動器械。

無計畫的消費使錢很快流失。抵押貸款、購車、學費、食品等，一張張的帳單，讓錢瞬間無影無蹤。意外事故和失業常常會使人們不知所措，但不知原因就在此。其實遵循幾條簡單的原則，加強一點自律，這一切都能改變。

下面是使女人貧窮的 5 個原因：

1. **缺乏對金錢的知識；**

2. **沒有財務目標；**

3. **沒有財務計畫；**

4. **在基本需要上花費過多；**

5. **拖延或懶於改變現狀。**

如果你有上述毛病，你並不孤單，大多數美國人和你同病相憐。你只有學會克服這些毛病，才能擁有一個有保障的未來。為什麼許多人失敗呢？原因是不自信。克服財務困難最重要的一點是相信自己能夠找到解決方案。許多人甚至未付出努力，總以為時間不夠，工作太多。真的是這樣嗎？不是！這只是藉口。你找過下面這些藉口嗎？

1. **沒有足夠的錢可支配。** 要嘛每月有節餘，要嘛入不敷出。但每個人總能省下一點錢，賺的再少，也沒有理由不存錢。

2. **沒有時間。** 財務管理的書籍也許太厚。你覺得總是忙於工作、家庭、娛樂，讀書太花時間。大錯特錯！贏得時間的唯一方法是花時間研究財富，磨刀不誤砍柴工！

3. **沒有財務知識**，不知從何學起。很多人覺得富人所掌握的賺錢之道他們永遠也學不會。他們認為，那些訓練有素、收費

昂貴的財務專家們使用的技術和方法，對賺死薪水的人來說是可望而不可及的。而事實是富人使用的財務管理原則和技術，人人都可以使用。節儉便是重要的原則之一。很多人雇請個人財務經理來管理財務，因為這些財務經理懂得並運用基本財務管理原則，他們懂得以最小代價獲取最大價值的秘訣。

成為富婆要突破的三大障礙

1. 沒有明確的金錢觀念

觀念對人的行為具有控制能力，對金錢觀念模糊不清，是大多數人未能致富的基本原因。他們在究竟利用何種方法賺錢，以多少錢維持正常的生活水準，以及金錢代表的具體意義等諸方面一直混淆不清。

人腦進行判斷的根據關鍵，首先要明確何種東西是應該避而不就的，何種東西又應該是極力尋求的。但是就金錢而言，如果我們傳遞給大腦的訊號是模糊不清的，那麼由大腦判斷出的結果也就不明確清晰。我們告訴我們自己金錢可以給我們帶來自由、舒暢，過上我們喜愛的生活，獲得我們喜愛的一切，做我們想做的任何事情。但是與此同時，我們看到，想獲取金錢需作出極大的努力、犧牲，需要更多的時間及汗水，或者害怕等到功成業就之後有時間享受時已經是年老力衰了。為此我們又覺得努力創富

是困難痛苦和不值得的。那麼存在著上述諸多問題，怎麼可能明確堅定地去開創富裕生活呢？

上述諸種問題並不僅僅發生在自己身上，有時也會涉及到別人，例如當別人發了大財時，尤其當她是個女人時，我們就難免不會去猜測她是否手段非法。當你對別人手中的錢有想法時，所傳遞到大腦的資訊是什麼呢？是否是「錢多了並不見得是好事」？若你心中果真存有這種想法，就會在潛意識裏告訴自己，錢財多了會毀壞自己。一味地對他人成功存在厭惡心理，下意識中你面對自己所追求的錢財，就會產生畏懼不前的念頭。

2. 過分相信專家

無法致富的第二個常見理由，在於許多人認為金錢的獲取是太困難而且複雜的事情，所以賺錢之事交付專家去實施。讓專家替我們賺錢當然是件好事，有可取之處，但是找專家之前至少要考慮一下會產生何種結果。如果你完全依靠專家，放心大膽地讓他們自由地去做，他們也難免不出問題，出了問題你也難免不去責怪他們，對專家對自己來說，這都是件麻煩事。所以最好的方法是自己親身去瞭解和把握賺錢的方法，此時命運就會掌握在自己的手中。

一切都建立在這個觀念之上：我們只有瞭解自己的智商、能力、身體和情緒的起伏情況，才能據此來靈活控制自己的命運。在金錢世界裏，我們也應該遵循這個道理，我們要去認識和掌握賺錢之道，不能被複雜的困難所嚇倒並退縮。只要你掌握了其中的基本道理，如何理財就成為一件簡單的事情了。

3. 有限觀念的影響

　　無法獲取財富的第三個原因，在於有限觀念的影響，從而給自己帶來了極大的壓力。時下許多人都相信世界是有限的，諸如土地有限、原料有限、住所有限、時間與機遇有限等等。在此觀念支配下，你會以為，有人贏就必會有人輸，在觀念上就免不了將人生當成賭博和爭奪。倘若你也持有此種觀念，那麼你致富的方式只能仿效本世紀初的經濟掠奪了，盡可能地獨霸市場，只將百分之十的利潤分給他人，其餘的利潤則全放進自己的口袋。

　　實際上此種方式目前已不奏效。有位叫鮑勃‧皮埃爾澤的經濟專家，因為提出「煉金術」這個經濟理論而名揚學術界。最近他寫了一本名叫《金錢無窮》的書，在書中，鮑勃提出這樣的觀念：我們生存的環境是一個資源充足豐富的好地方。他明確指出：我們現在已處在前所未有的時代之中，資源有限觀念已經不適應於當今的社會了。事實上，資源的充足與否，關鍵在於科技的發展程度，某些事實已經證明，資源的貯藏量是相當驚人的。

　　當鮑勃與他的朋友安東尼奧交談時，他舉了一個重要的例子，證明了資源的獲取及其價值大小受控於科技進程、產品的價值與價格。一九七〇年初，幾乎每個人都認為石油面臨消耗完結的威脅，到了一九七三年前後，為給汽車加油，許多人花時間去排長隊。當時據電腦分析的結果看，全球石油蘊存量為七千億桶左右，據當時的石油消耗情況看，這些石油約可再維持人類三十五至四十年的用度。鮑勃說，如果當時估計正確的話，到一九八八年石油儲量將下降到五百億桶，而據一九八七年的調查結果，石油儲存量竟達到九千億桶，整整比一九七三年多出了三成，這些數字僅僅是有據可查的，至於尚未勘探出的石油究竟為多少桶，只有等待新的科技去開採和挖掘了。

石油的儲量為什麼會有如此大的變化呢？原因有兩方面：一方面歸因於石油的開採技術提高了，第二方面是提高了石油的使用效率。在一九七三年，誰會想到發明電子打火的燃油噴射系統，將其安裝在汽車上，從而將燃燒效率提高了兩倍以上呢？更有意義的是使用的電腦晶片，以二十五美元的花費，竟取代了先前價值三百美元的汽化器！

這類科技一出現，就一下子提升了汽油的供應量達兩倍左右，可以說石油相對不足的情形在一夜之間得到改觀。實際上，如果將通貨膨脹的調整及汽油燃燒率的提高加以衡量，在汽車行駛相同距離的情況下，現在汽車單位里程的耗費成本，在汽車史上達到了前所未有的低成本。幾乎全球的科學工作者都在致力於尋求石油的替代品，以解決工廠、交通工具的燃眉之急。

鮑勃又說，真正的財富應該來自他所謂的「煉金術」。這種「經濟煉金術」，指的是能將無價值的東西變換為有價值，甚至是重大價值的東西。中世紀的煉金術，其目的即是由鋁變成黃金，這種努力雖然最終失敗，但為日後化學奠定了發展的基礎。現今的致富的人們，從某種意義上說，是名符其實的現代煉金術者，他們通曉將平常的東西變成貴重的物品，從而在經濟上獲取最大的轉換利益。不妨想一想，在資料和資料方面處理效率驚人的電腦，實際上是由沙子製成的，其晶片由矽做成，而矽又是沙子的主要成分。能把心中的主意經過實際的操作從而獲取較大的經濟利益的人，實際上就是在從沙中進行煉金。因此財富的根源在於人如何使用大腦。

現代煉金術一直是當今世界上許多富豪的致富秘訣，這些人中有比爾‧蓋茲，羅斯‧裴洛、山姆‧盛頓或斯蒂勞、夏伯斯等等，他們都通曉應用何種辦法，將未顯露出的價值創造成顯赫的利益。

女人發家的四大規則

下面是很多人不願面對的財務管理四項基本規則，但你必須熟記在心：

規則一：你不可能什麼都擁有。購物前，你必須清醒地做出選擇。

規則二：分清「想要的」與「需要的」。所謂「需要的」指必不可少的，而「想要的」則指可有可無的。你是需要一輛新車，還是想要一輛新車？你需要更大的房子，還是想要一處豪宅？很容易混淆「想要的」和「需要的」。在做預算過程中，分清二者的區別十分重要。如果還處於滿足需要的層次，那你得暫時將「想要的」放在一邊了──至少在開始階段如此。有些人擁有數不盡的財富，但當窘境降臨時，一夜之間，變得一無所有。原因就在於他們過分注重「想要的」，把所有錢(連同所有信用卡)都花在購買奢侈品和享受上，忽視了儲蓄和收支平衡。他們因一時快樂付出了慘重的代價，喪失了大好前程。

規則三：拖拉是實現夢想最大的阻礙。立即實施是財務計畫最重要的一部分。只有行動起來才會有實效。不要為暫時做不了每一件事而擔憂。開始做你力所能及的事情。你今天所做的一切都會有回報。別洩氣，堅持下去，你最終會取得成功。記住，從小事做起，只要開始行動就是好的開端。

規則四：實施經濟保障的第一步是首先滿足自我與家庭的需要。每個人都想有經濟上的保障，但現實中很多人不知如何為此

努力，甚至毫無作為。據統計，與其他國家人民相比，美國人的積蓄最少。他們賺得多，但花得也多，而不是像我們一些女人，把錢攥得緊緊的，連日常開銷都捨不得。有意思的是，獲得經濟保障的第一步不是賺更多的錢，而是應該滿足好家庭的需要，這是一條很好的常識。

千萬富婆是怎樣成功的

　　女人不能沒有金錢，然而，在這世上並不是每個女人都很富裕，那麼一個女人怎樣才會變得富有呢？

　　常有人問富翁彼德・聖吉，他是怎麼從一個十歲的窮孩子，在沒水沒電的農場長大，變成千萬富翁的。彼德・聖吉微笑答道：「我很年輕的時候，在水溝找到一毛錢，我看著那枚硬幣，用它在當地市場上買了一個蘋果。我把蘋果擦亮，展示出平時想到的最好銷售技巧，以兩毛錢賣掉蘋果。有了這兩毛錢，我又到市場買了兩個蘋果，一個一角。我把它們擦亮，每一個都用兩毛錢賣掉。然後我的叔叔死了，給我留下兩百萬，用同樣方法使用這兩百萬，我就這麼變成千萬富翁。」

　　如果你和大多數人一樣，那麼你最好不要癡癡地等你的叔叔有一天會先發了財，又死了，最後又把所有的財產都留給你。這就和中彩券一樣可望而不可靠。所以我們最好還是從創造財富的方向下手。那樣如果你的叔叔真的留財產給你，或是你真的中了

彩券，就更有意外的錦上添花了。

你是否知道，地球上百分之九十五的財富，都掌握在百分之五的人的手裏？如果你不屬於那百分之五，那才更令人害怕！而且，如果把全球所有的錢平均分給每一個人的話，在五年之內，這些錢還是會流回他們的口袋。

這些有錢和沒有錢的人有什麼差異？彼德‧聖吉認為，他們基因上一點也沒有不同。創造財富不關基因的事。如果和基因無關，就一定是心理上的事了。借助想他們所想的，做他們所做的，你將能產生相似的結果。

女性如何進行投資

許多女性一想到把剩餘的錢拿去做投資，就不知如何是好。大多數的婦女因為必須常常精打細算，所以非常瞭解金錢的價值，有家務上的預算更使婦女瞭解金錢的可貴。話雖如此，婦女還是很怕決定投資或財務上的事務。由於男人在商業上的行為，使婦女誤以為投資是很複雜的事。其實賺錢很簡單，不比別的事複雜。決定投資事宜之前，先找出相關的事實與選擇，配合可靠的會計師或財務專家，或與其他人討論她們的財務規劃。此外，閱讀書報上的財務資訊也是很重要的。

1. 買自己的房子

如果你賣了原來的住房，最好在你賣房子的同時再買一幢房子，擁有自己的資產能使你感到安全、穩定。買房子也是一種投資，房地產過一段時間總是會漲一點的。買個好地點，事前做好市場調查是必要的，然而價錢不要超過自己所能負擔的範圍。如果你把自己的需求拿給幾家仲介公司，你就可以找到合意而又付得起的房子。這也許是你第一次一個人處理自己資產買賣的事，你大可從中學習。下面就是一位女性通過房地產買賣致富的經歷：

佳‧桑瑪士，一個年薪原來不到三萬美金的教師，發現投資房地產並非高所得者的專利，她既非會計師，對房地產也一無所知，但目前，她在房地產上的資產總值已超過百萬。當然，你也可以辦到。

根據佳的作法，中收入者可以利用出租房地產的投資，在十年內賺進百萬。關鍵在於將房地產投資視為長期投資，也可視為順應潮流的退休金制度。

步驟包括利用有效率的貸款、二次貸款等等方式，來創造一種長期的投資。只要你擁有自己的家，就可以運用這種貸款方式創造財富。

即使你的家只是小小一個單位，你也可以利用它來購買另一個出租用的房地產。我相信這是很好的投資，不管已婚或未婚婦女，都可使用這種方法創造未來。許多自力更生的婦女都有一種淪為乞婦的恐懼，她們擔心自己到頭來一無所有，只能睡在公園的長板凳上乞討過活！

如果你不立刻採取行動，也許你真會有那麼一天。你必須立刻行動，不是兩年內或十年內，而是現在。

2. 抵押

設定抵押應該多比較，選擇能迅速償還貸款的專案。如果你能自由償還本金，則可省下很多利息。多找幾家銀行比較他們的抵押方式與利率。

3. 開創事業

你可以開創自己的事業作為後盾，而且也能創造週轉金。當你決定做什麼之後，就要做計畫，並拿給財務顧問與銀行經理過目。投入資金之前務必先做市調，且必須確認你的點子是可行的。

要與銀行經理發展生意關係，與他分享你的財務狀況及對未來的展望，因為這些過程務必他的配合才行。盡可能別用自己的住家做擔保。待你的生意上軌道之後，仍須與銀行經理保持密切聯繫，別忘了把你每個月的最新情況提供給他。

4. 儲蓄策略

永遠保留一些錢為急用經費。不管你賺多少，永遠存一點起來，最好是存下收入的百分之十的金額。先把該存的存起來，然後才付帳單。儲蓄以定存為宜，利息收入再投入儲蓄本金。你可以利用一點一滴累積的儲蓄，作為緊急之用或用於特殊場合。

下面是一些省錢的技巧，只要巧妙安排，加上很好的市調即可。

① 一星期上一次超市。日常用品列表記錄，遇缺才補。

② 盡可能別帶小孩逛街購物。

③ 謹守日常用品存貨表，勿胡亂添購。

④ 設法在同一時間、地點購買新鮮水果、蔬菜、肉與雜

貨。

　　⑤ 購買一些你喜歡的折扣品，當禮物備用。

　　⑥ 今日的市場為顧客至上，注意比價，尋找最合理的價格。

財商綜合測試

　　本測試是美國財商研究專家，根據一百名富豪的成功經驗編寫出的財商綜合測試。通過本測試，你可以瞭解你的財商有多高。當然，測試體現的僅僅是你目前的狀態，你是完全可以通過努力提高自己的財商的。

測試

1. 你認為你目前是否具備可以取得事業成功的能力？

　　A. 沒有　　　　　　B. 還差一點　　　　　C. 完全有

2. 你認為你的經商智慧達到了什麼水準？

　　A. 低　　　　　　　B. 和普通人一樣　　　C. 很高

3. 你懂得炒股嗎？

　　A. 不懂　　　　　　B. 略知一點　　　　　C. 很懂

4. 你的創新能力怎麼樣？

    A. 很低   B. 和普通人一樣   C. 很強

5. 你為了財富會去冒險嗎？

    A. 不會   B. 不能確定   C. 會

6. 你的克制力怎麼樣？

    A. 很差   B. 還行   C. 很強

7. 你認為你具備百萬富翁的形象素質嗎？

    A. 不具備   B. 具備一部分   C. 完全具備

8. 你認為你具備百萬富翁的氣質嗎？

    A. 不具備   B. 具備一部分   C. 完全具備

9. 你做任何事都會立即行動嗎？

    A. 不會   B. 看情況   C. 會

10. 你嫉妒有錢的人嗎？

    A. 不會   B. 有一點   C. 會

11. 你認為你具備和別人競爭的實力嗎？

    A. 不具備   B. 具備一部分   C. 完全具備

12. 你認為你充分利用了你的大腦嗎？

    A. 沒有   B. 還差一點   C. 十分充分

13. 你相信你能取得很高的成就嗎？

A. 不會　　　　　B. 不知道　　　　　C. 會

14. 你會為自己沒有錢而感到焦慮嗎？

A. 不會　　　　　B. 有一點　　　　　C. 會

15. 你認為你的能力傾向於哪一方面？

A. 一般工作　　　B. 研究性工作　　　C. 創造性工作

16. 你對財富有恐懼心理嗎？

A. 有　　　　　　B. 和普通人一樣　　C. 沒有

17. 你認為你的財富潛質怎麼樣？

A. 很低　　　　　B. 一般　　　　　　C. 很高

18. 你做任何事都是為了錢嗎？

A. 不是　　　　　B. 有時候是　　　　C. 完全是

19. 你能正確處理金錢嗎？

A. 不能　　　　　B. 和正常人一樣　　C. 能

20. 你認為你的應變力強嗎？

A. 不強　　　　　B. 和正常人一樣　　C. 很強

21. 你認為你的溝通能力強嗎？

A. 不強　　　　　B. 和正常人一樣　　C. 很強

22. 你十分瞭解金融辭彙嗎？

    A. 不瞭解   B. 瞭解一些   C. 完全瞭解

23. 你會正確處理與領導之間的關係嗎？

    A. 不會   B. 還行   C. 特別會

24. 你具備領袖素質嗎？

    A. 不具備   B. 具備一些   C. 完全具備

25. 你對任何事情都能做出正確決策嗎？

    A. 不能   B. 有時能   C. 完全能

26. 你會管理金錢嗎？

    A. 不會   B. 還行   C. 很會

27. 你認為你的管理能力怎麼樣？

    A. 很差   B. 一般   C. 很強

28. 你具備一個企業首腦的素質嗎？

    A. 不具備   B. 具備一些   C. 完全具備

29. 你對目前的工作滿意嗎？

    A. 不滿意   B. 還行   C. 十分滿意

30. 你認為你的財富素質高嗎？

    A. 很低   B. 一般   C. 很高

計分方法

答 A 得 2 分　答 B 得 3 分　答 C 得 4 分

得分在 100〜120 分，A 型。

得分在 80〜99 分，B 型。

低於 80 分，C 型。

結果論述

A型：你的財商很高，你現在要做的就是付諸行動，去創造更多的財富。

B型：你的財商還處於普通人的水準，要想比別人有更多的財富，你首先必須提高你的財商，因此你現在還要努力提高自己。

C型：你的財商比較低，現在的你或許還比較貧窮，並且對自己沒有信心。但是你要知道，只有努力才能創造財富，你必須從各方面都努力提高自己。

chapter

10

讓你如魚得水：
女人的社交優勢

◆

心理學家大衛・巴拉什證實了如下假設，即：「男人的成功一般是通過實際的競爭取得的，而女人的成功則往往是通過交際聯絡取得的。」基本上說來，女性扮演領袖的角色時更樂於成為好人，而男人更看重權力。

越是在男性成堆的地方，女人的交際手段越能發揮重大作用。女人應善於運用你的這方面優勢。

人際關係——女性真正的天然實力

　　有關專家對於世界級的創造性男女天才所進行的研究表明：

　　男人關注的是自己內心的調整，而女人關注的則是與別人之間的相互關係。

　　女人總是帶著個人的感情色彩，而男人則較少人情味。

　　女人關心著周圍的一切，而男人只關心帳本上的盈虧。

　　女性總是試圖通過給自己的事業，創造良好的發展氛圍來獲得成功，而男性則是通過教訓和立法來獲得成功。

　　遇到衝突時，女性願意通過談判協商來解決問題，而男性則往往會採取一些攻擊性或威脅性的行動。

　　為了得到感情上的滿足，女性採取的方式是來點高雅風情，男人則更願意通過性關係來解決。

　　女性願意選擇一種比較安全可靠的途徑創建商貿企業，而男性則願意走一條冒險的道路。

　　女人尋求別人的忠告，而男人對別人進行忠告。

　　女人的處世之道是同情和理解，而男人具有的卻是攻擊性。

　　女人在一切新的關係圈中尋求相互尊重，而男人尋求的是自我滿足。

　　女人試圖變得完美，而男人希望變得強大。

　　至於在遊戲中做一些不會犯規的小動作，女性只滿足於能把遊戲玩下去，而男性為的就是贏得這場遊戲。

　　女性靠感覺做出決定，男人靠的是理想。

權力使女人解放，使男人墮落。

女人利用她們的美麗和性別獲得權力，而男人是利用權力得到性。

總的來說，女性在一切人際交流中總是把關係放在第一位，而男性則把個人地位置於一切人際之上。

在家長式統治的環境中，男性是掌權者，總是會運用強迫手段或暴力行動來解決衝突。

相反，女性所採取的解決問題的方式，一般是通過關係通融，而不是爭鬥，她們是用同情心而不是暴力來解決衝突。也就是說，女人首先選擇的是交談，男人首先選擇的是打鬥(這是睪丸激素作用的結果)。在任何面對面解決衝突的環境中，這種男女差別對女性領袖人物都是有利的。女性領袖願意採取通過語言交流進行調停、談判、獲取同情等來解決問題。女性會專心致力於使團體或組織保持合理的完整性，這是出於她們內心母性對安全的需求。男性總是願意去摧毀團體或組織，以此實現自我和個人的價值。

另一方面，女性最大的優勢同時也是她們最大的弱點。長久以來，為了避免衝突，女性不免給人留下嘮叨不休的印象。有時在女人嘮嘮叨叨的時候，解決問題的機會已經與她擦肩而過了。其實對所有人來說都一樣，最大的優勢同樣也就是最大的弱點(大多數人只不過還沒有意識到這一點罷了)。

以上分析告訴女人，越是在男性成堆的地方，女人的交際手段越能發揮重大作用。女人應善於運用你這方面的優勢，但同時也要注意，過分的優柔和周旋，有時也會誤事。因此要注意「當斷不斷，反受其亂」。

打造成功的人際關係網的十一條策略

　　人作為社會中的一員，肯定少不了與其他人相互交往。但交往並不是我們表面上看到的，僅僅是雙方相互通通話而已，它應該包含更深一層的含義，那就是在交往雙方之間，建立一種良好的關係和友誼。而在現實生活中如何進行交往，是有許多技巧和經驗可循的，下面就提供一些與人成功交往的技巧，供女性朋友參考。

1. 與每個人保持積極聯繫

　　要與關係網絡中的每個人保持積極聯繫，唯一的方式就是創造性地運用自己的日程表。記下那些對自己的關係特別重要的別人的日子，比如生日或週年慶祝等。打電話給他們，至少給她們寄張卡片讓她們知道你心中想著她們。

2. 組建有力的人際關係核心

　　選幾個自認為能靠得住的人組成良好、穩固、有力的人際關係的核心。這首選的幾個人可以包括自己的朋友、家庭成員，和那些在你職業生涯中彼此聯繫緊密的人。她們構成你的影響力內圈，因為她們能讓你發揮所長，而且彼此都希望對方成功。這裏不存在勾心鬥角的威脅，她們不會在背後說你壞話，並且會從心底為你著想。你與她們的相處會愉快而融洽。

3. 推銷自己

　　與人交談時盡可能地推銷自己。當別人想要與你建立關係時，他們常常會問你是做什麼的。如果你的回答平淡似水，比如只是一句：「我是一個電腦公司的職員。」你就失去了一個與對方交流的機會。比較得體的回答是：「我在一家電腦公司負責軟體的開發工作，主要開發一些簡單實用的軟體程式。平時閒暇時，經常打打乒乓球、羽毛球，並且熱愛寫作。」在短短的幾秒鐘的時間裏，你不僅使你的回答增添了色彩，也為對方提供了幾個話題，說不定其中就有對方感興趣的。

4. 無益的老關係不必花太多時間維持

　　不要花太多時間維持對自己無甚益處的老關係。當你對職業關係有所意識，並開始選擇可以助你一臂之力的人時，你可能不得不卸掉一些關係網中的額外包袱。其中或許包括那些相識已久，但對你的職業生涯無所裨益的人。維持對你無甚益處的老關係，只意味著時間的浪費。

5. 遵守關係網絡守則

　　時刻提醒自己要遵守關係網絡的規則，不是「別人能為我做什麼」？而是「我能為別人做什麼」？在回答別人的問題時，不妨再接著問一下：「我能為你做些什麼？」

6. 要常出現在重要場合

　　因為重要的場合可能會同時彙聚了自己的不少老朋友，利用這個機會，你可以進一步加深一些印象，同時可能還會認識不少新朋友。所以對自己關係很重要的人的活動，不論是升職派對還

是其女兒的婚禮，都應盡可能地出席。

7. 以最快速度去祝賀他

遇到朋友升遷或有其他喜事，要記得在第一時間內趕去祝賀。當你的關係網成員升職或調到新的組織去時，祝賀他們。同時，也讓他們知道你個人的情況。如果不能親自前往祝賀，最好也應該通過電話來表達一下自己的友誼。

8. 富有建設性地利用自己的商務旅行

如果你旅行的地點正好鄰近你的某位關係成員，不要忘記提議和他共進午餐或晚餐。

9. 激發強大能量

當雙方建立了穩固關係時，彼此會激發出強大能量和創造力，使彼此的心靈達到至美境界。為什麼將你的影響力內圈人數限定為十人呢？因為強有力的關係需要你一個月至少維護一次，所以幾個人或許已用盡你所能有的時間。

10. 幫助他人

如果朋友遇到困難時，應及時安慰或幫助她們。當她們落入低谷時，打電話給她們。不論是你關係網中誰遇到麻煩，立即與他通話，並主動提供幫助，這是表現支援的最好方式。

11. 別總做接受者

在交往中不能總做接受者。如果你僅僅是個接受者，無論什麼網絡都會疏遠你。搭建關係網絡時，要做得好像你的職業生涯

和個人生活都離不開它似的，因為事實上的確如此。

做一個舌綻蓮花的女人

大多數成功的人都是能言善道的，而不成功的人大多不怎麼會說話。如果你學會了怎樣說話(相信我，說話絕對是可以學習的)，你就能成功。如果你覺得自己已經是一個成功的人，要是你比現在還能說，就會更加成功。

1. 表現出足夠的理解力

我們最喜歡和能理解我們的人說話，因為他們清楚地表達出不只關心你所說的話，也關心你的感覺。當你告訴別人說換了新工作，你希望對方會說：「哦！棒極了！」而不只是一句：「哦，真的嗎？」

2. 表達幽默感

幽默感到處都受到歡迎，在談話中自然也不例外。一條演說的「天條」是——別板著臉太久。不要介意開自己的玩笑，事實上，最擅長與人交談的人，往往常說關於自己的小笑話。

3. 擁有自己的談話風格

善於說話的人的一個重要特質，是有獨特的風格，而且溝通

起來非常有效。建議你找出讓你感到最自如的說話風格，然後好好地予以發揮。

4. 最後，請閉嘴

不管你多能說，但有些時候閉嘴會比說話好。如果你的直覺告訴你少說為佳，那麼還是忍忍吧！

下面是幾位從事不同職業的女性對自己說話方式的定位。

丁小姐，25 歲，電視台節目主持人

我的性格屬於外向型的，平常在說話的時候面部表情非常豐富。而且適當的手勢不僅可以使整個人顯得生動，而且讓人感到容易接近，可以幫助我在外出採訪時很快地進入角色，將談話帶入到一定的氛圍當中。聲音對於一個人的外在修飾是很重要的，卻往往容易被人忽視。所以我認為每個人都應該注重對自己聲音的塑造，沒有受過這方面的訓練，也可以通過自己平時的觀察和積累，逐漸找出適合自己的說話方式。

張小姐，28 歲，公司經理

我平常說話語速比較慢，聲音也比較柔和，最大的特點就是愛笑，朋友們都說我不說話好像也在笑。我在招聘公司的秘書時的一個重要條件就是語音要柔和親切，不能有不良的說話習慣。因為秘書在接客戶的電話時，是通過語言與人打交道的，代表著公司的形象，絲毫馬虎不得。我在培訓公司推銷員時也特別強調，在向客戶推銷產品的時候，還要注意交流，觀察客戶是否在聽你的介紹，如果發現對方沒有跟上你的思路，就要及時調整語言。

姚小姐，24歲，在校研究生

我的性格比較溫和內向，說話辦事都比別人慢半怕。大家對我的一個普遍的反映就是我說話速度慢，我覺得這樣說話更能把自己的意思表達清楚。學校裏同學之間的關係比較簡單，所以我和同學們說話都比較直截了當，有什麼說什麼，不用有太多的顧慮。一次聚會，一位朋友因失戀而痛苦不堪，大家都在想辦法勸解，可是我覺得他不應該一味地陷在裏面，就當著大家的面不客氣地說了他幾句。回來後，有年齡稍長的朋友好心地勸我以後說話不要太直。但我覺得是什麼人就該說什麼話，如果我現在突然變得老成持重起來，同學們肯定以為我受什麼打擊了。我喜歡現在的真誠和熱情，但是這並不妨礙我今後根據環境的需要調整自己。

辦公室裏的語言藝術

在辦公室裏與同事們交往離不開語言，但是你會不會說話呢？俗話說：「一句話說得讓人跳，一句話說得讓人笑。」同樣的目的，但表達方式不同，造成的結果也大不一樣。在辦公室說話要注意哪些事項呢？

（1）不要跟在別人身後人云亦云，要學會發出自己的聲音。

老闆賞識那些有自己頭腦和主見的職員。如果你經常只是別

人說什麼你也說什麼的話，那麼你在辦公室裏就很容易被忽視了，你在辦公室裏的地位也不會很高了。有自己的頭腦，不管你在公司的職位如何，你都應該發出自己的聲音，應該敢於說出自己的想法。

(2) 辦公室裏有話好好說，切忌把與人交談當成辯論比賽。

在辦公室裏與人相處要友善，說話態度要和氣，要讓人覺得有親切感，即使是有了一定的級別，也不能用命令的口吻與別人說話。說話時，更不能用手指著對方，這樣會讓人覺得沒有禮貌，讓人有受到侮辱的感覺。雖然有時候大家的意見不能夠統一，但是有意見可以保留。對於那些原則性並不很強的問題，有沒有必要爭得你死我活呢？的確，有些人的口才很好，如果你要發揮自己的辯才的話，可以用在與客戶的談判上。如果一味好辯逞強，會讓同事們敬而遠之，久而久之，你不知不覺就成了不受歡迎的人。

(3) 不要在辦公室裏當眾炫耀自己，不要做驕傲的孔雀。

如果自己的專業技術很好，如果你是辦公室裏的紅人，如果老闆非常賞識你，這些就能夠成為你炫耀的資本了嗎？驕傲使人落後，謙虛使人進步。再有能耐，在職場生涯中也應該小心謹慎，強中更有強中手，倘若哪天來了個更加能幹的員工，那你一定馬上成為別人的笑料。倘若哪天老闆額外給了你一筆獎金，你就更不能在辦公室裏炫耀了，別人在一邊恭喜你的同時，一邊也在嫉恨你呢！

（4）辦公室是工作的地方，不是互訴心事的場所。

我們身邊總有這樣一些人，她們特別愛聊，性子又特別直，喜歡和別人傾吐苦水。雖然這樣的交談能夠很快拉近人與人之間的距離，使你們之間很快變得友善、親切起來，但心理學家調查研究後發現，事實上，只有百分之一的人能夠嚴守秘密。所以當你的生活出現個人危機，如失戀、婚變之類，最好還是不要在辦公室裏隨便找人傾訴；當你的工作出現危機，如工作上不順利，對老闆、同事有意見和看法，你更不應該在辦公室裏向人袒露胸襟。過分的直率和十三點差不多，任何一個成熟的白領都不會這樣「直率」的。自己的生活或工作有了問題，應該儘量避免在工作的場所裏議論，不妨找幾個知心朋友下班以後再找個地方好好聊。

說話要分場合、要看「人頭」、要有分寸，最關鍵的是要得體。不卑不亢的說話態度，優雅的肢體語言，活潑俏皮的幽默語言……這些都屬於語言的藝術。當然，擁有一份自信更為重要。懂得語言的藝術，恰恰能夠幫助你更加自信。嫻熟地使用這些語言藝術，你的職場生涯會更成功！

讓男人感到你不可侵犯

當你想與你的同事進行平等交往的時候，你便可以使用這六種既簡單又實用的身體語言信號。這六種信號對於表現你人格的

力量，或者表明你自己作為一個執行人或一個管理者的社會地位，都是非常有價值的。

1. 如果不是真的從心裏往外壓抑不住的高興就不要笑

這並不意味著你必須愁眉苦臉地工作，就好像全世界的重量都壓在你的肩膀上似的。應該不折不扣地說，如果你不是由衷地感到幸福，就不要喜形於色。一副不樂不愁的面部表情，最有利於隱藏你內在的思想和感情。

2. 不允許別人打斷你的話

如果有人在你說話的時候插嘴，即使他或者她是你的上司，你也有必要說：「對不起，我的話還沒有說完。」然後馬上在你被打斷的地方接著說下去。一般說來，這足以馬上制止住那個人，除非他是一個異常遲鈍又厚臉皮的人。

3. 不要限制你身體的姿勢

如果你需要以手勢加強自己的論述，那你就儘管做好了。只是有一點應該儘量避免，那就是不要用手指指點點什麼人，那樣做容易被人誤解是在譴責他的什麼錯誤，甚至能使人不愉快。

4. 看人要直視對方的眼睛

這是可以用來打掉對方銳氣的最有效的一種技巧。如果他想和你爭論，你什麼也別說，只要像我說的那樣注視著他，用不了多長時間，他就會有緊張和不自在的感覺。你連一句話都不用說就證明了自己的論點。

5. 有效地利用你自己的空間

有不少年輕的女性在這方面做得都很不夠，而且自己還總是弄不明白，為什麼她們的個人空間經常被別人侵佔。適當地安放辦公設備往往是最關鍵的一步。

6. 完全放鬆

我說這話的意思並不是說你可以不修邊幅、隨隨便便的，或者不注重自己的外觀，放鬆的關鍵在於自信。假如你對自己的工作很熟練，工作起來你就沒有必要緊張，更不會有什麼恐懼心理。你完全可以輕鬆愉快地完成你的工作。

交際能力測試

人類基本的活動形式是群體活動。對人生而言，群體活動也是人生的重要環節，人生就是在群體活動中渡過的，沒有了群體活動，人生就變得枯燥乏味，沒有生氣了。也許正因為如此，社會交際便成為人生的焦點問題之一。人際溝通是簡單而又複雜的社會現象，之所以說它簡單，是因為每個人從一出生直到死亡，從每天清晨起直到深夜入睡，都離不開與別人交往，它對每個人來說似乎已經習以為常，司空見慣，沒有什麼不可思議的。之所以說它複雜，是因為人們在交往過程中，每個人都是有思想、有情感、有自我的心理特點，有種種各樣的目的和慾望。每個人在

交際中都有難以把握的心理因素，有猜不透的奧秘。人際關係儘管複雜，卻不能望而生畏，止步不前，培養良好的習慣，不僅會對你的交際大有助益，而且能使你的交際異彩紛呈，增添不少亮色，為你的成功奠定堅實的基礎。

測試

此測驗考察你處理人際關係的能力。以下有七個和朋友相處的情形，遇到不同的場合，你會表現出何種舉動？

1. **朋友送你一份生日禮物，之後經你到商場查詢得知這份禮物價值 5000 元。**那麼下次當他生日時，你會送他多少錢的禮物？

   A. 500 元。

   B. 也是 5000 元。

   C. 5500 元。

2. **你和朋友走在街上，發現前面圍著一群人，並有員警在其中。**你的朋友提議去看一下，此時你會有什麼反應？

   A. 向人堆裏走去。

   B. 對朋友說：「我怕，你去好了！」

   C. 「算了吧！」

   D. 向旁人打聽情況！

3. **有一個人對自動販賣機投下了零錢後，卻沒有出現任何東西。**於是他向自動販賣機的老闆抱怨。你想像老闆會有什麼反應？

   A. 「你真的把錢投進去了嗎？」

   B. 「機器壞了，退你錢吧！」

   C. 「敲敲自動販賣機看看！」

D.「我不知道怎麼回事！」

4. 你和朋友一起去卡拉 OK 唱歌，你通常會選擇在什麼時候唱？

A. 最先唱。

B. 第二個唱。

C. 第三個或最後。

5. 如果你有機會擔任電視連續劇《包青天》的演出，你想扮演以下哪一個角色？

A. 包公。

B. 王朝或馬漢。

C. 除了 A、B 以外的角色

6. 你在公共閱覽室借了一本雜誌和朋友一起閱讀，當看到其中一頁的附圖你很喜歡，你會有什麼反應？

A. 很技巧地撕下後，不動聲地將雜誌還給管理員。

B. 到書店買一本同樣的雜誌。

C. 去複印一份。

7. 你和友人一起去參加小學同學的聚會，當大家不斷奉承一位昔日成績不如你、長相也沒有你漂亮的朋友時，你會怎麼樣？

A. 心中不悅，藉故提前離去。

B. 不在乎。

C. 和他一較短長。

D. 找一個境遇較相同的人聊天。

計分方法

選項 題號	A	B	C	D
1	1	3	5	
2	5	1	3	3
3	1	3	5	1
4	5	3	1	
5	5	3	1	
6	1	5	3	
7	1	3	5	1

7～10 分為 A 型，

11～17 分為 B 型，

18～24 分為 C 型，

25～31 分為 D 型，

32～35 分為 E 型。

結果論述

　　A. 謹慎消極型——你總喜歡獨自默默地埋頭苦幹，而不願與人分享你的成敗。你對初次見面的人有較深的戒心，所以別人很難深入地瞭解你。你對事情往往具有獨到的見解，但處在一個注重群體的現代社會中，你必須學會充分表達自己的見解。若你是一名領導者，則更有必要改變你的消極處世態度。

B. 情緒型——你對待人缺乏準則，很可能一開始是心心相交的朋友，到頭來卻反目成仇，原本勢不兩立的人卻成了你的莫逆之交。你的人際關係可說是「彆扭」型。

C. 順應型——你和旁人交往很會控制自己的情緒，所以人際關係不錯。縱使很討厭對方，你也不會表現出來，所以往往能將棘手的事情協調得很好。

D. 社交型——你擅長交際，即使對待自己並不喜歡的人也相當友善。你的性情很開朗，能夠影響周圍的人，所以別人都能很輕鬆自在地與你交往。

E. 積極領導型——你習慣於以自我為中心，渴望做風雲人物，最看不慣唯命是從的人，往往能充分發揮自己的能力。但因此時常會和別人的意見相左而產生矛盾。

賈桂琳：充滿魅力的美國第一夫人

在美國歷史上，幾乎沒有哪個女人可以像賈桂琳‧甘迺迪那樣，吸引無數人的目光。自她住進白宮的那一刻起，便輕而易舉地憑她作為年輕母親的風範和第一夫人的聰慧和魅力，征服了國內外的政府首腦，也獲得了全世界各國人民的尊敬和愛意。其實，正是由於賈桂琳身上所展現出來的不凡勇氣和高貴品質，使人們由衷奉她為偶像！

她不但能吸引人們的目光，還能牢牢抓住人們的心靈。她總

是能夠瞭解人們心中的想法，耐心傾聽，讓人感到自己所說的彷彿是世界上最重要的事情。」

十八歲的「社交皇后」

一九二九年六月二十八日，賈桂琳出生在東漢普頓。可憐的小賈桂琳卻先天不足。那時的賈桂琳外表並不漂亮。頭髮亂蓬蓬的，有一雙大腳丫，肩膀太寬，瞳距過大，簡直是一個十足的「醜小鴨」！總而言之，這丫頭絕對是一個普通女孩。

好在賈桂琳的父親並不這麼看她，父親從小就告訴她：「要吸引眾人的注意力，你必須走到房間的中心位置，展露令人炫目的微笑，同時將你的下巴抬得高高的。」在父親的指導下，賈桂琳少女時代起就知道如何做能夠吸引男性，尤其是成功男性的目光。

賈桂琳十三歲時，一直感情不和的父母離婚了，母親嫁給了奧欽克羅斯，並帶她和妹妹住到了哈姆密爾斯莊園。童年時父母的離異使小賈桂琳一度自閉，被同學謔稱為「難以接近的怪人」，但是繼父帶來的巨額財產又使她比以前更加奢侈、更加叛逆。

在這點上，少女賈桂琳最具代表性的一件事是她的「首進儀式」——當時的美國上流社會一直保持著的一個成年儀式，即把剛成年的女子介紹給社交界。

在繼父的精心安排下，十八歲的賈桂琳的正式「首進儀式」，在歷史悠久的克蘭貝俱樂部舉行。當晚，因為繼父的聲望，許多社交界的名流都來了。

賈桂琳挽著繼父的手，站在門口迎接客人，表現出了大家閨秀的風範。她穿了一件雪白的薄紗連衣裙，領口橫開到肩膀，露

出天鵝一樣光潤挺拔的脖子,雖然一雙眼睛在人群中慌亂羞澀地閃爍,但卻無法掩飾她那自然而然流露出的瀟灑和活力,在晚會上她可謂豔壓群芳、光彩照人、超凡脫俗!她始終楚楚動人、儀態萬千、風情萬種,她一直妙趣橫生、出語不凡、語驚四座。當有人恭維她,說她穿的禮服是那麼別致、奪目時,她不禁莞爾:我是在紐約跳蚤市場買的,只有五十美元!

總之,她給了所有來賓一種「頑皮姑娘和可愛公主的奇怪組合」的印象。

在座的賓客無不目不轉睛地隨著她打轉,母親們惶惶不安,父親們忍不住地站了起來,他們的兒子們則興奮得不得了,女孩們卻在妒火中燒,賭著氣準備退場……所有人都在想:是哪個細枝末節、哪種獨到的格調,使賈桂琳變得如此出眾,如此引人注目呢?

隨後,美國著名記者伊戈卡凱西尼在一篇報導中,把那個晚上的賈桂琳譽為「本年度新入社交場的皇后」!

當選「社交皇后」的賈桂琳,被從天而來的榮譽喚醒了她那幾乎處於沉睡狀態的社交慾望。她興奮不已,剛一成年,就被人稱為「皇后」,那未來的燦爛似乎離自己已經不遠了!

更讓人高興的是賈桂琳在被冠以「社交皇后」美譽不久,接著又在《時裝》雜誌社舉辦的第十六屆巴黎大獎賽的徵文比賽中力拔頭籌,算得上是雙喜臨門!

一時間,賈桂琳名聲大振,她的身邊很快聚集了一大批追隨者,有些人還專門從紐約趕來,想一睹「皇后」的風采。

一九五一冬天,大學畢業的賈桂琳來到《華盛頓先驅時報》工作。後來她結識了甘迺迪。而甘迺迪也被這位比自己整整小了十二歲的女子迷得神魂顛倒。一九五三年九月十二日,在甘迺迪

的激動表白中，二十四歲的賈桂琳終於嫁人了。婚後的賈桂琳更加成熟和理性，為了家庭，她與以前交往過的男子斷絕了一切聯繫。

賈桂琳三十一歲時，丈夫甘迺迪被選為美國歷史上最年輕的總統，風情萬種的賈桂琳順理成章地成為了美國第一夫人，同時也更加成為了萬眾矚目的中心。憑著一身智慧、熱情和膽量，如今的賈桂琳，昔日的醜小鴨，此時真正地成為了全美國的「皇后」！

引領美國流行時尚

賈桂琳給人的印象總是那麼美好，她的穿戴極富個性，她的審美情趣獨到而優雅。

在甘迺迪的總統就職典禮上，賈桂琳以一身皮爾·卡登獨特設計的露肩晚禮服，向外膨起的髮式驚豔世界，掀起了全美婦女竟相效仿的風潮。一頂桶形女帽，更為她增添了無限光彩。當她將其戴在頭上出現在公眾場合時，立即就被報刊取名為「賈桂琳式」的圓帽。

一九六六年，賈桂琳穿著緊身短裙的照片出現在《紐約時報》上。隨後，無數的美國女孩竟相仿效，她們脫掉了傳統的及地長裙，而換上這種裙擺到膝蓋以上的輕巧短裙。

儘管在此之前，超短裙已在電影明星和一些前衛女士中穿著，但是圍繞它的非議卻令人難堪；可是當魅力四射的第一夫人賈桂琳穿上它時，則意味著它為上層社會所接受。從那年起，世界開始進入時尚前衛的「超短裙時代」。

總之，賈桂琳成功地宣導了美國的流行時尚。

她向外翻捲的短髮·她喜愛佩戴的珍珠，她下巴上的痣，她

那些舒服的小外套，都成為美國時尚的經典。她的每一句話、每一個動作，甚至每一種著裝細節，都成了讓人回味無窮並爭相模仿的對象，尤其是美國的婦女們，更是處處以這位第一夫人為榜樣，學習她的言行、舉止、風貌，甚至她的穿衣打扮。

賈桂琳不但幫助婦女們提高了她們的欣賞品味，喚醒了她們的自我意識，更重要的是賈桂琳激發了美國人加強文化修養的意識。

賈桂琳成為第一夫人後，做的第一件重大工作是恢復白宮內部的本來模樣。在由準備退位的艾森豪總統夫人帶領她巡視白宮時，她就為其充斥著沒有歷史感的複製傢俱而感到沮喪。她認為白宮代表著國家，就應當恢復其歷史形象。她要求組成一個美術委員會，著手進行這項工作，到處尋找古董傢俱和歷史藝術作品，甚至親自向曾經設計過白宮的人寫信。完成恢復工作後，在那段時間裏，她把美麗、高雅、尊嚴和慈愛帶進了美國人的生活，她的貢獻可謂「前無古人，後無來者」。作為美國的第一夫人，賈桂琳的名氣越來越響，她的一舉一動都在群眾和記者的密切注視之下，他們並不是要找她的錯誤或挑剔什麼，而是出於喜歡、愛戴，乃至於是一種欽佩和敬仰。

將「霓裳外交」發揮到極致

賈桂琳的魅力不僅席捲了美國本土，而且也風靡了全世界。

在所有其伴隨丈夫進行的正式訪問中，賈桂琳都不由地成了一件光芒耀眼的外交武器，連頑固粗俗的赫魯雪夫都被她超凡脫俗的風度所融化，戴高樂和尼赫魯更稱她是「最可愛的甘迺迪夫人」——「霓裳外交」被賈桂琳發揮到了極致！

一九六一年五月，甘迺迪夫婦第一次正式出訪加拿大，當時

的賈桂琳不確定當地人民是否歡迎自己。她和凱西尼這位舞臺服裝設計師一同討論後，設計出了在公眾場合最能向世界人民傳達賈桂琳風格（即美國新生代風格）的服飾。

她身著一款華貴尊嚴的紅色套裝，這款服裝充分映射出了加拿大皇家馬隊侍衛的制服。這絕對是個巨大的成功。賈桂琳運用服飾語言，切實表達了自己的風格特點。毫無疑問，這在外交上也是一次大勝利。

當載著甘迺迪總統夫婦的汽車隊穿過擁擠的街道時，人群中一片沸騰，各種歡呼聲、掌聲、尖叫聲不絕於耳，歡快的人群幾乎將他們淹沒，有人高聲呼喊著：「賈桂琳！賈桂琳！」

加拿大人民的歡迎儀式幾乎導致一場騷亂，渥太華人民就像義大利足球運動員一樣瘋狂。這再次證明了賈桂琳的魅力是不可估量的。

凱西尼後來回憶道：「那一刻，甘迺迪總統意識到原來最鋒利的武器就在自己身邊。正是因為這次出訪，甘迺迪再一次認識到了賈桂琳作為親善大使的潛力。」

幾週後，賈桂琳和丈夫又去了下一站——法國。對於法國之行，賈桂琳感到十分緊張，而結果，她的表現非常出色。

她在參觀凡爾賽宮的時候，穿上了她心儀已久的GIVENCHY晚裝。那是一條象牙色的繡花長裙，線條簡潔而優雅，恰到好處地襯托出了第一夫人的高貴與美麗。這套外交史上著名的晚裝一經亮相，立刻傾倒了大西洋兩岸的無數人民。

在法國這個很好的舞臺之上，賈桂琳淋漓盡致地向世人展示了自己。人們認為，總統夫婦的法國之行與其說是訪問，還不如說是賈桂琳的時尚秀，她風靡了整個巴黎，法國人民狂熱地迷戀上賈桂琳，並熱切地希望揭開甘迺迪夫人的神秘面紗。

在輿論的影響下，甘迺迪夫婦的這次出訪活動的主題，最後似乎成了「賈桂琳的法國之旅」，以至於甘迺迪在凡爾賽宮國宴的致辭裏，不無得意地自嘲：「我是第一個陪同賈桂琳訪問巴黎的男人！」

一九六二年三月，賈桂琳單獨出訪印度和巴基斯坦，這是甘迺迪的意思，因為夫人單獨出訪，只是半官方的。在印度首府新德里，印度人對賈桂琳的歡迎規模超過了伊莉莎白女王。有報紙稱她為「權力女神」。而賈桂琳一如既往地保持了她的優雅形象，哪怕是在騎上一頭大象時，她仍然穿著絲質的淺黃色蓬蓬裙。

《印度時報》總編輯巴齊亞說：賈桂琳的出現，使印度的一切都為之停頓下來，她完全成了一切的中心，人們爭著送給她地毯、微型繪畫和用金線與生絲繡的紗麗等等。賈桂琳的兩個孩子則得到了一頭大象和一對幼虎。賈桂琳作為甘迺迪外交方面的潤滑劑，以自身的魅力征服了很多國家領導人，深深地迷醉了世界各國人民，使這些國家的領袖，因此對甘迺迪政策採取了更開放的態度，從而使美國在世界上的地位更加鞏固。

然而，一聲槍響卻打碎了這一切⋯⋯

一九六三年十一月二十二日，賈桂琳追隨著丈夫的身影，步下了「空軍一號」專機。她穿著粉紅色的 CHANEL 套裙，戴著同色的帽子，深紫色的翻領襯著化妝合宜的面容，顯得典雅而時尚。可是，她和丈夫都不知道，一場巨大的陰謀正在醞釀之中。數小時後，一枚子彈從街道的上方斜射而來，甘迺迪甚至沒來得及哼一聲，就在賈桂琳身旁猝然倒下，他妻子粉紅色的套裝上濺滿鮮血。

悲痛欲絕的賈桂琳甚至還來不及鎮定自己恍惚的情緒，一件

比失去丈夫更重要的事情就已經擺到了她的面前——美國一刻都不能沒有領袖！美國人看到了一個充滿非凡勇氣、始終鎮定自若的賈桂琳——美國總統的專機降臨達拉斯機場，副總統林登·詹森在飛機上宣誓就任總統。成千上萬的美國人通過電視，目睹了他們所喜愛的賈桂琳，仍然穿著血跡斑斑的衣服，站在這位剛剛就職的新總統的身旁。無論是誰勸說賈桂琳換下衣服時，她都堅定地搖搖頭，說道：「讓他們看看他們的所作所為吧！」賈桂琳表現出的勇氣令全世界讚賞！

儘管她的生命充滿了巨大的痛苦，但是她還是一如既往地調整、回復自我。沒人知道她當時的心情，就像沒有人能瞭解日後她會下嫁希臘船王一樣。

一九六八十月，美國總統的遺孀賈桂琳嫁給了當時的世界首富——希臘船王亞里斯多德·歐納希斯。

甘迺迪夫人變成了歐納希斯夫人！不僅甘迺迪家族驚呆了，整個世界也驚呆了。美國人普遍產生被出賣、被欺騙和被愚弄的感覺。

在口水飛濺中，成為了最恥辱的新娘的賈桂琳選擇了沉默，選擇了儲蓄高貴和優雅，也選擇了忠實於自己的內心世界。原因只是：賈桂琳是個女人，只要是女人，就都有對被愛的渴望。

一九九四年五月十九日，賈桂琳在自己的家中，在孩子們和那些她深愛的人的陪伴中離開了人世。那一年，她六十四歲，死於癌症。賈桂琳的去世，再一次震動了全世界。儘管她在白宮的時光只有短短的一千餘天，但是在美國人的心中，她早已經是無可替代的白宮女主人，是迄今為止人們所見過的最有影響力和最時尚的美國第一夫人。

賈桂琳的魅力是如此的鮮明、充滿智慧、富有創造性。時至

今日，她依然存在於人們的心中——一個集美麗、才華和膽識於一身的曠世奇女子，她永遠站在時尚的潮流之巔，勇敢地追求自由、美麗和幸福，並以迷人的風姿征服了全世界！

chapter

11

你來轉動地球：
女人的領袖優勢

　　女性自身特殊的社會屬性和自然屬
性，決定了從事管理工作就要付出比男
性更高的代價。但是單純求得社會理
解、支持是不夠的，女性應該認識自
我，發揮自己的優勢，丟掉依賴軟弱的
歷史包袱，把自己造就成具有敏銳的觀
察思維能力、較強的吸收能力、較好的
組織領導、運籌決策能力，具有較廣泛
社交能力的女性領袖。

女性領導者應首先成為美的化身

現代領導者是美的生活的組織者，也是美的生活的引導者；是美的生活的感受者，也是美的生活的創造者。作為領導者，自己首先應該是美的化身。

社會心理學有這樣一項試驗：在對兩組被試者分別加以修飾之後，使其中一組看起來風度翩翩，另一組則顯得隨便、邋遢，並令其分別在走路時違反交通規則，其結果是：第一組闖紅燈時，尾隨者占行人總數的百分之十四，而第二組的追隨者只占百分之四。這說明，人的服飾、穿著具有很強的感召力。

以儀表取人固不可取，但美的風度有利於提高領導者的威望卻不可懷疑。領導者的威望來自於他崇高的理想、高尚的情操、博大的胸懷、堅強的意志和卓越的領導才能，而這些內在素質，一旦通過某些外在形式（如儀表形象）反映出來，便成為某些領導者特有的風度，而具有了相對獨立的意義。由此可見，領導者應該把儀表美作為完善自身的重要目標之一。

領導者的儀表形象，除了展示個人的氣質風度外，對所從事的事業也有很大的幫助。可以說，良好的儀表形象是一個人事業成功的重要的因素，對女人尤其如此。

英國歷史上第一位女首相柴契爾夫人，是一位對別人的衣著毫不關心，卻對自己的衣著非常在意的人物。她對自己的化妝、服飾非常講究。在她身上，沒有一般女人的珠光寶氣和雍容華貴，只有淡雅、樸素和整潔。從少女時代開始，她就十分注重自

己的衣著，但並不標新立異、嘩眾取寵，而是樸素大方、乾淨整潔。從大學開始，她受雇於本迪斯公司。她那時的衣著給人一種老成的感覺，因而公司的人稱她為「瑪格麗特大嬸」。每個星期五下午，她去參加政治活動時，都頭戴老式小帽，身穿黑色禮服，腳蹬老式皮鞋，腋下夾著一隻手提包，顯得持重老練。雖然有人笑話她打扮土氣，但她卻有自己獨到的見解。這樣的打扮能在政治活動中取得別人的信任，建立起威信。她的衣服從不打皺，讓人覺得井井有條是她一貫的作風。從服飾方面注意自己的儀表形象，對她事業的成功起到了一定的作用。

領導者的形象具有兩重性：一方面是她本人形象的體現，另一方面又是她領導的那個組織的象徵。領導人形象不同，給人留下的她所領導的組織的形象自然也不同。領導者在與各類公眾打交道、參加各種社交活動時，展現出來端莊整潔、彬彬有禮的形象，會使公眾感受到其所在組織的整體形象，而這種整體形象又有助於該組織事業的發展。

日本著名企業家松下幸之助，在日記中曾記錄了這樣一件事。一次，他去理髮，理髮師十分尖銳地批評他的儀容：「你是公司的代表，卻這樣不注重儀容，別人會怎麼想？連人都這麼邋遢，你公司的產品還會好嗎？」理髮師還建議，為了公司的形象，松下應每次都專門到東京來理髮。松下聽了理髮師的話，覺得很有道理，以後就非常重視自己的儀容，並要求所有松下的員工都這樣做。

成為超級女主管的十七個心法

1. 被誤作情侶時及時更正

　　職業女性尤其女主管，免不了會有許多工作上的應酬，如與一名男士單獨吃飯、跳舞什麼的。不幸的是在某些時候，尤其在晚飯時間，常會被人誤作夫妻或情人。當侍者走過來。自作聰明地喚你一聲「太太」時，你當然極不自在。禮貌上，應由男士作解釋，但男人通常不會及時作出反應，而是聽之任之，若無其事。一是懶得解釋；二是有意戲弄。遇到這種情況便自己解釋好了。

2. 對男性下屬不得過分謙恭

　　做一個成功的職業女性，面臨著多方面的壓力。除了因為性別歧視，還面臨著男性下屬不願服從的麻煩。作為女主管，你要對他用軟功，苦口婆心，他會看扁你。因此對待這類男性下屬，沒有必要處處謙讓，而應拿出上級的權威，讓他感到你不是吃素的。當然若能恩威並舉是最有效的，只不過這種恩要建立在威的基礎上，對女性來說更應如此。

3. 重視自己的職業形象

　　在一般人的觀念中，女性主管給人的印象是膽量不夠，眼光短淺，依賴性強。第一件要做的事，就是叫男朋友不要在你上班時打電話，也不要男朋友到你公司來接你。更不要在眾人面前或

在電話裏跟他撒嬌發嗲，這樣才能顯示出自己的工作責任心及起碼的獨立能力。

4. 培養自己的獨立性

　　如果說在私下交往中，你還可以得到男人的關心愛護的話，那麼在工作中則不要完全期待得到男同事的關愛。要是你能幹，男同事反而會有受威脅的感覺，否則他又會嗤之以鼻。因此女人在工作場所裏，儘管能得到男人口頭上的諸多關照，但一到實際情形，則沒有誰會真心幫助你，唯一能依靠的只有你自己。

5. 工作崗位上要公私分明

　　照章辦事，公私分明，這本是做工作的基本常識。但要在工作上嚴格照章辦事卻並不容易。通常，有些人便會鑽人情漏洞，不按常規辦事。男人做這些勾當，往往會設下愛情或友情陷阱，誘騙女同事往裏鑽。當女性迷迷糊糊尚不清醒時，讓女性在不知不覺中做了男人的工具。故女性有了辦公室友情或戀情時，遇到涉及公事的事，也要理智對待，不違原則。

6. 不要傷害男人的自尊心

　　這並不是要你向男士拍馬屁，但你一定要明白，男人總是自信天下第一、無所不知、無所不能。這種自尊心實際上非常脆弱，一遇到女人威脅到他的存在，便會產生抗拒的心理。所以你若想在一個現代的世界裏站穩腳跟，就必須懂得在適當的時候維護一下他們的自尊，並誇獎他們一兩句。但要記住：這種誇獎要有分寸，否則別人可能誤會你對他有意，而令你尷尬。

7. 在相處中尋求共同點

男人面對職業女性時，常常手足無措，因為他所面對的女性，既是同事，又是個女人。在這種情況下，你應設法消除他們這種心理，努力尋求建立一個共同點，產生共鳴，使相處變得容易。

要想達到這個目的，先要知道這個人的喜好，方可對症下藥。聽音樂，那你們便有了一個共同的話題，大家也可以自然地談公事以外的事了。另外男人和女人一樣，對自己的家庭和兒女都非常關心，所以問候他的兒女情況，也會慢慢消除他對你的敵意和戒心。

8. 徵求男人的意見

徵求男人的意見也是一種讚賞，因為這表示你重視他的見解和經驗，令他覺得他存在的重要性。但你在徵求意見時，不要事無大小都問一番，這樣會令他覺得你根本沒有判斷力，不懂得抉擇。

你徵求男人的意見時要注意：

在公司，極不適宜和男人商量純私人性的問題，如家庭、丈夫、男朋友的問題等等，除非你和他私交相當不錯。

當然，諸如你想買汽車、投資股票或購買房子，又知道他在這方面有研究，就可以在輕鬆的情況下（如午飯、下班後）向他討教，保準會令他覺得你有眼光而對你友善，以後也會自動向你提意見。

對於純屬公事性的問題，則可以隨時提出，用不著不好意思。

9. 對別人的情緒反應要敏銳

作為一個出色的女職員，要想和對方建立一種良好的工作關係，就需要擅長觀察別人的情緒，採取不同的辦事方式。要是你的上司在早晨心情特別好，那你便要看準時間，和他商討困難的問題或提出升級的要求；若你知道他今天特別忙碌或剛開完會，非常疲倦，你要鑑貌辨色，千萬不要打擾他。

10. 佈置好你的辦公室

辦公室是自己可以控制的地方。裝飾好你的辦公室，不只代表你的職位和身分，更反映了你個人的風格氣質。你可以適當地把你的房間重新佈置一下，或花錢購買一些裝飾品。這樣不但可以創造一個理想的工作環境，有時還能無形中增加你的威勢。

比如放一兩盆植物，但切忌把房間佈置得太花俏，像女性的閨房。

不要掛海報，因為看上去好像大學生宿舍。如要掛畫，應選擇高雅的版畫或油畫，而不要掛風景畫。同時，要儘量減少把家人的照片放在房間四周或書架上。

11. 提防別人有意「忘記告訴你」

在公司競爭中，有的人會不擇手段地拆你的台，一個能幹的女主管也不能倖免，一種最常用的手段就是同事有意向你洩露假消息或提供假情報，令你在緊要關頭措手不及。比如你需要某些重要的資料方可完成一項決策，而擁有這些資料的同事卻有意無意間把重要部分「忘記告訴你」，以致你的計畫難以完成，或因此而做出錯誤的決策。或者是定於後天召開的會議，妒忌你的同事明知你趕不完計畫，卻突然不動聲色地和上司商量提前到明天

開會，使你的工作無法在開會前完成，給上司造成你懶散無能的印象。

12. 不要在別人面前流眼淚

女性很容易用哭來要求想要的東西。但在一個工作的環境裏，這種女性化的情緒表現卻是不能容忍的。雖然這一哭，可能會立刻得到同情，但這只是一剎那間的事。從長遠的眼光來看，不但有損你的威嚴，也對你的事業形象有害。在有些情況下，男人能接受某些女人的眼淚，但對一位主管卻絕對不能。他們會鄙視動不動就哭的女人，並以此斷定該人不能做大事。所以你一定要學會控制自己的眼淚。

13. 學會客觀地接受批評

女人做事很容易主觀化，別人一批評，容易不經考慮而立刻為自己所做的事情作出辯護，找藉口說明自己是對的。有時還會喪失客觀的判斷力，而令人覺得不能接受建設性的批評。特別是受到上司的指責時，更會覺得難受。所以女人有必要不斷提高自己客觀的見解，學會接受批評。否則你的同事和上司難以和你溝通與和氣地傾談，這對你是不利的。最好的方法是平心靜氣地聽他人說完，分析之後，覺得是對的便先承認過失，這樣的態度才會受人尊敬。

14. 妥善地向下屬交代工作

女性一得到提升，便覺得自己更應努力，很容易事無鉅細都親自接手而變得心力交瘁，精神不振。同時，如果事無鉅細你統統包辦代替，下屬也會因此而事事依賴你，難以發揮整體的才能

和配合。要改變這種被動狀況，你必須學會妥善地向下屬交代工作，明確哪些是該你親手做的，哪些是該下屬做的。要相信下屬並給下屬以鍛鍊的機會。不要身為主管仍做從前一般職員所做的工作，而應學習做領導，指導別人，從一個新的角度去展開工作。

15. 多與同級或更高職位的主管交往

你若想保持女主管的形象，並要別人承認你這個地位，你應該與自己同級或更高職位的朋友來往，這並不是勢利眼而是現實情況。商業社會階層觀念特別受到重視，職位和朋友都是身分的象徵。你若留意的話，便會發覺別的主管都較多和主管級的人來往。

16. 不要和當主管前的下屬朋友打得太火熱

假如你做秘書時已和別的秘書成莫逆之交，之後，你脫穎而出，升了主管，便要避免與她們打得太火熱。一方面不要讓別人覺得你還是擺脫不了女秘書風格；另一方面，她們亦會在你面前有諸多顧忌。因為訴說上司的閒話是她們的生活情趣，你若在場，會使她們感到尷尬。

17. 恰到好處地運用批評警告

作為一個女主管，當面臨男性下屬沒做好工作而需要批評時，往往會覺得難以啟齒，擔心傷害男人的自尊心。但為了大局，你還是應該不顧情面，該批評的批評。在批評之前，最好先讚賞幾句，然後再具體地提出建設性的批評意見，並提供改進的方法。同時，不要在一群人面前批評下屬，也不要在一個下屬面

前說另外一個下屬的不是。

女性領導者要利用自身優勢聚攏人心

美國旅遊公司總裁哈爾羅森勃羅斯曾說：「最高水準的服務只有發自內心，因此一個企業只有贏得了員工們的心，才能提供最佳服務。」

一個人如果不專心能做好工作嗎？一個人一生中最有意義的就是完成了一項艱巨的工作還是實現了一個偉大的目標？是培養了一個好兒女還是買了一套住房？要想取得成功必須付出精力、時間，還要選準目標，堅定不移地激發自己向最終目標邁進。不論是在工作上、家庭中還是其他方面，只要是心不在焉，事情就很難成功；只有全心全意，工作才能夠做好。女性領導者在工作過程中，一定要學會用情感聯絡人心。

如果你作為女性能夠贏得員工的心，就不必擔心如何激發他們的生產和工作熱情。領導者贏得了人心，員工們的激情就會自覺產生，他們也就能體會到挑戰的興奮、競爭的刺激和成功的喜悅。心理學家認為「你不必管理自覺的人，如果他們的心投入了，做任何工作都會有動力」。

員工能否全心地投入工作，是企業能否成功的關鍵之一。一個企業抓住了員工的心，也就抓住了一群活生生的人。否則再好的企業都可能失敗。

女性領導者抓住員工的心，可以從以下兩方面努力：

1. 兼顧工作和家庭

　　家庭是社會的細胞，穩定家庭對工作有很大促進作用。如何在工作和家庭兩者之間求得合理的平衡呢？當今市場充滿競爭和壓力，企業領導者要求員工付出更多的時間和精力，這種壓力不僅在基層存在，也存在於中層幹部和高層領導者中。一份調查報告中說，「有九成的高層領導者將工作帶回家去做，他們呼籲要更好地注意兼顧員工們的工作和家庭」，否則「企業有可能失去一些人才」。如果企業不齊心協力解決工作和生活需要之間的平衡問題，企業領導者將屈服於日本人中出現的所謂「過勞致死」的問題。人們常常看到有些日本人倒在他們的工作崗位上，因過度勞累而死。這種現象應引起企業領導者的重視。要想贏得員工們的心，必須採取積極的辦法兼顧工作和家庭。高效能生活的最主要的因素是平衡，平衡工作做得愈好，效能、熱誠和創造力也就愈大。常言道：「一個不會玩的男人，即便使妻子成為富孀，自己也是一個大笨蛋」。

2. 使員工感到愉快

　　如果公司枯燥乏味，暮氣沉沉，且公司成員之間互不關心，領導者們怎麼能使員工熱愛他們的企業呢？如果一個公司不能激發快樂氣氛和振奮精神，又怎麼能使員工全心全意的工作呢？為什麼許多領導者們不能預見到快樂和稱讚，對公司的精神和生產力有多麼大影響呢？有人問微軟公司的創辦人比爾·蓋茲，如果讓他重新開始，他希望去哪裡工作？

　　他沒有直接回答這個問題，而只是談了使人高興和令人感到

工作有趣的重要性。這裏有必要引用一句某著名律師說過的話：「如果你不會笑了，也就不會思考了。」為了吸引和留住那些最好的職工並激發他們的工作熱情，一些大公司必須在工作場所營造一種振奮精神和令人愉快的氛圍。

做領導就別做溫順女人

女性在做領導工作中，常會遇到一些頗為傷腦筋的問題，下面便是常見的幾大問題。

1. 黃色玩笑如何對付

任職於某電視台的龐女士同一辦公室有位男下屬，四十多歲，是位記者，業務不錯，可就有一個毛病，整天滿嘴黃話。龐女士對此很是煩惱。對他狠也不行，不狠也不行。說輕了不行，說重了也不行。

對此有幾種應對辦法：

① 裝傻：他們說他們的，你不理睬，但臉上可以帶點寬容的微笑，不必板著臉，這一方面可以體現你的修養，一方面可以表示你絲毫不接受暗示。

② 慍怒：在他們說的過程中，溫和地罵上幾句，或者說「不要臉」，或者說「不像話」，總之不要真發火。男人說黃話是很普遍的，這大約也是性別的特點，你應該理解。

③ 還擊：遇到特別令人討厭的男人，可以毫不留情地進行還擊，不必有所顧慮。正如一些女人所說，只要有一次叫他下不了台，他就老實了。對那些屢教不改的，可以在辦公室的牆上貼張「文明守則」，讓大家來共同監督。

2. 能力差的男上司刁難你怎麼辦

在許多領域裏，女人的能力已超過男人，但男人當權的現象仍十分顯著，因而女人與男性上級的相處藝術十分重要。人格獨立的女人，特別希望遇到既自愛又善於用人的男上司，但「順我者昌，逆我者亡」的差勁上司不僅存在，而且還很多，這也成為一種擺在職業女性面前的現實。

謝女士原是一家刊物的編輯部主任，工作能力很強，文字功底也好，氣質風度都不錯，在工作圈子裏頗有些名氣。但主編卻希望謝再溫順一點，經常這樣暗示謝：「你為什麼不能發揮女性的性別優勢，跟領導處好關係呢？」謝聽了很惱火，說話就不大客氣了，主編惱羞成怒，對她百般刁難。實行聘用制後，主編沒有聘用謝，等著謝來求情，謝很自傲地離開了。

像這種情況，能不能找到一種既保持人格又保住飯碗的方法呢？

① 給上司一點面子。凡是當領導的，都是要面子的，儘量尊重他，把他當領導看，這可避免不必要的災難。最好是常能保持微笑，見面問聲好，適當的恭維也是有用的。如果他已經成家並有了孩子，不妨和他談談孩子，誇誇他的孩子多麼有出息，這比任何一種恭維都有效。總之，該做的就要做，否則你的處境會莫名其妙地一天不如一天。

② 以誠相待，不卑不亢。不論上司品德如何，其實都是可

以以誠相待的。以一種高姿態與他相處，即使瞧不起他也不要放在臉上，記住，不卑不亢是你對待上司的最好態度。

③ 虛心請教，做好下級。下級應該學會服從上級，「領導怎麼說就怎麼做」，其實是一種處世方法，雖然不是最好的辦法，但起碼不至於影響自己的生存。再說，任何人都是有長處的，多向上司請教請教吧，既然他是你的上司，就一定有做你上司的道理。

④ 無愧於己，無負於人。做到這點很不容易，但努力去做是會收到成效的。當你的所作所為都經得起檢驗時，上司會覺得你這人無懈可擊，他又敢把你怎麼樣？如果他硬要逼你離職，就跟他去打官司，應該學會運用法律來保護自己！

女性主管的「馭人」術

無論你如何能幹，一定會有人妒忌你，尤其是那些年紀比你大、資歷比你深的人，更會以為做主管的應該是他而不是你！許多公司的經營決策階層對於提升一個女性主管，要比提拔一位男性更小心謹慎，原因是一位女性主管要面對的屬下的負面情緒遠比男性大得多。很多男人對於受到同性管理覺得理所當然，但是對受制於女性主管卻非常敏感；而女性下屬對於同性主管的態度，又很少有人是誠心誠意的。因此假如你是女主管，你會發覺很少有人肯心甘情願為你工作……這時你在管理時所採用的方

式，將會對你的管理效率產生極大的影響。

首先，讓我們做一個測試。新員工的表現不盡如人意，你已經決定解雇他，你的做法會是以下四種中的哪一種：

A. 叫助理告訴他已被解雇；

B. 叫他進房間，然後直接地把他辭退；

C. 以溫和的語氣和外交辭令向她解釋，他實在不適合在公司工作；

D. 把他解雇，然後向其他下屬安撫，叫他們安心工作。

這分別代表了四種不同的領導風格：

A.「被動的領導風格」

你逃避面前困難。雖然這種作風並非完全沒有效，但如果要成功地採用這種領導方式，你的助手必須十分地精明幹練。

B.「獨裁的領導風格」

你不能忍受別人犯錯，一經指示便希望別人一絲不苟地把工作做到最好。這是一個傳統的管理方法，但是在講究人性化管理的今天，已較少有人沿用，因為這類的主管較少受人愛戴。

C.「民主式的領導風格」

你和屬下之間相當友善，每次要使用權力時便躊躇不前，雖然能顧及下屬的自尊和士氣，人人工作愉快，但是你部門的工作效率肯定不是全公司最高的。

D.「隊長風格」

一方面你懂得在適當時刻運用權力，盡量和下屬保持合作，

一方面又能提高士氣，極盡懷柔，令每位下屬都覺得自己是隊伍中的一分子。

第四種作風——隊長風格，就是今天在科學管理方式上認為最理想的領導者風範。

克服女性管理者的弱點

在女性管理者前進的道路上，充滿了重重困難，在她們成功的背後是種種艱辛。女性管理者是偉大的。由於女性特殊的自然屬性和社會屬性，決定了女性管理者必須面臨著家庭、事業這兩種關係的衝突，會使她們時不時地出現各種困惑，在盡兩方面責任的過程中，常常為不能像男性那樣無後顧之憂地工作而感到很煩惱。這使得女性陷入家庭與事業的困惑之中，從而影響家庭與企業的管理工作。女性管理者要勇於擺脫、超越這一困惑，盡量協調好兩個方面。

人際關係處理得協調與否，時常會影響女性管理者的工作情緒和精神狀態。一些女性管理者對人際關係的心理承受能力較差，她們特別關心別人對自己的評價和態度，一旦人際關係緊張，她們就有可能感到緊張，失去了冷靜分析問題的能力，陷入事業成功與人際關係的內心衝突之中，進而影響到領導的情緒和精神狀態。

美國心理學家漢瑞特‧布莉卡說：「女性對成功的解釋和男

性迥然不同，男性常把成功歸於自己的能力強，失敗則是任務太艱鉅；女性則通常把成功歸於自己的運氣好，失敗則歸罪於自己的能力不足。男、女性分別以這種方式解釋自己的成功，也以同樣的方式看待別人的成功。這種對自我能力的曲解，必然助長女性的自卑感，阻礙女性管理者的成功。」

面對這種種困惑，女性管理者要做好領導工作，就一定要超越困惑，正確認識自己，在實踐中揚長避短。

首先，發揮女性感情豐富、細膩的優點，克服感情脆弱的缺點。由於女性具有的溫柔、機敏、熱情、善解人意的特點，使她們更容易體察到下屬的各種心情和變化，能夠關心、體貼下屬，善於聽取部下意見，專制主義思想少，蠻橫、暴躁的情緒也少，這是許多男性不具備的優點。但是女性的感情一般較男性脆弱，在困難和挫折面前易產生退卻、沉淪，這就需要培養自己具備堅強的意志和頑強的毅力，在逆境和荊棘面前不被折服，充分發揮自己的優勢。

其次，處理好家庭與事業的矛盾衝突，保持心理平衡。這就要求女性管理者，一方面以積極的熱情投身工作，提高工作的效率，掌握科學的領導方法和藝術，減輕自己的工作壓力，騰出時間兼顧家庭；另一方面，也要不斷提高自己承受和排解矛盾、壓力的能力，分析二者產生衝突的原因，控制自己的情緒，使家庭與事業的矛盾衝突減小到最低程度。

再次，女性領導應當自尊、自信、自主、自強。女性自身特殊的社會屬性和自然屬性，決定了從事管理工作，就要付出比男性更高的代價。但是單純求得社會理解、支持是不夠的，同時需要女性自身認識自我，達到自信、自強、揚長避短，要有責任感、緊迫感、危機感，發揮自己責任心強、認真細緻、勤奮努

力、謙虛謹慎、善解人意、擅長交往的長處，以求實、創新、協作的精神，丟掉依賴軟弱的歷史包袱，把自己造就成具有敏銳的觀察思維能力、較強的吸收能力、較好的組織領導、運籌決策能力，具有較廣泛社交能力的新型女領導者。

領導能力測試

世界上有兩種人，一是領導者，二是追隨者。小小的勝利能由一個人單槍匹馬取得，但那種帶來最後成功的偉大勝利就不是一個人單幹能行的。要取得這種勝利，必須有著別人的參與。因此這其中必須有領導才能，事情的成敗，全賴領導者的水準了。領導能力對一個想取得巨大成就的人來說，必不可少。

測試

1. 別人請你幫忙，如果有能力做到，你很少拒絕嗎？
2. 為了避免與人發生爭執，即使你是正確的，你也不願發表意見嗎？
3. 你循規蹈矩嗎？
4. 即使不是你的錯，你也經常向別人說抱歉嗎？
5. 如果有人取笑你身上的那件上裝，你會再穿它嗎？
6. 你永遠走在時尚的前列嗎？
7. 你曾經喜歡穿那種好看卻不暖和的衣服嗎？

8. 開車時，你曾經咒罵別的司機嗎？

9. 你對反應遲鈍的人缺少耐心嗎？

10. 你經常對人發誓嗎？

11. 你曾經讓對方覺得不如你或比你差勁嗎？

12. 你曾經激烈地指責電視上的言論嗎？

13. 如果請的工人沒有把事情做好，你會反應強烈嗎？

14. 你習慣於坦白自己的想法，而不考慮後果嗎？

15. 你是個不樂意忍受別人缺點的人嗎？

16. 與人爭論時，你總愛占上風嗎？

17. 你總是讓別人替你做重要的決定嗎？

18. 你喜歡將錢投資在擴大再生產上，而勝過於投資自身及家庭的文化生活上嗎？

19. 你故意在穿著上引人注目嗎？

20. 你不喜歡標新立異嗎？

計分方法

1	是→1，否→0	6	是→1，否→0	11	是→1，否→0	16	是→1，否→0
2	是→1，否→0	7	是→1，否→0	12	是→1，否→0	17	是→1，否→0
3	是→1，否→0	8	是→1，否→0	13	是→1，否→0	18	是→1，否→0
4	是→1，否→0	9	是→1，否→0	14	是→1，否→0	19	是→1，否→0
5	是→1，否→0	10	是→1，否→0	15	是→1，否→0	20	是→1，否→0

結果論述

　　如果你的分數是 14 — 20 分，說明你是個標準的追隨者，不適合做領導，你喜歡被動地聽人指揮。在緊急的情況下，你多半不會主動出頭帶領群眾，但你很願意跟大家合作。

如果你的分數是 7－13 分，說明你是個介於領導者和追隨者之間的人。你可以隨時帶頭，或指揮別人該怎麼做。不過因為你的個性不夠積極，衝勁不足，所以常常是扮演主要的追隨者的角色。

　　如果你的分數是 6 分以下，說明你是個天生的領導者。你的個性很強，不願接受別人的指揮。你喜歡指揮別人，如果別人不服從的話，你就會變得很叛逆，不肯輕易服從別人。

趙小蘭：從難民到美國勞工部長

　　在美國，華裔美國人這個概念，似乎總是意味著忙忙碌碌的生活、無法避免的歧視和與美國主流社會無緣的地位，然而趙小蘭並不是那些故事的主角。二○○○年，美國總統布希提名她出任美國勞工部長，從而使她成為了進入美國內閣的華裔第一人。這個消息轟動了美國各地的華人社區，也使趙小蘭這個名字和她的故事進入世界華人的視野。她被《華盛頓人雜誌》列為美國一百個最有影響力的婦女之一。同時《新聞週刊》也把她評選為二十一世紀美國新一代領袖人物之一。

　　趙小蘭典雅大方，天生一雙十分漂亮的眼睛，目光鎮定從容，顯出一種精幹、果斷的氣度，使人自然聯想到她非凡的經歷及其作為女性領袖的卓然氣質。

　　二○○一年一月一日，美國總統小布希任命華裔趙小蘭為勞

工部長，這位曾經效力於老布希政府的政壇女傑再度出馬，成為美國首位華裔內閣成員。此前她身居美國交通部副部長和美國聯合基金會的董事長要職，在她的縱橫捭闔下，泛美航空公司遭恐怖分子炸彈襲擊事件、埃克森石油公司油輪觸礁事件、舊金山市大地震等危機都得到了完滿解決。

深得軍心的女部長

波斯灣戰火剛剛燃起，美國跟盟國在沙烏地阿拉伯等國家集結諸多兵種，正要奔赴伊拉克進行戰鬥。然而美國國防部缺乏大量的交通工具，無法輸送部隊和裝備到中東。按照美國國防法，國家在戰爭時期有權調用民用飛機和船隻，由交通部和國防部共同協商實行。當時只有三十七歲的副部長趙小蘭正是交通部派出的負責人。這位當時最年輕的女副部長，第一次實施如此複雜、龐大的運輸任務。她協同國防部官員，和航空、運輸公司以及各個政府部門制訂了審慎的規劃、展開精密的組織和協調，在沖天的戰火中，美國各類民航客機隆隆起飛，如梭往返；大小商船頻密航行，夜以繼日。強大的運輸能力把五十萬大軍和各種重型武器裝備運往戰場。作為交通部主管這一專案的最高官員，趙小蘭卓越的組織協調才能和謹慎細緻的工作作風，令前線將士深為嘆服。

歷盡磨難的移民家庭

多年前，趙小蘭的父親趙錫成是遠洋船隊中最年輕的船長，在海事考試中名列第一。香港船業大亨董浩雲頗為欣賞這位年輕人的出眾才幹，一九五八年資助他到美國留學。一九六一年，八歲的趙小蘭跟隨母親和兩個妹妹從臺灣啟程，乘船到達紐約。所

有家人一起住在皇后區的一個公寓裏，趙錫成做三份工作才可以勉強維持家庭開銷。而趙小蘭一句英語也不會說，她盡力將老師在黑板上寫的一切英語字句全抄下來，等父親晚上下班回來之後，再把每個字講解給她聽。

趙小蘭一家在美國最歡快的日子是參加父親趙錫成從聖約翰大學畢業的典禮。趙錫成獲得學位後，籌建了一家運營非常有前景的船運公司，全家人不久便搬到了富人的住宅區。趙錫成下定決心要讓他的幾個孩子都得到最佳的教育。趙小蘭在一九七五年拿到 Mount Holyoke 學院的經濟學專業學士學位，一九七九年拿到了哈佛大學商學院的 MBA 學位。

因為她和妹妹常常陪著父親到海外接洽船運貿易，趙小蘭從小對經濟商務非常感興趣。自哈佛大學畢業之後，她到紐約的花旗銀行工作，很快成為國際交通業金融方面的行家裏手。一九八三年，趙小蘭獲得了在白宮學習一年的良好機會，主要從事研究交通事務，被譽稱為第一位華人「白宮學者」。在白宮，她有幸認識了參議員多爾的夫人伊莉莎白·多爾。多爾夫人對趙小蘭打心眼裏非常欣賞，她就是趙小蘭日後晉身美國政壇的領路人。

化解危機的高手

一九八六年，正在舊金山擔任銀行副總裁的趙小蘭被時任美國交通部部長的多爾夫人請到華盛頓，接受多爾夫人的委任，擔當美國海事管理局副局長職務。上任之後，趙小蘭第一步是著手實施行政方面的改革，清理很多由聯邦政府提供擔保，發放給輪船運輸業的呆帳、壞帳。趙小蘭憑著公認的傑出才能得以步步拔升。她很快便升任了聯邦海事委員會理事長，成為該委員會的第一位亞裔掌門人。趙小蘭的不凡政績，使她再一次升為交通部的

副部長。

　　交通部年預算三百億美元、員工達十萬人，在這個美國聯邦大部門裏，趙小蘭成為僅次於部長多爾夫人的第二號實權人物。作為如此年輕的一位華裔女士，如此短的時間內就位居高職，自然有人很不服氣，然而趙小蘭上任後果斷高效地解決了很多關鍵難題，立即讓人們對她心服口服，不敢小覷──泛美航空公司一〇三號航班被恐怖分子炸毀之後，趙小蘭率領交通部的危機處理小組，很快制訂並且施行了空難的有關善後政策和措施；埃克森石油公司的油輪觸礁洩漏之後，趙小蘭高效有力地領導了清理漏油污染的工作；舊金山大地震，趙小蘭主持修復了被震毀的高速公路。在波斯灣戰爭的連天烽火中，趙小蘭臨危不懼、有條不紊地協調指揮各路運輸大軍的從容表現，贏得了直接上司多爾夫人高度評價：「她是一個真正值得我們學習的好榜樣。她之所以成功，主要得益於她的勤奮工作和獻身精神。」

　　自一九八六年至一九九二年，在聯邦政府中工作了六年的趙小蘭，留給人們最深刻印象的就是她那化解危機的卓越能力，她十分善於把被動局面朝著有利方向迅速扭轉。

讓聯合基金會起死回生

　　柯林頓執政後，趙小蘭暫別了聯邦政府，美國最大的民間慈善機構──美國聯合基金會邀約了她，特請她擔任該機構的主席兼董事長。這時的美國聯合基金會正徘徊於其一百零五年發展歷史中最低谷停滯的時期。基金會的前任領導人威廉‧阿拉莫尼由於貪污受賄罪被宣判七年徒刑。這幾乎毀滅性地衝垮了聯合基金會的社會信用度，也對工作人員的士氣產生了極大的打擊。到一九九二年底，聯合基金會在美國各地的分會所募得的善款明顯滑

落，從近三十二億美元降到三十億美元，各項工作預算也隨之減低，竟然出現發不出薪資的慘況，一千四百個分會中，有高達百分之五十紛紛從總會退出。

值此危難之際，聯合基金會的所有董事們不約而同地從六百多個候選人中，推舉趙小蘭擔任最高領導人。

她實施的第一件重要事情就是改革財會監管體制，嚴格把控資金流動。她精簡人員，自願提出將自己的年薪大幅減少到十九萬美元（還不到前任的一半）。她鄭重頒佈了員工的職業道德操守，還特別設立了一個監督部門。為了重新保持各地區分會和總會的密切互信關係，建立起更加暢通的聯繫管道，上任後的前四個月裏，趙小蘭走訪了三十五個分會，接見了六千五百名志工和工作人員。

通過趙小蘭的不懈努力，聯合基金會頓時重現生機。各地區分會的會員人數、捐款數額、捐款人滿意程度等，都在顯著提升。一九九五年，聯合基金會的捐款又上升到近三十二億美元。以前脫離總會的所有分會中，除了五個分會之外，其餘的又都加入了總會。

「一定要喜歡你追求的事業！」

一九九六年，聯合基金會元氣大有恢復，穩健持續發展，此時趙小蘭決定辭去職務，全力支持丈夫麥康奈爾參議員競選連任。聯合基金會的董事會為了表達真誠謝意，想要給她幾十萬美元的獎金。然而這件事被她丈夫的政敵探聽到了，因此他們在《華盛頓郵報》上撰寫文章誹謗說：這是變相為麥康奈爾的競選籌集經費，旋即就鬧得滿城風雨。趙小蘭謝絕了董事會的好意，她對丈夫說：「為了你的政治前途，這些獎金我不要。我還年

輕，將來還可以把這些錢賺回來。」

趙小蘭給自己打拼下的不只是金錢，更重要的是社會地位和名望。她不僅在政壇開闢了一片廣闊空間，還被十二所美國大學授予榮譽學位，同時當選為美國十大傑出婦女之一。美國全國婦女委員會頒給她傑出年輕成就者獎。她的母校 Mount Holyoke 學院授予她為傑出年輕校友，另外一所母校哈佛大學商學院則在一九九三年授予她該校最高獎勵——校友成就獎。她亦是許多非營利機構及財富五百強公司的董事會成員。

有人問她本人是不是有什麼成功的秘訣？趙小蘭很乾脆地回答：沒有。她並不認為自己是別人的榜樣，她在生活中也沒有什麼榜樣。

「假如你在生活中將某人確定為自己仿照的樣板，你就很可能受其影響和束縛，亦步亦趨，很難有所突破和超越。然而有一點最為關鍵，就是你必須要確實非常喜歡你從事的事業，從中找到樂趣。假如你工作心不甘、情不願，那你就不可能在跟別人的競爭中獲勝。因此你一定要懷有十分強烈的驅動力。」

回顧自己的經歷時，趙小蘭歸納了六條人生感悟：要和善待人，有同情心；要不斷開闊自己的視野；不怕失敗，失敗乃成功之母；確定人生的楷模；包容人類社會的多樣性，尊重多樣性才有生機與活力；要時刻勤奮工作，唯有勤奮可將夢想變成現實。

國家圖書館出版品預行編目資料

寫給女人的幸福指南：勵志是無奈的選擇，還好我們夠樂觀／

　張麗麗編著. -- 初版. -- 臺北市：菁品文化, 2020. 12

　　面；　　公分. --（通識系列；88）

　　ISBN 978-986-98905-8-8（平裝）

　　1. 成功法　　2. 生活指導　　3. 女性

177.2　　　　　　　　　　　　　　　　　　109017975

通識系列 088
寫給女人的幸福指南：勵志是無奈的選擇，還好我們夠樂觀

編　　　著	張麗麗
執 行 企 劃	華冠文化
設 計 編 排	菩薩蠻電腦科技有限公司
印　　　刷	博客斯彩藝有限公司
出 版 者	菁品文化事業有限公司
	地址／11490 台北市內湖區民權東路6段180巷6號11樓之7
	電話／02-22235029　傳真／02-87911367
郵 政 劃 撥	19957041　戶名：菁品文化事業有限公司
總 經 銷	創智文化有限公司
	地址／23674新北市土城區忠承路89號6樓（永寧科技園區）
	電話／02-22683489　傳真／02-22696560
版　　　次	2020年12月初版
定　　　價	新台幣320元　（缺頁或破損的書，請寄回更換）

ISBN　978-986-98905-8-8

本書 CVS 通路由美璟文化有限公司提供　02-27239968
原書名：活出精彩的自己